通奏 会社法

吉行 幾真 編著

澤山裕文/福山　龍/松井英樹
小菅成一/増尾　均　著

嵯峨野書院

は　し　が　き

　会社法は令和元（2019）年に改正された。

　平成26（2014）年の改正に次ぐ改正である。平成17（2005）年に旧商法から独立し，会社法として単行法化されてからは，通算で2回目の改正であった。会社法制定から20年の間に2回の（大？中？？）改正を経ている。

　経済的・社会的・国際的な情勢を踏まえた改正であり，その中身を整えるべく，アップデート，そして，ブラッシュアップも図られた。

　会社法は，事実の世界ではなく，実定法規範の世界に存在している。

　実定法規範とは，あくまで人間が定めたものであり，作り出すものである。自然科学のように人間が作り出せ（さ）ない世界の話ではなく，一貫した論理の下での統一的な法体系の構築も可能となる。

　会社の存在意義は，新たな潤い（Gewinn）を生み出すことにあるが（会社の営利性），コストパフォーマンス良く（効率的・効果的に）利益さえ生み出せば万事OK！（Ausgezeichnet!!），とはならない。会社は社会的な存在である限り，社会規範の尊重は当然のことである。

　会社法には，効率性と公正性の確保が求められており，両者を達成する法体系でなければならない。株主だけでなく，債権者・クライアント・従業員など様々なステークホルダー（利害関係者）が会社に存在する。特定のステークホルダーの利益のみが常に優先される会社では，他のステークホルダーは離れていく。会社のゴーイング・コンサーン（継続企業の前提）にも重大な疑義が生じ，存立それ自体が危ういものとなりかねない。

効率性の確保は株主の一人勝ち（独り勝ち）の確保ではない。株主の利益の
みを求め，他のステークホルダーの利益を顧みない経営は（とりわけ，東京証
券取引所プライム市場上場企業では，より一層）許されない。法規範としての公
正性の確保はゆるがせ（忽せ）にできない。公正性の確保は会社法を低音で支
える「通奏」低音である。
　本書では，効率性と公正性の「協奏：Konzert」に応える法ルールである会
社法を取り上げる。

　最後に，嵯峨野書院の中江俊治氏の献身的なご功労に心からのお礼を申し上
げます。

　　令和 6 年 2 月

à la gare de l'Est

編者　吉　行　幾　真

目　　次

執 筆 者 一 覧

（＊印編著，執筆順）

＊吉 行 幾 真（神奈川大学教授）　　第1章，第2章，第5章
　　　　　　　　　　　　　　　　　第8章第1・2節

　澤 山 裕 文（専修大学准教授）　　第3章
　　　　　　　　　　　　　　　　　第8章第3〜6節

　福 山　　龍（福井県立大学教授）　第4章

　松 井 英 樹（明治大学専門職大学院教授）第6章

　小 菅 成 一（嘉悦大学教授）　　　第7章

　増 尾　　均（松本大学教授）　　　第9章

第 **1** 章

総　　　　論

1 ❯ 企業の種類

　経済活動の主体は企業である。企業が生産や流通といった経済活動を担っている。その多くは民間の企業であるが，国や地方自治体も経済活動を行う。国が直接に事業を行う純粋な国営事業はかなり減っている（かつての国営会社として，現在のJR各社・日本航空［JAL］・日本たばこ産業［JT］・日本電信電話［NTT］などがある）。国民年金事業は数少ない国営事業である。ただ，公社・公団・公庫・事業団・独立行政法人など，国が全額出資する公法上の法人で，事業活動を行う国営企業は依然として多くある（国立大学や国立病院等は独立行政法人である）。これら全てをまとめて公企業と呼ぶ。

　経済活動全体の中でその多くを担っているのは，私企業，すなわち，民間企業である。私企業は事業に失敗すると倒産するため，事業の合理化を図り，パフォーマンスを高め，成果として利潤を得る。競争と自己責任を通じ，国の経済の発展も図る。しかし，国民にとり不可欠な経済活動にも関わらず，利潤が見込みにくい分野もあり，私企業が参入しにくい場合や国が国家としての政策を遂行するために必要がある場合などは，公企業が前面に出るくる場面であり，公企業が担う大きな役割の1つである。

　もっとも，公企業は国が全額出資するものだけではない。公企業が出資して別の公企業を設立することや，第三セクターのように民間と共同で出資することもある。さらには，公企業でありながら，株式会社といった私企業として設立される場合もある。それゆえ，公企業と私企業との峻別は実際には困難であ

る。

　民間（私人）が出資者となって設立・経営する私企業は，事業によって得られた利益の分配を目的とする営利企業（個人企業・共同企業）と，分配をしない非営利企業（公益社団［財団］法人・一般社団［財団］法人など）とに分かれる。

I　個人企業と共同企業

　私企業の最もシンプルな形は個人企業である。個人が自己の名で事業を行い，事業用財産と個人の財産がいずれも個人に属しており，営業用財産と家計を合わせた全体で個人企業の債務を弁済する責任を負う。得られた利益はすべて自分のものであるが，損失も自分１人でかぶることになる。個人企業の債務でも規模の大きな事業を営むことも可能であるが，個人の信用には限界があり，個人のいのちも限られている。そこに，個人企業ではなく共同企業の大きなニーズがある。複数の人が資金を持ち寄り，大規模事業を営み，失敗時の損失も分かち合うのである。

II　組合形式と法人形式

　個人企業の組織に対する法的規制はないが，個人企業以外の営利企業は，複数の人が共同して事業を行うという意味で，共同企業と位置づけられる。共同企業には，組合形式と法人形式がある。

1　組　　合

　共同企業の原初は民法上の組合である。各当事者（法人でも可）が出資し，共同の事業を行うことに合意すれば成立する（民667条１項）。出資の対象は金銭その他の財産だけでなく，組合事業のために働くこと（労務出資）（同条２項）や，当事者に名前を連ねていざというときには損失を分担すること（信用出資）も認められる。組合の業務は組合員の多数決で決し，各組合員が執行するが，業務執行者を定めることもできる（同670条１項～３項）。組合はあくまで契約関係である。組合の名称を使用しない場合や書面がない場合であっても，出資と共同事業の同意があれば組合契約は成立し，組合契約を登記する方法もない。組

2

合が所有する不動産は共有の登記をする。

　組合の債務は各組合員が責任を負い，債権者は組合財産ではなく，いきなり，組合員に請求可能であり，組合員は自らの個人財産で弁済をしなければならない。共同事業において，出資者である組合員が債権者に対し，出資額を越えて債務の弁済責任を負うことを無限責任というが，破産制度がある以上，結局のところ，債権者に対する責任財産は組合員の財産に限定される。ともあれ，組合では出資者である組合員は無限責任であり，組合員自身が事業を行うことが予定されている。自ら事業を行わない者にとり，組合の債務すべてを負うこと（無限責任）は過大なリスクにさらされうる。

2　匿　名　組　合

　そこで，リスクを上手く遮断できる特殊な組合として事業に利用できる匿名組合がある。匿名組合とは，事業を行う者（営業者）と名前を出さないで出資する者（匿名組合員）との間で出資と利益分配の契約をすることで成立する（商法535条）。匿名組合の出資者は営業者に対して出資の義務を負うのみであり，営業者の債権者に対する責任はない。営業者に対して約束した出資をすれば，それ以上の責任はない（有限責任）（同536条4項）。民法上の組合と同様に法人格は認められないが，民法上の組合と異なり，出資者相互間に契約はなく，組合財産も形成されない。事業は営業者のものであり，出資した財産も営業者のものとなるが（同536条1項），実質的には，匿名組合員が出資者，営業者が業務執行者，といった，いわゆる「所有と経営の分離」を組合の枠内で制度化した制度ともいえる。匿名組合は航空機のリースや不動産の証券化等で利用されている。

3　法　人　企　業

　法人形式で営む営利企業を法人企業をいう。法人企業には会社法に基づく会社と，会社法以外に基づく会社以外の営利法人がある（たとえば，弁護士法人や監査法人）。

　会社法は，法人企業を株式会社と持分会社に二分している。持分会社は会社の内部関係（社員間や社員と会社との関係）につき，定款で自由に定めることが

できる会社であるが，株式会社は会社の内部関係も会社法が強行的に規律する会社である。

2 ▶ 会社の法人性・営利性・社団性

I 法　人　性

1 法　　人

　会社は全て法人であり（3条），会社は自社の名前で契約を結び，その名において権利を取得し，義務を負担する。当然，訴訟当事者にもなりうる。会社の社員（出資者）が交代しても存続可能であり，長期の活動が可能になる（存続の永続性）。会社が法人化されることで，法律関係の簡明化にもつながり，さらに，会社に出資された財産が株主の個人財産から分離される（会社独自の財産形成）。この結果，株主の債権者は会社財産から弁済を受けられない一方で，会社の債権者は株主の個人財産から弁済を受けることができなくなる。

　ただ，資金力が弱い個人企業が株式会社として法人化される場合も多数存在している現状において，会社を独立した法人として扱うことが不当な場合もある。そこで，会社の法人格を全面的に否定するのではなく，特定の事案についてのみ，事案解決を図るために法人格を否定し，会社と社員を同一視する法理を法人格否認の法理という。

　(1)　法人格否認の法理　　法人格否認の法理は，会社法上に明文の規定はないが，判例法上認められている（最判昭44・2・27民集23・2・511）。判例は，法人を支配する者が（支配要件）違法・不当な目的で法人格を利用している（目的要件）場合に法人格を否認し（濫用事例），支配要件・目的要件を満たさない場合でも，法人が極端に形骸化している場合（形骸事例）には法人格否認を認める。

　　(a)　濫用事例　　濫用事例は，法人格が法律の適用を回避するために濫用される場合である。競業避止義務を負う者がその義務を回避するために新会社を設立して競業する場合や特定の従業員を解雇するために偽装解散して新会社

を設立する場合などである。

　(b)　形骸事例　　形骸事例とは，法人格がまったくの形骸である場合をいう。会社の実質がまったくの個人企業と認められる場合であり，実質的に株主が会社を支配している事実，すなわち，実質上の一人会社という事実だけでなく，会社と株主個人の財産（・業務）の混同や会計・帳簿区分の不分明，株主総会・取締役会の不開催などを総合的考慮し，法人の形骸化を判断する。

　(2)　効果と根拠　　法人格の濫用・形骸化のいずれの場合でも，会社の存在を全面的に否定するのではなく，特定の状況において，当該事案限りで，会社の行為を株主個人の行為と同視し，株主の有限責任を否定する。法人格否認の法理は，民法1条3項の権利濫用禁止の原則がその根拠とされる。一般条項の安易な利用は控えるべきであり，個々具体的な規定で対応できない場合にのみ，ラストリゾート（最終手段・最後の拠り所）として利用されるべきである。

2　権 利 能 力

　会社は法人として，当然に，権利能力がある。会社は社員とは別個独立に権利義務の主体であり，自分自身の財産を有し，社員とは別に債務を負う。もっとも，会社の権利能力は，自然人と比べ，以下の制限を受ける。

　(1)　性質による制限　　会社は自然人ではないので，生命・身体・親族などに関する権利義務に主体となることはできない。

　(2)　法令による制限　　法令上の特段の制限があれば，それに服す。

　(3)　目的による制限　　会社の権利能力は，定款に定めた目的（27条1号・576条1項1号）により制限を受ける（民34条）。それゆえ，会社の代表者が定款の目的外の事業に関わる取引を行った場合，その取引の効果は会社には生じないことになる。しかしながら，会社は数多の取引相手と様々な契約などを結んでおり，通常，相手方はわざわざ会社の定款目的の確認は行わない。したがって，目的の範囲外を理由に取引を無効にすることは，取引の安全を著しく害す結果となる。

　判例は，①定款の目的に含まれない行為であっても目的遂行に必要な行為は目的の範囲内の行為である，②定款の目的遂行に必要かどうかは現実に必要か

どうかではなく客観的抽象的に判断すべきとしている（最判昭27・2・15民集6・2・77）。これは，会社の権利能力が定款の目的の範囲に限定されるとの解釈にたつものの，定款の目的の範囲をとても広くカバーすることで，取引安全の確保を図ろうとしている。

3　政治献金

昭和35（1960）年に八幡製鉄（現在の日本製鉄）が自由民主党に350万円を献金したことに対して，代表取締役2名を相手に株主が代表訴訟を提起した。第1審は原告株主の請求を認容したが（東京地判昭38・4・5下民集14・4・657），第2審は原判決を取り消した（東京高判昭41・1・31高民集19・1・7）。第1審では営利法人である会社におけるすべての非取引行為は原則として定款違反になると判示したのに対し，第2審は非取引行為であっても社会的に有用な行為は当然に定款の目的の範囲内に含まれるとした。最高裁判所は，政党の健全な発展に協力することは，会社に対しても，社会的実在としての当然の行為として期待されるのであり，協力の一環として政治資金への寄附についても例外ではないとし，原告株主の上告を棄却した（最大判昭45・6・24民集24・6・625）。

会社が政党・政治資金団体に対する寄附の年間限度額は資本の規模に応じて，最小の750万円（資本金10億円未満）から最大の1億円（資本金1050億円以上）まで細かな区分けがある。とはいえ，「政治とカネ」を巡るグレー（真っ黒？）な話題は事欠かない。会社による政治献金（寄附）は会社に見返りがある限り営利性に反することはなく有効といえるものの，現状，会社に利益を生む可能性がなければ認められないというわけでもない。営利性の視点から政治献金（寄附）を直視し，政治献金（寄附）につき，会社に利益がない場合でも，合理的な範囲であれば許容されることを真正面から認め，立法論的解決を図るのも一案である。

毎年10月に政治献金の判断基準となる主要政党の政策評価を公表している日本経済団体連合会（経団連）は，令和4（2020）年，自民党などの与党を高く評価し，会員企業に与党への献金を呼びかけた。経団連は，民主政治を適切に維持するには相応のコスト負担は不可避であり，社会貢献の一環と位置づける。

が，冷戦時代も終結し，時代は平成そして令和となった現代の日本においては，多様なポリシー・多極化している現下の国際紛争などにも目配りしながら，民主政治の維持よりさらに踏み込んだ理由づけが企業の政治献金を正当化する上では求められよう。令和3（2021）年に自民党へ献金したトップの企業はトヨタ自動車・住友化学でそれぞれ5000万円，「世界から飢餓と貧困を撲滅する」という創業以来のビジョンを掲げる「すき家」「はま寿司」などを運営するゼンショーホールディングスは25位で2200万円であった。

Ⅱ　営　利　性

会社は営利法人である。営利（営利性）とは，対外的な活動で得た利益を構成員に分配することを目的とするということである。分配方法は，剰余金の分配による場合と，会社解散後の残余財産の分配による場合がある。ただ，株式会社の解散時に，会社債務を弁済し，最後に残った財産を株主に分配する際に残余財産が残っていることは，通常，想定されないため，現実に残余財産が株主に分配されることはレアケースとされている。

1　株式会社

株式会社の営利性は，株主に，剰余金配当請求権と残余財産分配請求権の両方を与えない旨の定款の定めは効力を有しない（105条2項）とする点に表れている。

2　持分会社

持分会社では，利益の分配や残余財産の分配については，定款で多様な制度設計が可能であり（621条2項・666条），株式会社における105条2項の規定ぶりとは大きく異なるが，持分会社であっても，社員に利益配当請求権・残余財産分配請求権のいずれも否定することはできないと解すべきである。これは，持分会社であっても，営利法人であることに変わりはない以上，両者を否定する定款の定めは認めるべきではない。

3　営　利　性

会社が営利を目的とするからといって，営利と関係のないことをしてはいけ

ないという訳ではない。会社も社会的存在として，相応の社会的活動が可能で
あり，慈善事業や祭礼などに応分の寄附はできる。ただ，応分かどうかは程度
の問題でもあり，会社の規模や業績などを基準に社会通念で決めるほかない。
応分を越えた金額については，取締役等は注意義務（330条，民644条）を怠った
として会社に責任を負うべきである。

　無償の行為の場合，「無償」それだけを強調するのではなく，目的・状況な
どから総合的・俯瞰的に，会社の長期的利益に資するかどうかを判断すべきで
あるのかもしれない。

4　非営利法人

　営利事業を営むことを目的とする法人，すなわち，営利法人の他に，営利で
はないその他の目的を持つ法人を非営利法人という。非営利法人のうち，学術・
技芸・慈善・祭祀・宗教・その他の公益を目的とする法人を公益法人とよぶ。
公益も営利も目的としない団体（同窓会・町内会・学会・協同組合・共済組合等）
は中間法人になることも可能である。従来，公益も営利も目的としない団体は，
適用される法律がなく，法人格を取得することができなかったが，平成18（2006）
年に制定された一般法人法に基づき，一定の手続きを経ることで中間法人とし
て法人格を取得できるようになった。

Ⅲ　社　団　性

　社団とは人（ヒト）の集まりを意味するものであり，社団に法人格を与えた
ものが社団法人である。他方，財産（モノ）の集まり（財団）に法人格を与え
たものが財団法人である。社団法人では，社員が不可欠要素であり，社員総会
が最高の意思決定機関となり，業務の執行は理事が行う。財団法人では，財団
設立者が拠出した財産を基礎に，定款に定められた設立者の意思に基づく活動
を行う。財団法人には社員総会が不要なため，意思決定の簡便さ・容易性から，
あえて財団法人を選択することも少なくないため，実際には，社団法人と財団
法人との棲み分けはクリアではない。

　社団類似の概念として組合があるが，組合においては出資者である構成員が

契約により直接的に相互に結ばれる。これに対して，社団では，構成員が組織
と社員関係を通じて間接的に結ばれる。株式会社は株主（自然人・法人）の集
合体であり，社団である。ただ，社団は人の集合体である以上，株式会社も本
来，複数の人から構成されるべきかもしれない。株主や社員が1人である会社
を「一人会社」という。複数の会社間に完全親子関係（完全子会社とは親会社
を唯一の株主とする一人会社）があることで企業グループの経営にとり効果的・
効率的でもある。一人会社であっても，株主（社員）が株式（持分）を譲渡す
れば，株主（社員）が複数になる可能性があり，社団性は維持されていると理
解される。とはいえ，株主（社員）になろうとする者が1人でも会社の設立は
可能であり，株主（社員）が1人になっても会社は解散しないことから，会社
の社団性を論じる実益は失われており，現在，会社の社団性を示す条文は会社
法から削除されている。

3　会 社 の 種 類

I　会社法上の会社

今現在の経済社会における最も重要な企業形態は会社であり，とりわけ，株
式会社である。会社法上の会社には，株式会社のほかに，合名会社・合資会社・
合同会社がある（2条1号）。株式会社以外の3社を持分会社という（575条1項）。
持分会社は，会社として法人格を有しているが，会社の構成員間の人的要素
が強く，民法上の組合や匿名組合に通ずるところが多い。

1　持 分 会 社

(1)　合名会社　　持分会社の社員の権利・義務は定款により定まる。定款に，
会社債権者に対してすべての社員が無限の責任を負うこと（無限責任社員）を
定める持分会社を合名会社という（576条2項）。原則として，各社員が業務を
執行する権利・義務があるが，定款に定めれば，一部の社員のみを業務執行社
員とすることもできる（590条1項）。業務執行は社員の過半数，または，業務
執行社員に過半数の決議で行う（同条2項・591条1項）。日常の業務は各社員が

単独で行うことができる（590条3項）。社員の意思のみで退社が認められ（606条3項），退社した社員には出資の払戻しがされなければならない（611条）。持分の譲渡は他の社員全員の承諾が必要である（585条1項）。

　定款による自治が認められるエリアは，持分会社の中で合名会社が最も広い。

　(2)　合資会社　　業務執行を行う社員については無限責任（無限責任社員），出資のみを行う社員については有限責任（有限責任社員）を定めている持分会社を合資会社という（576条3項）。有限責任社員は，会社債権者に対して直接的に連帯責任を負うが，出資額を限度とする責任である（580条2項）。無限責任社員が経営する企業に有限責任社員が出資し，利益の分配を得るのが合資会社である。

　合資会社においては，合名会社ほどではないが，会社構成員である社員間の人的関係が重視されているため，無限責任社員の持分に譲渡制限があり（585条1項），有限責任社員の持分譲渡も緩和されているとはいえ制限がある（同条2項）。

　(3)　合同会社　　有限責任のみからなる会社である（576条4項）。これは，株式会社と同様である。合同会社は，所有と経営が分離していない持分会社において，有限責任社員のみかならなる会社を認めるために，アメリカのLLC（Limited Liability Company）に相当する会社として平成17年会社法制定の際に盛り込まれた。社員の責任を有限とする上で，配当規制・債権者保護手続が法定される一方で，会社の内部関係・社員間の関係は民法上の組合と同様の規律が適用される。機関の制度設計・社員の権利関係に強行規定はほとんどなく，契約自由の原則が広く適用される。ここは，合名会社・合同会社のテーストである。

2　株式会社

　(1)　株式会社　　1602年に設立されたオランダの東インド会社が，世界初の株式会社とされる。多くの大企業は株式会社形態をとっている。

　株式会社の社員を株主という。株主は会社に対して出資義務を負うのみで，会社債権者に対しては責任を負わない（株主有限責任）。会社経営に失敗しても，株式が無価値になり投資に失敗しただけであり，株主が負担するリスクの限定

が可能となる。株主は会社債権者に対して責任を負わない以上，債権者にとり重要な（頼りとなる）のは会社財産のみである。そのため，株主への出資の払戻し（退社）により会社財産が減少しないよう，出資の払戻しは，原則，認められない。投資の回収は株式の譲渡による（株式の自由譲渡性）。労務や信用の出資は認められない。

　株式会社は社会に散在する資本（お金）を集めることができる。出資者としての株主は会社の所有者であり，株主は株主総会において議決権を行使することで会社の経営に関与する（資本多数決）。

　(2)　特例有限会社　　会社法が制定された平成17（2005）年には約150万社の有限会社が活動していた。会社法制定時に有限会社法は廃止され，新たに有限会社をつくることはできなくなった。既存の有限会社は会社法施行日の平成18年5月1日に株式会社となり，社員は株主，持分は株式となった（会社整備法2条）。ただ，有限会社は株式会社となったにもかかわらず，商号中に有限会社という文字を含めなければならず（同3条1項），特例有限会社とよばれる。特例有限会社は，会社法的には，取締役会を置くことができない（同17条参照）株式会社と同じであり，定款変更して株式会社に移行するまでは，期間の定めなく存続可能である。取締役会の設置ができないため，取締役による相互の監視が不十分・不適切であると，会社代表者の暴走への対処に困難が生じたり，ガバナンス上の問題が生じうる。こうした場合，取締役会に代替する取締役による会議体を任意で設けたり，株式会社へ移行し，法定の取締役会を設置することなども一案である。

　なお，特例有限会社では，取締役の任期の定めがないため（同18条），取締役が会社の過半数の議決権を有している限り，自ら辞任するまではその地位は維持されるので，会社における自浄作用が機能しない・期待できない場合に困難な状況に直結しうる。くわえて，株式会社における計算書類の公告は義務であるのに対し（440条1項），特例有限会社ではその義務はない（会社整備法28条）。ただ，小規模な株式会社ではコスト・手間等の理由から（過料の罰則［976条2号］があるにもかかわらず）義務を果たしていない場合が多い。計算書類の公告義

務化が，特例有限会社から株式会社への移行に踏み切れない理由の1つである
ともいわれる。

Ⅱ　有限責任事業組合（LLP）

1　パス・スルー課税

　平成17（2005）年に創設された合同会社制度は，法人レベルでの課税を行わ
ないパス・スルー課税が認められることが期待されたが，実現しなかった。そ
こで，イギリスで生まれ，アメリカなどにも普及したLLP（Limited Liability
Partnership）に相当するモノとして，経済産業省主導で同年に有限責任事業組
合が創設された。有限責任事業組合は，組合員のすべてが有限責任であること
を日本で初めて認めた。有限責任事業組合は法人格がないので法人税が課せら
れず，組合の損益は各組合員の損益と通算される（パス・スルー課税）。

2　新たな事業体

　LLPは，株式会社と民法上の組合のメリットを組み合わせた新たな事業体で
ある。株式会社と同じ有限責任であるが，テクニック・スキル・センスなどを
持つヒトに重きを置くことができる組織である点において株式会社との差別化
が図られている。これは，設立時に低額の出資のみであっても，自由な割合で
利益配分をデザインできたり，業務執行に関するルールも組合員間で自由に制
度デザインが可能な点にも表れている。内部者による自治が幅広く認められい
ることがLLPの大きな特性である。

Ⅲ　株式会社の多様なる機関設計

1　機　　関

　株式会社における最も単純な・簡素な機関形態は，株主総会と取締役だけの
株式会社である。こうしたシンプルな株式会社は，会社法制定前の有限会社の
機関形態と同じである。この2つの機関はすべての株式会社において設けなけ
ればならない。このいわば必須のデフォルト（基本設定）にオプションとして
別の機関が設置されると，○△□設置会社といったコール（呼び名）が付く。

会社は定款の定めにより任意に追加可能でもあるが（326条2項），強制されることもある。その理由としては，①大会社（2条6号）であること，②公開会社（同条5号）であること，③特定の機関を設置している（設置していない）こと，があげられる。

2　設置が強制される機関

すべての大会社が設置しなければならないのは会計監査人である（328条）。すべての公開会社には取締役会が必要である（327条1項1号）。大会社で公開会社である会社は監査役会の設置を，原則，強制される（328条1項）。取締役会設置会社では監査役を，原則，置かなければならない（327条2項）。監査役会設置会社には取締役会が必要であり（同条1項2号），監査等委員会設置会社と指名委員会等設置会社では取締役会と会計監査人が必要である（同条1項3号4号・5項）。会計監査人設置会社には，原則，監査役を置かなければならない（同条3項）。

設置が強制される機関のバラエティーは富んでおり，その上，任意での追加もありうるため，選択可能な機関設計は多岐にわたるが，その分，高度に複雑である点は否めない。機関設計がベストなチョイスとなるよう，賢明な選択が求められる。

3　監査等委員会設置会社・指名委員会等設置会社

○△□設置会社にはいろいろあるが，代表的には監査等委員会設置会社と指名委員会等設置会社がある。

(1)　監査等委員会設置会社　　定款の定めにより監査等委員会を置くことができ（326条2項），監査等委員会を置く会社を監査等委員会設置会社という（2条11号の2）。監査等委員会設置会社は平成26（2014）年会社法改正で新設された新たなタイプの株式会社である。

(2)　指名委員会等設置会社　　定款の定めにより指名委員会等を置くことができ（326条2項），指名委員会等を置く会社を指名委員会等設置会社という（2条12号）。指名委員会等設置会社は，アメリカの上場会社におけるコーポレート・ガバナンスの構造をお手本として平成14（2002）年に新設された新たなタイプ

の株式会社である。導入当初は，委員会等設置会社と呼ばれ，平成17（2005）年の会社法制定の際に，委員会設置会社と改称された。その後，平成26（2014）年会社法改正で監査等委員会設置会社が新設されたため，これと区別するため，現在の指名委員会等設置会社に改められた。

4　取締役会設置会社

　監査等委員会設置会社も指名委員会等設置会社もいずれも取締役会設置会社であり，上場会社も同様である。

　取締役が1人でも構わない会社において，実際に1人である場合，業務の執行方法は極めてシンプルである。複数の場合は，過半数で決めていくのが原則であるが（348条2項），会議などを開く必要はない。他方，取締役会設置会社では，業務執行の手続きが厳重に法定されている一方で（362条以下），取締役会は意思決定の機動的な即応・迅速化を可能にする。1人の取締役がいれば十分な会社では，多くの重要事項につき株主総会の決議が必要となる。取締役会より株主総会を開く方が容易である会社もありうるが，一定規模の会社ではその逆であり，取締役会設置会社を選ぶ大きなメリットとなっている。くわえて，取締役会を設置するということは経営に長けた人に経営を委ねるということにもなる。

> ### ▲▲ *Column* ▲▲
>
> ### 東京証券取引所における市場区分再編
>
> 　東京証券取引所（東証）は，令和4（2022）年4月，市場第一部・第二部，マザーズ，JASDAQの市場区分を見直し，プライム・スタンダード・グロースの3市場に再編した。各市場で上場維持基準（東証ではかつては上場基準と廃止基準が併存していたが現在では上場維持基準に統一）が定められ，最上位のプライムの場合，流通株式時価総額で100億円以上・1日平均売買代金で0.2億円以上，流通株式比率で35％以上等とされている。この基準は旧東証1部と比較すると厳格化されたが，旧東証一部企業の約8割がプライム市場に移行し，基準を満たさない企業も「上場維持基準の適合に向けた計画書（適合計画書）」を提出することでプライム入りして（しまって？）いる。
>
> 　令和4（2022）年に発足当初に約1800社がプライムに上場したが，そのうちの約300社も（！）経過措置を利用（フル活用？）した。経過措置を利用して，

上場維持基準を満たすために企業価値の向上に努めること（残留努力）は必ずしも否定すべきではないかもしれないが，旧東証一部企業が基準達成への適合計画書を提出すればプライム入りが認められたことには議論の余地がある。とりわけ，経過措置の期限が定められていないことを逆手（？）にとり，未達基準の達成に 5 年以上要すると計画した会社が21社，この中には最長の10年計画を示してきた猛者（社？）もあった。こうした経緯もあり，令和 5（2023）年 1 月，東証は経過措置を令和 7（2025）年 3 月以降，順次終了する案を発表した。経過措置の終了時期は各社の決算期により異なり， 3 月期決算の会社は令和 7 年 3 月，12月期決算であれば令和 7 年12月までとなる。その後， 1 年が改善期間となり，それまでに上場維持基準が満たせない場合，監理銘柄・整理銘柄に指定された後に上場廃止となる。

　ただ，経過措置組（未達組・暫定組・背伸び組）のプライム上場会社が提出した適合計画書に記した未達基準の達成までの期間が令和 7 年後に迎える 1 年間の改善期間を超える場合，その期間中は監理銘柄にとどまることとされ，上場廃止には至らないとの特例が設けられた。したがって，この案によれば， 5 年計画，はたまた，10年計画を提出した会社は，プライム上場維持基準が未達であり続けても，プライムの上場は維持されることになってしまう。

　構造的・沿革的に旧東証一部の上場基準が緩く，時価総額数十兆円の日本を代表するグローバル企業から数十億円の企業まで，全上場企業の約 6 割が上場していた「プレミア感」の低い東証一部を抜本的に改革し，厳選された最上位市場としてのポジションを取り戻すための市場区分再編を志向したのであれば，今回の再編はその志が既に骨抜きにされた，看板の付け替え程度にとどまった。今後，インパクトのある改革の断行が期待される。その際，たとえば，まずは，適合計画書提出企業の大半が未達であった流通株式時価総額基準を維持した上で，経過措置終了の特例案の撤回により，プライム市場ブランドの「プライム感」を示す確かな第一歩に近づくことになろう。

　令和 5（2023）年12月現在，プライム上場企業は1657社，スタンダード上場企業は1621社，グロース上場企業は566社，である。全上場企業の約 5 割はプライム入りしている。

　なお，令和 3（2021）年12月現在，プライム上場企業の時価総額平均値は約4000億円，時価総額が世界最大で上場審査が最も厳しいニューヨーク証券取引所（NYSE）の上場企業は約 1 兆8000億円，MicrosoftやAppleなどのハイテク・IT関連が中心のナスダック（NASDAQ）の上場企業は約 1 兆9000億円であった。

第 2 章
会社法総則

1 会社法の歴史

I 法 源

　会社法は，広い意味における商法の1つである。狭い意味での商法は，明治32（1899）年制定の商法典のみである。商法典は，平成17（2005）年改正前まで，商法第2編に「会社」が規定されていた。このほか，昭和49（1974）年制定の商法特例法（株式会社の監査等に関する商法の特例に関する法律）が大会社・小会社の特定を定め，昭和13（1938）年制定の有限会社法があった。平成17（2005）年の商法典改正により，これら3本の法律が一本化され，会社法として制定された。商法特例法・有限会社法は廃止された。

　形式的意義の会社法は会社法典のみだが，実質的意義の会社法には，制定法・商慣習法・各会社の定款がある。制定法には会社法のほか，特別法として社債，株式等の振替に関する法律（平成13年法律75号），金融商品取引法（昭和23年法律25号），商業登記法（昭和38年法律125号）などがある。

　上場会社は証券取引所が定める規則を遵守しなければ上場会社としての地位を維持することはできない。立法により定められるルール（制定法）がハード・ローと呼ばれるのに対して，証券取引所等の自主規制機関が定めるルールはソフト・ローと呼ぶ。上場会社は証券取引所が定める上場規程（有価証券上場規程）に従わなければならず，上場規程では，タイムリー・ディスクロージャー（適時開示）やコーポレート・ガバナンス報告書（CG報告書）の提出が義務づけられている。

　コーポレート・ガバナンスに関するソフト・ローとしては，金融庁と東京証券取引所が平成27（2015）年に策定した5原則・31原則・42補充原則から構成されるコーポレートガバナンス・コード（平成30［2018］年・令和3［2021］年の2度にわたり改正［3年周期］）がその代表格であり，コードを遵守するか，遵守しない場合には理由の開示を求めている（コンプライ・オア・エクスプレイン［comply or explain］規制）。ただ，現状では，上場会社がコードを遵守せず十分な説明もしない場合であっても，制裁措置の発動などは予定されていない。

II　歴　　　史

1　東インド会社

　1602年（17世紀）に設立されたオランダ東インド会社が世界初の株式会社とされる。当時の東インドとは現在のインドネシアを中心とした広域な範囲であった。オランダ東インド会社は，国境をまたぎヨーロッパ全体に大きな影響力を及ぼした。そして，フランス東インド会社やイギリス東インド会社など，各国において東インド会社が設立されていった。

　その後，株式会社は19世紀から20世紀にかけて全世界に普及が進み，20世紀末からは圧倒的な会社形態となっている。

2　会社法の歴史

　(1)　明治期の商法から平成時代の会社法へ　　日本の会社法は，明治23（1890）年制定の旧商法（明治23年法律32号）第1編第6章に最初に誕生した。これはドイツ法の強い流れを受け継いでいるが，フランス法の影響も少なくない。ほどなく明治32（1899）年制定の新商法（明治32年法律48号）第2編にとって代わった。数多の改正を経ながら，平成17（2005）年制定の会社法が翌平成18年に施行されるまでの間，新商法第2編は会社法として存在していた。

　(2)　主な改正　　会社法は経済社会の要請に応える形で改正されているが，現在の会社法上の制度に連なっている主な改正は以下の通りである。法務省の法制審議会における議論を経ての改正が通例であるが，議員立法による政治主導の改正もあった。

(a)　昭和期　　戦前（1945年終戦前）の改正としては，昭和13（1938）年の商法改正（株主総会の権限強化・取締役の権限縮減・無議決権株式の容認等）・有限会社法制定が重要である。昭和25（1950）年には戦後の占領下においてアメリカ法の強い影響の下，取締役会制度の導入・株主総会の権限大幅縮小・個々の株主権の強化・株主代表訴訟制度の導入・授権資本制度の採用などが進められた。この昭和25年改正は日本の会社法のパラダイム・シフトとなり，もともとのドイツ法の流れから，一転，第二次世界大戦後のアメリカ占領下で極めてアメリカ法に接近することとなった。

　昭和49（1974）年改正では，監査制度に関する大幅増強・商法特例法の制定が行われた。昭和56（1981）年改正では，株式単位の引上げ・監査役の監査機能強化・（総会屋撲滅を主眼とした）株主に対する利益供与の禁止・相互保有株式の議決権制限などが行われた。

　(b)　平成期　　平成2（1990）年改正では，株式会社は大規模会社向けであるとの前提を修正し，小規模な株式会社を前提とした規定（発起人の員数の下限撤廃等）を整備する大小会社区分立法が行われた。同時に，有限会社は300万円，株式会社は1000万円の最低資本金を導入した。たとえ小規模であっても，株式会社として相応しい資本金を備えるべきであり，満たせないのであれば有限会社に移行すべきとの政策判断による。ただ，この立法政策は平成17（2005）年の会社法により完全に消えた。

　平成5（1993）年改正では，株主代表訴訟の容易化（具体的には訴額にかかわらず訴訟費用（訴状に貼付する印紙の額）を一律8200円（現在は13000円）としたり，大会社における社外監査役の強制などが行われた。くしくも，平成元（1989）年から平成4（1992）年にかけて行われた日米構造協議において，アメリカは200項目以上に及ぶ（アメリカサイドからみた［主張する］）日米における構造障壁の具体的改善策を列挙・要求した。その中には日本の会社法の改正要求（社外取締役制度の導入・自己株式の取得規制の緩和・株主の会計帳簿閲覧請求権の持株要件緩和等）も含まれていた。こうしたアメリカによる日本に対する内政干渉ともいえる非常に強めの要求は，日本の会社に投資するアメリカの株主の利

益を保護するためでもあった。

　平成9（1997）年から平成12（2000）年にかけては，組織再編関連の大きな改正が行われた。合併手続の簡素化・合理化，株式交換・株式移転・会社分割制度の新設である。なお，平成9年改正によりストック・オプション制度が導入されたのであるが，注目すべきは，ストック・オプションに関する商法改正が議員立法として極めて短期間に行われたことである。改正案は自民党と経済団体連合会（経団連：現在の日本経済団体連合会）の二人三脚で1ヵ月あまりでまとめ上げられた後，直ちに国会へ提出され，その後，わずか2週間余りで成立した。この改正は，議員立法の賜物ともいわれている一方で，法制審議会外し（素通り）との声も少なくなかった。法制審議会商法部会の審議を経ずに商法改正が行われた商法史上初の立法であり，立法手続上，極めて異例であった。しかしその後，経団連を中心とする経済界からのリクエストに応える形で議員立法による重要な改正が行われ，本改正はその先鞭となった。

　平成13（2001）年には6月・11月・12月の計3回の改正が行われた。それぞれ，自己株式取得の原則自由化（金庫株の解禁：議員立法）・種類株式の多様化・取締役の責任限定（議員立法）等が行われた。平成14（2002）年には，社外取締役制度を根幹とするアメリカモデルのコーポレート・ガバナンスを体現しようとする委員会等設置会社の導入が試みられ，機関関係の大幅な見直しが図られた。平成13・14年改正は，日本の国際競争力の強靱化を目指した動きであり，これは会社法を改善することで会社経営が効率化されるという（地に足が付いていない？理論先行？の）考えに基づいたものであった。委員会等設置会社（現在の指名委員会等設置会社）はその利用が進まず（令和4［2022］年現在，東証全上場会社3800社のうち約90社），平成26（2014）年改正で，その変形（日本仕様に大幅な修正が加えられた）である監査等委員会設置会社が導入され，急速に普及しつつある（上記約90社に対して既に1100社以上）。

　(3)　新会社法　　(a)　制定　　平成17（2005）年の改正では，会社法の全面的な見直しが行われ，会社法は商法典から独立し，新たに単行法となった。新会社法では，合同会社が創設され，有限会社法は廃止された。新会社法の見直

し内容は多様であるが，会社の機関設計の自由化がその核心である。従来，会社の規模に応じた機関設計を強制してきたが，いかなる機関設計を採用するかは，原則として会社の判断に委ねた（上場会社等の大規模な会社では利害関係人が多いこともあり，機関設計の自由度は低い）。新会社法は，小規模閉鎖会社に適用されるルールを基本形とし，大規模会社や上場会社等については規制をトッピング（上乗せ）する形式を採っている。

　(b)　改正　　平成26（2014）年の改正は，監査等委員会設置会社を新たに導入したほか，多重代表訴訟も導入し，親子会社法制の整備等を行った。こうした改正は規制強化を目的とした改正であり，規制緩和がその旗印でもあった平成17年新会社法の穴を修正するものである（規制の揺り戻し）。

　令和元（2019）年の改正は，株主総会資料の電子提供・取締役の報酬に対する規律・上場会社への社外取締役の選任義務化等であり，東京証券取引所の上場規則や実務において先行していた慣行の会社法による追認でもあった（ソフト・ローのハード・ロー化）。

2 ⬙ 株式会社総説

Ⅰ　特　　質

1　株主有限責任

　株式会社は，その出資者である社員たる株主の地位が細分化して割合的単位の形をとる株式にそのすべてが凝縮されている会社である。そして，株主は株式の引受価額を限度とする有限の出資義務を負うのみで，会社債権者に対して，原則，一切の責任を負わない有限責任の会社である（104条）。

　株主は株式を取得する際に出資を行うが，その後においては，会社から追加出資を強制されることはなく，会社が倒産した場合にも会社債権者からの責任追及もない。これが有限責任の具体的内容であり，こうした制度設計であればリスクが少なく，出資をする条件としては理解が得られやすい。株式会社における株主の有限責任は，（資金力が大きな投資家から零細な一般投資家に至る）多

くの人から資金を集めやすくするため，政策的に認められている。株主が有限
責任であるとはいえ，株主は株式を譲渡する以外に出資したお金を取り戻すこ
と（投下資本の回収）ができない。そのため，株式の譲渡は，原則，自由とさ
れる（127条）。

2　所有と経営の分離

　株主の責任を限定し，投資回収を容易にすると，多数の株主を集めることも
可能となり，多額のお金が集まり，大規模なプロジェクトや事業も現実的とな
る。複雑で専門性の高い経営に通じない株主が多くなるだけでなく，直接，多
数の株主が経営にタッチ（介入）すること自体，非効率あるいは不可能なもの
となる。それゆえ，経営は取締役や執行役といった専門家に委ねるほかなく，
その結果，企業の所有と「経営」の分離が進んでいく。執行役や会社代表の機
関は取締役会で選ばれるが，取締役を選ぶのは株主である。ただ，株式が広く
分散している会社では，多くの株主が経営に無関心（合理的アパシー［apathy：
無関心］）であることも少なくないため，取締役の地位が必要以上に強固なも
のとなり，とりわけ，大企業では企業の所有と「支配」も分離することにもなる。

　所有と経営が一致している企業では，経営のミス・失敗が自身の損失に跳ね
返ってくることもあり，所有と支配が一致している企業では，取締役の交代も
可能であるが，経営も支配も所有から分離している企業ではそうした自律・自
浄作用が機能しない。多様なシチュエーションを想定した上で，株主・会社債
権者の利益を守るため，経営陣の専横・暴走を許さないシステム・メカニズム
が欠かせない。

　株式会社の出資者である株主は，株式を取得することで会社の持分を取得し，
会社の所有者ともいえる。所有者である以上，所有物の使用・収益・処分が所
有者の自由のはずである（民206条）。しかしながら，ここでの所有は通常の意
味とは違う。株主は株式会社の所有者であるといっても，現実には，会社資産
に対する法律上の権利はない。株主は株式会社の所有者というより，抽象的・
潜在的な所有者との言い方の方が正確かもしれない。

　株主は株式会社に全く法的な権利がないのではなく，むしろ，会社に利益が

あるときに配当を受ける権利（105条1項1号）や会社の解散時に残余財産を受ける権利（同項2号）をはじめとする数多の権利がある。株主総会では，会社の憲法ともいえる定款の変更，資産売却，会社の解散等の重要な意思決定に議決権行使という形で直接的に関わる。株式会社の最終的な命運を決めるのは株主であり，この限りにおいて，株主はやはり，株式会社を所有している。

Ⅱ　株　　主

　上場会社の株主としては，（内国）法人株主の比率が高く，令和4（2022）年時点において，約50％であった。銀行・保険会社・事業会社・市町村などの地方公共団体も株主になることができ，実際に存在する。他方で，資産を持つ個人が投資のために株式を取得することもあり，個人株主とよばれ，約20％であり，残りの約30％は外国（法）人（海外投資家）であった。

　一般投資家から資金を集めた機関投資家が，集められた資金を信託銀行に信託し，その代わりに取得する受益権を小口に分け，一般投資家に渡すメカニズムを株式投資信託という。日本においては，近時，急速に普及しており，マーケットの規模としては10年前と比べて約3倍ともいわれ，令和5（2023）年時点では，約2100兆円の個人金融資産に占める比率は約5％も占めている。約10％のアメリカやヨーロッパと比べれば，未だ半分程度と見る向きもあるが，あまりに急速な普及は副作用・副反応のリスクを高めることになろう。

　日本では，法人株主，とりわけ，銀行・生命保険会社などが事業会社の株式を長期にわたり保有することが多かった（安定株主）。くわえて，銀行と事業会社が互いに株式を持ち合う慣行が行われていた。敵対的企業買収をブロックする上でも株式の持合いは効果的であり，持合いは進展し，平成元（1989）年に上場会社の時価総額ベースで過去最高の51％に達した。しかしながら，平成2（1990）年のバブル景気の崩壊による景気悪化に伴う持合い株式の売却や株価下落のほか，平成14（2002）年に保有する株式の時価での評価制度が導入されたことが決定打となり，持合いの解消は加速度的に進み，令和3（2021）年には9％を割り込むほど大きく低下した。

平成27（2015）年から，コーポレートガバナンス・コード（CGコード）の適用が東証で始まった。これにより，上場会社は政策保有株式（純投資目的ではなく取引先の会社の株式や子会社の株式を政策目的で保有する株式）の縮減に関する方針・考え方などの政策保有に関する方針の開示，さらには，取締役会で毎年，個別の政策保有株式の保有目的・保有メリット・保有リスクが資本コストに見合っているかなどを具体的に精査し，保有の適否を検証した後に，検証結果の開示が求められている【CGコード原則1-4：政策保有株式】。

Ⅲ 資 本

1 資 本 制 度

　株式会社は多数の出資者から資金を集め，大規模な事業も行えるよう，社員である株主は有限責任とされる。そのため，会社債務の引当て（会社債権者が頼りにできるの）は会社財産のみである。株主が出資した財産を会社に維持させておくために資本制度が採用されている。

　株式会社は設立時に資本金の額を登記する（911条3項5号）。資本金の額は会社が定めた一定の計算上の金額であり，会社の業績による変動はない。資本金の額を基準として株主に対する配当可能な額が算出されるため，資本金の額は配当上限を画す機能がある。なお，純資産の額が300万円を割り込んだ場合には剰余金の配当は認められない（458条）。

　会社の財産が信用の拠り所となっている株式会社では，登記簿上の資本金額を確認して会社と取引関係に入ることも少なくない。資本金の額が減少（減資）すると株主に対する配当可能額が増えるため，減資の際は，原則，債権者保護手続が必要である（449条）。

　もっとも，資本制度自体が会社の業績悪化による会社財産の減少をブロックすることはできないため，資本金の額は資本金に相当する財産が会社に存在することを約束するものではない。会社債権者が会社の財産状況を確認するには，計算書類等の精査が欠かせない。

　平成2（1990）年改正により，株式会社の最低資本金が1000万円，有限会社

が300万円と以前の約30倍に大幅アップが図られた。株式会社・有限会社に相応しくない会社を排除するためであったが，平成17（2005）年に制定された新会社法では，小規模な事業であっても株式会社を利用できるようにするため，最低資本金制度が撤廃された。新会社法の下では，起業ブーム・ベンチャーブームといった起業促進の時代的要請等を受け，資本金1円で株式会社を設立できるようになり，制定当初からしばらくは1円「起」業といわれるブーム的なものもあった。大幅アップから大幅ダウンのジェットコースター的なとても大きな政策変更であった。

▲ *Column* ▲▲▲▲▲▲▲▲▲▲▲▲▲▲▲▲▲▲▲▲▲▲▲▲▲▲▲▲▲▲▲▲

減資とコロナ

　平成27（2015）年7月，吉本興業は資本金を125億円から1億円に減資することが明らかになった。税制上，一律に，資本金が1億円超で大企業とされ，1億円以下になると中小企業と位置づけられ，法人税の税率が低くなる。くわえて，企業が資本金の規模に応じて赤字であっても納める義務がある外形標準課税の課税対象から外れるなどの優遇措置も受けられるようになる。他方で，それ以前の同年5月，経営再建中（！）のシャープが1200億円以上の資本金を1億円に減資する計画につき批判が相次いだ。全国的に知名度のある有名企業ともいうべきいわゆる「大企業」が減資により中小企業の税制上の特権を得ることに対する批判であった。

　その後，計画は撤回に追い込まれ，5億円に減資することで落着した（現在は，50億円）。こうした騒動（？）につき，時の官房長官（後の総理大臣）から「国民に違和感があったのでは」というコメントもあった。なお，翌年の平成28（2016）年，経営再建とはならず，さらなる経営不振に陥ったシャープは台湾の鴻海（ホンハイ）精密工業により買収された。当時の資本金1億円以下の有名企業としては，ヨドバシカメラ，日本マクドナルド，ジャパネットホールディングスなどであった。

　平成が終わり，令和のコロナの時代になると，税法上の大企業が中小企業化を求めて資本金を1億円以下になるようにする減資が相次いだ。とりわけ，コロナの影響が顕著なサービス産業では減資が危機対応の一般的施策の1つとなった感もある。旅行業では，JTB，エイチ・アイ・エス，日本旅行等，宿泊業ではワシントンホテル等，飲食業では，「いきなり！ステーキ」等を運営するペッパーフードサービス等である。資本金1億円超の大企業は令和2（2020）

年度は約2万社であり，大企業数のピークは平成18（2006）年度の，約3万社であった。この十数年の間において，資本金が1億円ピタリの企業は1.5倍増の約1万3000社となった。

　減資は合法的な資本政策の一施策であり，違法性はなく，不当な脱税でもない。ましてや，なんとかしてコロナに負けることなく頑張り抜くという企業の経営努力そのものと評価すべきかもしれない。ただ，事業の実態と関係なく帳簿上の資本金の操作で税負担を軽くすることには改善の余地がある。

　そこで，令和6年以降の税制改正では，大企業による課税回避を目的とした減資を規制するため，外形標準課税の基準として，資本金のほかに，企業の規模感を適切に反映する要素も加味される方向である。具体的には，資本金を資本剰余金に振り替える減資への対応を軸に検討されており，資本金と資本剰余金の合計額で税制上の大企業と定義づける案が有力視されている。大きな中小企業を大企業へと税制上揺り戻す動きは，長い目で見れば，企業のあるべき姿・役割への回帰として肯定されるべきであろう。

2　資本金と準備金

　株式会社の資本金の額は，原則，株式の発行等に際して，株主となる者が会社に対して払込み・給付をした財産の額である（445条1項）。1株1000円で1億株の発行を行った場合，資本金の額として増加する額は1000億円となる。ただし，払込み・給付の2分の1を越えない額は，資本金の額に組み込まなくてもよいとされる（同条2項）。それゆえ，丸々1000億円を組み込むことはせず，半分の500億円のみを資本金の額とすることも可能である。資本金に組み込まなかった分は資本準備金として計上しなければならない（同条2項・3項）。

　資本準備金と利益準備金は法定準備金という。これらは法律で積み立てが強制される。利益準備金は会社の利益を財源として積み立てる準備金である。利益準備金は会社の利益が生じたときにその一部を留保させることで将来の損失に備えることとなる。具体的には，剰余金の配当をする場合に，配当で減少する剰余金額の10分の1以上を資本準備金あるいは利益準備金として計上しなければならないが，法定準備金の合計額がすでに4分の1に達している場合の積み増しは不要である（445条4項，会社計算22条）。

法定準備金とは異なり，会社の判断で積み立てるのは任意積立金である。法定準備金は法定の目的以外に使うことはできない。任意積立金は使途に対する拘束力は弱いが内部留保を厚くする機能・効果がある。

3　資本原則

(1)　資本充実・維持の原則　　資本充実の原則は資本維持の原則の前提であり，出資額に相当する財産が実際に会社に提供されなければならないとする。資本維持の原則とは，資本金・資本準備金に相当する財産の保有を会社に求める原則であるが，資本金・資本準備金に相当する財産を特定し，その費消を禁止するものではない。資本金・資本準備金は，会社財産の株主への分配規制を主眼する会社財産の保全と図る上での基準値に過ぎない。資本充実・維持原則の違反を原因とする取締役等の責任は無過失責任あるいは過失の証明責任が転嫁された過失責任とされる。これは任務懈怠責任や過失責任とは異なり，資本制度を充実・維持させるための重い責任であるためである。

(2)　資本不変の原則　　資本不変といっても，増資は会社債権者に対する責任財産の保全の強化となるので，会社債権者の保護手続は不要である。一方，減資を簡単に認めると資本維持の原則が骨抜きとなるため，厳重な規制のもとでのみ行うことができる (447条・449条)。資本不変の原則は資本金の額自体の減少を自由には許さないことをいう。そのため，資本不変の原則は資本減少制限の原則とも呼ばれている。

(3)　資本確定の原則　　予定された資本金の額に相当する財産の提供がない限り，設立または増資の効力を否定することである。昭和25年商法改正前はこれが機能していたが，同年改正で授権株式制度を採用したため，会社設立時にはその一部を発行すればよいことになった。そして，設立後の新株発行である増資の際は，株式の引受けが発行予定新株の総数に満たないときでも，引受け・払込み済みの部分だけで新株発行の効力を認めていた。しかしながら，平成17年制定の会社法により，設立時であっても，一部に払込みがない場合には払込みがあった部分だけでの設立を認めるようになったため，資本確定の原則は放棄されるに至った。

第 **3** 章

設　　立

1 ◈ 会社の設立

I　会社を設立する意義とその方法

　会社の設立は，会社の実体の形成と法人格の取得というプロセスからなる。前者は会社の組織・活動に関する根本規則である定款の作成，株式の発行事項の決定と引受けの確定，機関の決定，株式の引受人による出資の履行，会社財産の形成，その結果として設立時の株主の確定，といった会社の実体の形成過程を指す。

　後者は，上記のような手続きで会社の実体が形成されると，設立の登記によって，その会社は法人格を取得し，法律上の人格者（法人）になるということを意味する。わが国の会社法は，法人格の付与につき，法定の手続きが履行されたときに，国が法人格を付与するという準則主義を採用している（*Column*も併せて参照）。

　株式会社を設立するということは，有限責任によるリスクの軽減や株式の発行などを通じた資金調達の面で大きなメリットがある。その他に，会社は，税金や経費の取扱いなどでも個人で事業を行うよりも有利な側面がある。

　会社の設立方法は発起設立と募集設立の2つの方法がある。発起設立とは，発起人が設立時発行株式の全部を引き受ける方法である（25条1項1号）。他方で，募集設立とは，発起人が設立時発行株式を引き受けるほか，設立時発行株式を引き受ける者を募集する方法である（同項2号）。

　募集設立の場合は，設立時発行株式の引受人（株主）の募集と創立総会とい

う特別なプロセスが必要となるほか，設立時発行株式の引受人の利益を保護するための様々な規制があるため，一般的には発起設立が多い。ただ，出資者のなかに，発起人としての責任を避けたい者がいる場合や，外国法人が出資者となり発起人として必要な書類を揃えることが面倒な場合などにニーズがある。

II　発起人・発起人組合・設立中の会社

1　発　起　人

　会社の設立に際して中心となる人物は，発起人である。発起人とは，設立の企画者であり設立事務の執行者であって，定款を作成し，その定款に最初に署名または記名押印する者である（26条1項・2項）。発起人となる資格の制限はなく，法人や制限行為能力者でもなることができる。発起人の員数は，1人でも複数でもよい。ただ，無責任な会社設立を防止するため，発起人は少なくとも1株は引き受けなければならない（25条2項）。

　会社の設立に際して発起人らしい行動をしても，定款に署名しなかった者は発起人ではない（大判明41・1・29民録14・22）。ただし，募集設立においては，発起人として署名をしていない者であっても，一定の条件を充たした場合，擬似発起人として発起人と同様の責任を負う（第5節III参照）。

2　発 起 人 組 合

　発起人が複数の場合には，実際に明示されていなくとも，会社の設立を共同して行うという合意が存在していると考えられている。その合意は，民法上の組合契約（民667条以下）と解されており（大判大7・7・10民録24・1480），この組合を発起人組合という。

　これは，発起人が複数いる場合には，会社法に規定がない限り，民法の組合に関する規定が適用されるということを意味する。したがって，設立手続中で発起人が規定するべき事項につき，全員の同意が必要といった規定が会社法にない場合には，民法670条1項が適用され，発起人の過半数で決するのが原則となる。

3　設立中の会社

設立の登記前の会社はまだ権利能力を有していないから，発起人が会社の設立のために取得または負担した権利義務は，形式的には発起人に帰属するといわざるをえない。もっとも，会社が成立すれば，設立中の法律関係がそのまま成立した会社の法律関係になる。つまり，発起人や設立時発行株式の引受人は株主となり，設立時取締役・設立時監査役などは会社の機関となる。発起人が会社のために取得または負担した権利義務は，法律上何も権利義務移転手続をしなくても，当然に会社の権利義務となる（第4節Ⅲも参照）。

このことを説明するために，設立中の会社という概念が用いられる。そのような理解から，発起人が会社設立のために取得または負担した権利義務は実質的に設立中の会社に帰属しているので，会社が成立すれば，それらは当然に会社に帰属すると説明される。それゆえに，設立中の会社は権利能力のない社団であり，発起人はその執行機関であると考えられている。もっとも，こうした理解には批判もある。

2 ▶ 定 款 の 作 成

Ⅰ　定 款 の 作 成

1　定款の意義と記載事項

発起人が設立に際して行う重要な事項として定款の作成がある。定款とは，会社の組織・活動に関する根本規則を記載した書面または電磁的記録のことをいい，最初の定款は原始定款とも呼ばれる。定款は設立される会社の重要な事項を定めているため，後日の紛争や不正行為の防止を目的として，公証人の認証が必要である（30条1項・2項）。

定款の記載事項には，①絶対的記載事項，②相対的記載事項，③任意的記載事項，という3つの分類がある。①絶対的記載事項とは，定款に必ず記載しなければならない事項であり，その記載を欠くと定款自体が無効になるものである（27条）。②相対的記載事項とは，定款自体の効力には影響がないが，記載し

ないと効果が認められない事項をいう（29条）。③任意的記載事項とは，①・②以外の事項で，法律に違反しない事項をいう。

2　絶対的記載事項

　まず，絶対的記載事項とされている事項は，次の6つをいう。①目的，②商号，③本店の所在地，④設立に際して出資される財産の価格またはその最低価格，⑤発起人の氏名または名称および住所，⑥発行可能株式総数である。

　①目的（27条1号）とは，会社の営む事業をいう。会社が行う可能性のある事業活動を列挙し，最後に「前各号に附帯する一切の事業」と書くことが一般的である。定款に記載された目的の範囲外の行為は，株主・監査役による差止めの対象になる（360条・385条）ほか，目的の範囲外の行為の効力が会社に帰属するか否かという問題もある。

　②商号（27条2号）とは，会社の名称をいい（6条1項），会社には必ず1つだけの商号がある。会社の商号には，その商号中に，会社の種類に応じて，株式会社・合名会社・合資会社・合同会社の文字を用いなければならず（同条2項），他の種類の会社であると誤認されるおそれのある文字を用いてはならない（同条3項）。

　③本店の所在地（27条3号）は，様々な訴えの専属管轄地になる（835条1項等）。会社法上の訴えの多くは，会社が被告となり，訴えはその本店所在地を管轄する地方裁判所の管轄に専属することになる。

　④は，設立に際して発起人などから出資される金銭その他の財産の価額またはその最低額である（27条4号）。たとえば，出資される財産の価格を「100万円」と確定額で定めたり，「50万円以上」と最低価額で定めることである。

　⑤発起人の意義などについては，前記第1節Ⅱ1のとおりである。その発起人が自然人の場合にはその氏名，法人の場合には名称を定款に記載し，いずれの場合もその住所も記載する（27条5号）。

　⑥発行可能株式総数とは，株式会社が発行することができる株式の総数をいう。発行可能株式総数については，①～⑤とは異なり，会社成立時までに発起人の全員の同意で定めることが認められ，原始定款で定めた場合であっても，

発起人全員の同意で変更することができる（37条1項・2項）。

　なお，公開会社において，発行可能株式総数は取締役会への授権枠となる。公開会社の場合，設立時発行株式の総数は，発行可能株式総数の4分の1でなければならず（同条3項），これを4倍ルールという。

3　相対的記載事項・任意的記載事項等

　次いで，相対的記載事項とされている法規定は，会社法の全体に存在するが，代表的なものとして次の事項が挙げられる。それは，変態設立事項（28条），株式の内容などの定め（107条・108条），公告の方法（939条1項・2項）である。

　そして，任意的記載事項としては次の事項がある。定時株主総会の招集時期，役員の員数，社長などの役職，取締役会の招集権者，事業年度などである。こうした事項を定款で定めると，明確性が高まり，その変更には定款変更という厳格な手続きが必要になるという効果がある。

　なお，定款は設立時に定めた場所に，会社成立後には本店および支店に備え置き，発起人のほか，成立後の株主と債権者の閲覧等に供される（31条1項・2項・4項）。親会社社員も，会社の成立後に必要があれば，裁判所の許可を得て，閲覧等を請求することができる（同条3項）。この定款の閲覧等の請求権は，募集設立における設立時募集株式の引受人（第3節Ⅱ参照）にも認められている（102条1項）。

Ⅱ　変態設立事項・発起人の権限

1　変態設立事項

　相対的記載事項とされている変態設立事項とは，①現物出資，②財産引受け，③発起人の報酬その他特別の利益，④設立費用の4つをいう。これら事項については，発起人による過大評価などによって，会社財産の充実を害するおそれがあるために相対的記載事項とされており，原則として，裁判所の選任する検査役の調査を受けなければならない。

　①現物出資（28条1号）とは，金銭以外の財産による出資をいう。金銭以外の財産の例として，動産，不動産，有価証券などがあり，現物出資ができるの

は，発起人に限定されている（34条1項。63条1項と併せて参照）。出資された金銭以外の財産を過大評価すると，金銭を出資した株主との間の不公平が生じる。そのため，現物出資をする者は，その者の氏名または名称・財産とその価額・その者に割り当てる設立時発行株式の数（種類株式発行会社の場合は，種類および数）を記載する。

②財産引受け（28条2号）とは，発起人が会社のため，会社の成立を条件として特定の財産を譲り受ける旨の契約をいう。現物出資規制の潜脱のおそれから，変態設立事項として規制されている。

定款記載を欠く財産引受けは，判例によれば，絶対的無効とし，たとえ会社が株主総会で特別決議をしても有効とはならない（最判昭28・12・3民集7・12・1299）。ただし，手続違反などから長期間が経過している場合，無効の主張は信義則に反し，許されないとする判例もある（最判昭61・9・11判時1215・125）。

ちなみに，会社の成立後に，成立前から存在する高額の財産を取得する契約を締結する行為も，現物出資に関する規制の潜脱である可能性がある。そこで会社法は，会社がその成立後2年までの期間は，多額の財産の譲受けに対して比較的厳格な規制がなされている。この規制を事後設立という（467条1項5号）。ただ，事後設立の規制は財産引受けよりも規制が緩やかであり，変態設立事項では義務づけられている検査役の調査は不要である。

③発起人の報酬とは，設立事務執行の対価としての報酬であり，特別の利益とは，功労に報いるための利益である（28条3号）。これは，恣意的に決定されるおそれやお手盛りの危険があるため，変態設立事項とされている。

④設立費用とは，発起人が会社設立のために支出した費用である（28条4号）。その例として，設立事務所の賃借料，株式の募集広告費用などがある。設立費用は，不必要な費用の負担により，会社資産を不当に減失させるおそれがある。ただし，定款の印紙税，払込銀行等の手数料等，検査役の報酬，登記の登録免許税は，客観性があって濫用のおそれがないことから除外されている（同号かっこ書）。

設立費用については，未払の設立費用がある場合に誰に対して請求できるか

が問題となる。判例は，定款に記載された金額の範囲で，発起人のなした取引の効果は会社に帰属し，相手方は会社にのみ弁済等を請求でき，発起人には請求できないとしている（大判昭2・7・4民集6・428）。

2　検査役による調査等

これら変態設立事項については，原則として検査役の調査が義務づけられている。発起人は定款の公証人による認証後，遅滞なく裁判所に対し，検査役の選任を申し立てなければならない（33条1項）。裁判所は，不適法である場合を除き，検査役を選任して報酬の額を定める（同条2項・3項）。

検査役は調査と報告を行い，不当な場合は当該変態設立事項を変更する決定をしなければならない（33条4項〜7項）。変更の決定に対して，発起人は，①変更を受け入れるか，②決定の確定後1週間以内に株式引受の意思表示を取り消すか（同条8項），③決定の確定後1週間以内に発起人の全員によって当該変態設立事項についての定款の定めを廃止するか（同条9項），のいずれかを選択しなければならない。裁判所の決定による変更や上記③決定の確定後1週間以内に発起人の全員によって当該変態設立事項についての定款の定めを廃止する場合は，発起設立の手続中で例外的に変更が認められている場合の1つである（30条2項）。

しかし，検査役の調査にはコストと時間がかかることから，現物出資と財産引受けの財産（現物出資等財産という）については，省略・不要にできる例外が設けられている（33条10項）。それは，①現物出資等財産の価額の総額が500万円を超えない場合（同項1号），②市場価格がある有価証券であって，その価額が市場価格として法務省令で定める方法により算定されるものを超えない場合（同項2号，会社則6条），③定款記載上の価額が相当であることについて，弁護士・公認会計士・税理士等の証明，現物出資財産等が不動産の場合は，不動産鑑定士の鑑定評価を受けた場合（同項3号），である。ただし，発起人，財産の譲渡人，設立時取締役，設立時監査役等は，③の証明者になれない（33条11項）。

Ⅲ　発起人の権限

　発起人については，その権限の範囲が問題となる。発起人が設立中の会社の
ためになす可能性のある行為としては，第1に，設立を直接の目的とする行為
がある。ここには，定款の作成，株式の引受け・払込みに関する行為，創立総
会の招集などが挙げられる。発起人は，会社の設立を直接目的とする行為をす
る権限があるのは当然であり，これら行為をなしうることに争いはない。

　第2に，設立のために事実上必要な行為がある。ここには，設立事務を行う
ための事務所の賃借や設立事務のための事務員の雇用などが挙げられる。これ
らについても，発起人の権限に含まれると解されている。

　ここで問題となるのは，会社法に定めはないが，開業準備行為が，発起人の
権限に含まれるかどうかである。開業準備行為とは，会社が成立後すぐに事業
を行えるように，土地や建物などを取得したり，原材料の仕入れや製品の販売
ルートを確立しておくなどの行為である。

　なお，前記第2節Ⅱ1の財産引受けも通常これにあたる。しかし，財産引受
けは特に必要性が大きいから，厳格の規制のもとで法は認めたとする見解が多
数説である。

　開業準備行為が発起人の権限に含まれるかどうかにつき，判例は，会社の宣
伝を目的としたプロ野球の試合の実施契約という開業準備行為の効果は，会社
に帰属しないとする。そのうえで，発起人の行為は，無権代理人の行為との類
似性を理由に，民法117条の類推適用して，発起人に報酬金などの責任を認め
ている（最判昭33・10・24民集12・14・3228）。

3 ❯❯❯ 出資の履行

Ⅰ　株式の発行の決定と出資の履行

　設立の際に発行される株式を設立時発行株式という（25条1項1号）。設立時
発行株式に関する事項のうち，設立に際して出資される財産の価額またはその

最低限は定款で定める必要があるが（27条4号），それ以外の事項は，定款外で適宜規定してもよい。

　ただし，例外として，第1に，設立時発行株式の発行の事項として，①発起人が割当てを受ける株式の数，②株式と引換えに発起人が払い込む金銭の額，③設立後の会社の資本金・資本準備金の額に関する事項は発起人全員の同意で決めなければならず，種類株式発行会社では，その同意も必要となる（32条1項1号〜3号・2項）。設立時発行株式に関して，履行日などといったその他の事項は，発起人が複数の場合，発起人組合の意思決定となり，原則として発起人の多数決で決定される（民670条）。

　第2に，出資の履行である。発起人は，株式の引受け後，遅滞なく，金銭の全額を払い込み，現物出資の全部を給付しなければならない（34条1項本文）。このことを全額払込主義という。金銭出資の払込みと現物出資の給付を合わせて出資の履行という。ただし，名義変更の手間などを考慮して，発起人全員の同意があれば，現物出資財産（不動産・著作権など）の登記，登録その他の第三者への対抗要件として必要な行為は，会社の成立後でも可能である（同項ただし書）。

　金銭の払込みは，確実性の観点から，発起人が定めた銀行等（銀行，信託会社その他）の払込みの取扱いの場所においてなされなければならない（34条2項，会社則7条）。発起人が定めた銀行等を払込取扱機関といい，その払込みの取扱いの場所を払込取扱場所という。

　なお，発起人や株式引受人は，出資の履行をすることにより株主となる権利を有することになる。この権利を権利株という。あるいは，すでに出資の履行を済ませているため，会社の成立により自動的に株主となる権利を権利株ともいう。この権利株の譲渡は，会社の事務処理の便宜のため，成立後の会社に対抗できない（35条・50条2項・63条2項）。

　設立登記の申請時には払込みがあったことを証する書面（銀行口座の残高証明等）が必要になる（商登47条2項5号）。この書面は，設立時代表取締役が払込取扱機関に払い込まれた金額を証明する書面に，払込みが行われた口座の預金

通帳の写しまたは取引明細書などの合綴（がってつ）したもので足りるとされている。

　出資の履行を行わない発起人がいる場合，発起人は，未履行の発起人に対して，期日を定め，履行すべき旨を2週間前までに通知しなければならない。出資の履行を行わない発起人は，期日までに履行がされないと株主となる権利を喪失することになって，失権する（36条）。

　株式の引受けが無効等になると，法的安定性を害する。そこで，民法の意思表示の一般原則を変更し，心裡留保・虚偽表示があっても，株式の引受けの意思表示は無効にならない（51条1項・102条5項）。

　また，会社の成立後の発起人，創立総会もしくは種類創立総会で議決権を行使した後の設立時募集株式の引受人は，錯誤・詐欺・強迫による取消しを主張できない（51条2項・102条6項）。他方，制限行為能力・詐害行為などによる取消しは制限されていない。

II　募集設立の特則

　募集設立とは，発起人が設立時発行株式を引き受けるほか，引き受ける者を募集する方法である（25条1項2号）。そのため，募集設立の場合には，引受人（株主）の募集という手続きが加わる。

　発起設立の場合には，発起人間である程度の相互監視が働くことが期待される。それに対して，募集設立の場合には，発起人以外の株式の引受人（設立時募集株式の引受人）には，発起人を監視する意志や能力が欠ける場合があり，投資公益の保護の観点から，手続きや発起人の責任がより厳格なものとされている。

　募集設立において，発起人は一部の設立時発行株式を引き受けるほか，設立時発行株式の引受人を募集できる（25条1項2号・2項・57条1項）。募集をする旨の定めをしようとするときは，発起人の全員の同意を得なければならない（57条2項）。その募集に応じて，設立時発行株式の引受けの申込みをした者に対して割り当てる株式を設立時募集株式という（58条1項柱書かっこ書）。

　発起人は設立時募集株式の数・払込金額・払込期日またはその期間・一定の

日までに設立の登記がされない場合において，設立時募集株式の引受けの取消しをすることができることとするときは，その旨及びその一定の日を定めなければならない（58条1項1号〜4号）。当該事項を定めようとするときは，発起人全員の同意を得なければならず，会社法57条1項の募集の条件は，当該募集（設立する株式会社が，種類株式発行会社である場合にあっては，種類及び当該募集）ごとに均等に定めなければならない（同条2項・3項）。

募集に申込みをしようとする者には，定款の認証の年月日及びその認証をした公証人の氏名等といった一定の事項を通知しなければならない（59条1項各号）。発起人は申込者の中から，設立時募集株式の割当てを受ける者を定め，通知しなければならない（60条）。ただし，設立時募集株式の引受けをしようとする者がその総数の引受けを行う契約である総数引受の場合は除外されている（61条）。

発起人による割当方法などは自由である。これを割当自由の原則という。一般的には申込みに際して，発行価額全額を申込証拠金として徴収し，申込みが募集株式総数に達すると募集を打ち切る。

申込みと割当てにより設立時募集株式の引受けが確定し，申込者は，設立時募集株式の引受人となる（62条）。引受人は払込期日または払込期間内に全額の払込みを，発起人が定めた払込取扱機関の払込取扱場所でしなければならず（63条1項），払込みをしないと当然に失権する（同条3項）。その際，出資された財産価額が定款所定の額に満たない場合，引受人の追加募集が必要になる。

発起人は銀行等に対して保管証明書の交付を請求することができる（64条1項）。募集設立では，この保管証明書の添付が設立登記に必要になり（商登47条2項5号かっこ書），発起設立の場合のように預金通帳の写しで済ませることはできない（第3節Ⅰ参照）。

銀行等は払込金の保管証明書の記載が事実と異なることや，金銭の返還の制限をもって成立後の会社に対抗できない（64条2項）。会社が成立するまでは銀行等に払込金を保管させることにより，発起人の不正などを防止して，会社の財産的基礎の確保と引受人の保護を図る趣旨である。

Ⅲ　株式の仮装払込み

1　預　合　い

　設立の際には，出資金がないのに払込みを仮装して規制を潜脱しようとする株式の仮装払込みに対する規制が問題となる。仮装払込みには①預合い，②見せ金という2つの類型がある。

　預合いとは，発起人・設立時取締役などが株式払込資金について，支店長などの払込取扱機関の役職員と通謀し，同機関から資金を借り入れて，それを払込金とし，借入れを返済するまでは，預金を引き出さないことを約束する不返還の合意をする行為である（最判昭42・12・14刑集21・10・1369等）。預合いは現金の移動がなく，帳簿上の操作に過ぎないため，無効と解するのが一般であり，発起人は株主となれない。預合いは犯罪であり，5年以下の懲役等の刑事罰の対象となる（965条）。

2　見　せ　金

　見せ金とは，発起人などが取扱払込機関以外の者から借り入れた金銭を株式の払込みにあて，会社の成立後に引き出してすぐに借入金の返済に回すことをいう。見せ金は，預合いとは異なり，法律用語ではなく，刑事罰の規定もない。判例・多数説は，計画全体をからくりと考え，見せ金は会社財産を害するため無効であり，発起人などは払込責任があるとしている。

　見せ金かどうかは，判例によれば，①会社成立後借入金を返済するまでの期間の長短，②払込金が会社資金として運用された事実の有無，③借入金の返済が会社の資金関係に及ぼす影響などに照らして総合的に判断される（最判昭38・12・6民集17・12・1633）。会社成立後の新株発行でも，判例上，見せ金と同様に名目的な引受人との合意により，一時的な借入資金で商業登記簿に増資の記載をさせると，公正証書原本不実記載罪（刑法157条）にあたる（最決平3・2・28刑集45・2・77等）。

3　仮装払込みに対する支払義務

　仮装の払込みなどによる出資の履行については，資本充実の観点などから厳

しい責任が課せられている。まず，会社設立時において，発起人は仮装した出資に係る金銭の全額の支払・財産の全部の給付をする義務を負う（52条の2第1項）。仮装払込みをした設立時募集株式の引受人も同様である（102条の2第1項）。

さらに，仮装に関与した発起人や設立時取締役も，同様の支払義務を負い，その場合，連帯債務者となる（52条の2第2項・3項）。ただし，仮装者を除き，職務上注意を怠らなかったことを証明すれば免責される（52条の2第2項ただし書・103条2項ただし書）。

発起人や株式の引受人は，その支払の後でなければ，出資を仮装した設立時株式の株主としての権利を行使できないが（52条の2第4項・102条3項），株式や株主となる権利を，悪意または重大な過失なく譲り受けた者による権利行使は認められる（52条の2第5項・102条4項）。仮装者と関与者の義務は，総株主の同意がなければ免除できない（55条・103条3項）。仮装払込みの責任規定は，会社設立の後の募集株式の引受人や新株予約権者等（関与者も含む）にも，ほぼ同様に設けられている（209条2項・3項・213条の2・213条の3。*Column*も併せて参照）。

4 設立時役員等の選任と調査

I 設立時役員等の選任と調査

発起設立では出資の履行の完了後，遅滞なく，会社の設立に際して取締役となる設立時取締役を選任しなければならない（38条1項）。その際，発起人は1株につき1個の議決権を有し，議決権の過半数により，設立時取締役が選任される（40条1項・2項）。

それ以外に設立時の役員等（会計参与・監査役・会計監査人。これらの者を設立時役員等という［39条4項第4かっこ書］）を設ける場合も同様である（38条2項・3項）。定款で設立時役員等を定めた場合には，出資の履行が完了した時に選任したものとみなされる（同条4項）。

取締役会・監査役会の設置会社では，それぞれ3人以上の選任を要する（39条1項・2項）ほか，機関設計に応じて，取締役会設置会社では設立時取締役の

過半数で設立時代表取締役の選定（47条1項）などがなされる。設立時役員等の解任は，発起人の議決権の過半数を要し，特に設立時監査役を解任するときは議決権の3分の2以上による多数決が必要になる（42条〜45条）。

　設立時取締役（監査役設置会社である場合は設立時監査役も含む）は選任後遅滞なく，設立事項等の調査を行い，調査の結果，法令・定款違反や不当な事項があった場合には，各発起人に通知しなければならない。指名委員会等設置会社である場合は，設立時代表執行役に通知しなければならない（46条1項〜3項）。

II　創　立　総　会

　募集設立の場合，創立総会の開催が必要になる。創立総会とは，設立時株主の総会であり，設立時株主とは，株主となる出資の履行をした発起人または払込みを行った設立時募集株式の引受人をいう（65条1項）。

　設立時発行株式の引受人を募集する場合，払込期日または払込期間以後，発起人は遅滞なく創立総会を招集しなければならない（65条1項）。それ以外にも，発起人は，必要であると認められるときはいつでも，創立総会を招集することができる（同条2項）。

　招集の手続・決議の方法等は株主総会（295条以下）とほぼ同様である（67条〜83条）。ただし，創立総会の権限と決議方法は，株主総会と異なる。

　創立総会の権限は，会社の設立する事項に限られる（66条）。創立総会は，発起人が定めた目的事項に限り決議することができるが，例外として，定款の変更および会社設立の廃止については，議題として定められていなくても決議することができる（73条4項）。

　創立総会では，発起人が設立の経過を報告し（87条），設立時取締役等を決議によって選任する（88条）。創立総会は，これらの設立時取締役等を解任することもできる（91条）。設立時取締役（設立時監査役がいる場合，その者も含む）は設立事項を調査し（93条1項），調査の結果を創立総会で報告する（同条2項）。

　創立総会では，定款の変更も可能である（96条）。たとえば，設立時株主が変態設立事項を不当と考える場合，これを創立総会で変更することができる。そ

のような場合において，変態設立事項に関する変更に反対の株主は，決議後2週間以内に限り，株式引受の意思表示を取り消すことができる（97条）。これは，当該変態設立事項を前提にして株式を引き受けた設立時株主の期待を保護する趣旨である。

　定款の変更につき，会社法96条はその内容を制限していない。その趣旨は，発起人の定めた定款の内容が設立時株主の多数意思に合致しないときは，会社の成立までにそれを改めることが適切だからである。

　しかし，創立総会でできる変態設立事項の変更につき，会社法の下では議論があるものの，判例は「削除・縮小のみ」であり，新しい事項の付加・拡張はできないとする（最判昭41・12・23民集20・10・2227）。この理由としては，当該決議に反対する設立時募集株式の引受人に対して，事後の引受条件の変更を強制することが可能になってしまうからである。

　他方で，創立総会によらない定款変更には，発起設立の場合と同様の内容的制限がある。創立総会によらない定款変更は，変態設立事項を変更する裁判所の決定や発起人による引受けの取消し，発行可能株式総数の新設・変更しかできない（30条2項）。

　さらに，創立総会は，株式会社の設立の廃止を決議することができる（66条）。設立の廃止により，会社は不成立となる（第5節Ⅱ参照）。

　創立総会の決議は原則として，議決権を行使できる設立時株主の議決権の過半数であって，かつ出席した設立時株主の議決権の3分の2以上にあたる多数をもって行う（73条1項）。全株式について，譲渡制限を設ける変更では株主の半数以上で議決権の3分の2以上の多数を要し（同条2項），取得条項を設ける変更では，株主の全員の同意を要する（同条3項）。

　なお，設立時から種類株式を発行する会社では，種類創立総会が必要となりうる（84条～86条）。すなわち，もしも成立後の会社が行えば，種類株主総会の決議が必要とされるような決議を会社の成立前に行う場合は，対応する設立時種類株主による種類株主総会の決議が必要になる（90条・92条・99条～101条）。

III 設立登記

　株式会社は，本店の所在地における設立の登記によって成立し，法人格を取得する（49条）。これを商業登記の創造的効力という。設立登記は，設立経過の調査終了日などの2週間以内にしなければならない（911条1項・2項）。

　登記申請書には所定の添付書類が必要になり，登記官による審査が行われる（商登47条1項・2項）。登記所における登記官の審査権につき，現行の商業登記法は，形式的審査主義を採用している。

　商業登記法24条は，登記官が登記の申請を却下しなければならない事項を個別的に列挙している。これは限定列挙であって，登記官の審査権の範囲を明確にしたものと考えられている。判例も，一貫して形式的審査主義を採用している。したがって，登記官の審査対象は，申請書，添付書類，登記簿等の法律上許された資料に限るものとされている（最判昭43・12・24民集22・13・3334）。

　この添付書類には，払込取扱機関への払込みがあったことを証する書面（商登47条2項5号）などが含まれる。それゆえに，登記は，登記官の審査を通じて，会社財産の形成がなされたことがある程度確保される仕組みになっている。

　設立中の会社に生じた法律関係は，成立した会社に帰属する。発起人等の株式の引受人・設立時取締役等は，それぞれ株主・取締役等になり（50条1項・38条1項かっこ書・同条3項各号のかっこ書などを参照），発起人は任務を終え，会社は事業活動を開始する。なお，発起人や株式の引受人は，会社の成立後，錯誤や詐欺・強迫等を理由とする設立時発行株式の引受けの取消しはできなくなる（50条2項・102条6項）。

　ちなみに，会社法においては，設立から役員等の選任といった重要な局面で登記が義務づけられている（907条以下）。その内容は一般に公示され，行政によるチェック機能が効いている側面もある。

　登記される事項は，誰でも手数料を支払えば登記簿に記録されている事項を証明した書面の交付を受けることができる（商登10条）。これから取引をしようとする者などは，商業登記所に行くか，インターネットで登記情報提供サービ

スを利用して，その会社の情報を手に入れることができる。

5 ▶ 設立手続の瑕疵

I　設立無効の訴え

　設立手続に著しい違反や不備などといった瑕疵がある場合が問題となる。会社の活動は多数の関係者に影響を及ぼすため，瑕疵の取扱いについては法的安定性が重視され，①設立無効の訴え，②会社の不成立，③会社の不存在，という主に3つのパターンによって取り扱われる。

　①設立無効の訴えとは，設立の登記から2年以内に，株主等（取締役・監査役等を含む）に限定して，提起が認められている（828条1項1号・2項1号）。設立手続の瑕疵を争う手段としては，この訴えが中心となる。

　なお，設立無効の訴えの提訴権者には，会社債権者は含まれていない。債権者の保護は，発起人の対第三者責任（53条2項）によって図られる。

　設立を無効とする判決が確定すると，その判決の効力は，画一性を図るため第三者に対しても効力が及ぶ対世効がある（838条）。ただし，無効判決の効力は，法律関係の安定性の見地から，将来に向かって効力を失うとされ，遡及効は否定される（839条）。それゆえに，すでに会社・株主および第三者の間に生じた法律関係は影響を受けない。無効判決は，その確定により，清算手続が開始される（475条2号）。

　設立無効の訴えが認容される無効事由は，会社法828条1項1号などの規定からは明らかではなく，解釈に委ねられている。設立の無効事由は，個々の社員の出資の引受けの取消しなどといった主観的事由は認められず，客観的事由に限定されている。したがって，設立の無効事由は，極めて狭く解されており，設立に重大な瑕疵がある場合に限定されている。

　具体的に，設立が無効となるのは，ⓐ定款の絶対的記載事項が欠けていたり，重大な瑕疵がある場合，ⓑ設立時募集株式を1株も引き受けない発起人がいる場合，ⓒ公証人の定款の認証がない場合，ⓓ発起人全員の同意なく株式の発行

事項を決めた場合, ⓔ設立に際して出資される財産の価額（の最低限）として定款に定められた金額に相当する出資がなされていない場合, ⓕ募集設立において創立総会が適法に開催されていない場合, ⓖ設立登記が無資格者の申請に基づくなどの理由が考えられている。

Ⅱ　会社の不成立・会社の不存在

②会社の不成立とは, 設立手続が途中で挫折し, 設立の登記まで至らなかった場合をいう。この場合, 途中までいった費用負担などの後始末が問題となる。そこで, 発起人は連帯して, 会社の設立に関してした行為について責任を負い (56条), この責任は厳格な無過失責任である。そうした責任として, 発起人は設立時募集株式の引受人に対して, 払込金の返還がある。それ以外に, 定款の認証手数料などの会社の設立に関して支出した費用は, 発起人の負担となる（同条）。

③会社の不存在とは, 設立手続に著しい瑕疵がある場合であり, そのことが外観上も明らかである場合には, 誰でもいつでも, 会社が存在しないことおよびそれを前提とする法的主張を行うことができると解されている。そのような場合として, 設立登記をしないで会社として活動している場合や設立登記はあるが設立手続をまったく踏んでいない場合が考えられる。もっとも, 会社の不存在が認められる場合は狭く限られている。

Ⅲ　設立関与者の責任

設立関与者にはいくつかの点で責任が課されている。罰則や行政上の過料 (960条1項・976条等), 前述の不成立の場合の責任のほか, 3つの点で民事上の責任が生じうる。これら責任は株主代表訴訟の対象にもなる (847条)。

第1に, 出資の不足が後から発見された場合における財産価額の填補責任である。現物出資・財産引受けの対象となる財産である現物出資財産等の価額が定款に定めた価額に著しく不足するとき, 発起人および設立時取締役は, 会社に対して連帯して, 不足額を支払う義務を負う (52条1項)。不足額支払義務で

ある。責任免除には総株主の同意を要する（55条）。株式引受人間の平等を図るとともに，会社財産を確保する趣旨である。これにより，現物出資者以外の発起人や他の出資者を保護している。

　ただし，発起設立では，①検査役の調査を経たとき，または，②発起人・設立時取締役が職務を行うについて注意を怠らなかったこと（無過失）を証明したときには，現物出資者・財産の譲渡人である発起人・設立時取締役以外の者はこの義務は負わない（52条2項）。この責任は立証責任を転換した過失責任である。他方，募集設立の場合には，②の無過失の証明による免責は認められない（52条2項・103条1項）。設立時募集株式の引受人は，十分な自衛能力がなく，その保護を図るために，厳格な無過失責任となっている。

　さらに，現物出資・財産引受けにおいて検査役の調査ではなく，専門家による証明・鑑定評価がなされた場合，その証明者も連帯して不足額を支払う義務を負う。ただし，注意を怠らなかったこと（無過失）を証明すれば免責される（52条3項）。

　第2に，任務懈怠の責任である。発起人・設立時取締役・設立時監査役は，設立についてその任務を怠ったときは，それによって生じた会社の損害を賠償する責任を負う（53条1項）。責任を免除するには，総株主の同意を要する（55条）。また，これらの者は，その職務を行うについて悪意または重大な過失があったときは，これによって第三者に生じた損害を賠償する責任を負う（53条2項）。会社または第三者に対し，こうした責任を負う発起人・設立時取締役等が複数のとき，それらの者は連帯債務者となる（54条）。

　第3に，擬似発起人の責任である。擬似発起人とは，募集設立において，発起人は除いて，募集の広告その他募集に関する書面などに，自己の氏名または名称および株式会社の設立を賛助する旨を記載・記録することを承諾した者である。擬似発起人は，発起人とみなされ，発起人の責任を負う（52条〜56条・103条1項〜3項）。擬似発起人は，定款に発起人として署名をしていなくても，文書などの外観上発起人のような誤解を生むおそれがあるため，外観信頼の保護ないし英米法上の禁反言の法理によって責任を課されている。

Column

設立の歴史

　株式会社は，1600年頃にイギリス政府やオランダ政府が企画した東インド会社を起源とする。ただ，当時の株式会社は国策の色彩が濃厚で，官庁の免許を得ることによって法人の成立が認められる免許主義を採用していた。

　その後，国益・公益に関わりの小さい事業の株式会社の設立が認められるようになっていったものの，当初は投資公衆の保護の観点から，設立に国の許可を要する許可制であった。そうした歴史的変遷を経ながら，会社法が整備されるにしたがって，私人が一定の手続きを守れば国家の許可なく株式会社の設立が認められる現在の準則主義にいたる。

　わが国においては，明治23年のいわゆる旧商法は，免許主義を採用していたが，明治32年制定の商法は準則主義に移行した。他方，平成17年改正前商法は，株式会社の設立には1000万円以上の資本金が必要であった（平成17年改正前商法168条の４）。それに対して，会社法は最低資本金制度を撤廃した。それにより，株式会社の設立を容易にし，小規模で閉鎖的な企業が株式会社を利用できるようにした。

Column

不公正ファイナンスとの関係

　出資の履行の仮装は，資本充実の原則を害する行為である。しかし，会社法の制定時に，募集株式の発行などの際の見せ金に対する規制が緩すぎるとの批判があった。

　すなわち，会社法は，払込金保管証明の制度を発起設立の場合等につき廃止した。そのことを利用して，会社が経営者の関係者等に第三者割当てによる新株発行を行い，新株発行の払込金を会社の銀行口座に入金したという預金通帳の写しなどにより増資の登記を行い，その旨をTDnetにより公表し，ただちに入金した払込金を引き出し，当該新株を市場で売却して利益を得るといった事件が続発した。

　あるいは，業績の悪い企業が信用力を強化するため，関連会社やダミー会社などを迂回して融資を行い，新株発行の払込資金として還流させるスキームである。こうした見せ金を用いたスキームは，不公正ファイナンスと呼ばれ，仮装払込みになる。

　この場合，実質的な資金調達のない資本金の増加などを登記で公示して，周囲を欺き，不正な利益を得る。そうした不公正ファイナンスは，増資の登記を信じた会社債権者が害されるほか，発行済株式の増加の増加に伴う希釈化などによって他の株主も害するおそれもあった。そこで，会社法は，平成26年改正で仮装払込みに対する手当てをした（第3節Ⅲ**3**参照）。

　なお，不公正ファイナンスは，上場会社の場合，金融商品取引法の偽計（金商法158条）に該当する可能性がある（東京地判平22・2・18判タ1330・275など）。偽計とは，資本市場における不公正な取引に対する規制の1つで，他人に錯誤を生じさせる詐欺的ないし不公正な策略・手段のことをいう。こうした偽計の禁止ルールは，被害金額が巨額に上るなどの特に悪質性の強いケースで積極的に活用されており，資本市場における包括的な不正の禁止規定と位置づけられている。

第 **4** 章

株　式

1  株 主 と 株 式

I　株 式 の 意 義

　株式は株式会社に出資した株主の地位（株主としての権利・義務の主体）を表すものである。株式会社は事業に必要な資金を調達するため，株式の単位を細分化して出資単位を少額化することで，多数の者が株式会社に参加できるようにしている。

　同じ資金提供でも会社への貸付であれば貸主は金銭消費貸借契約でもって借主に対して元本の返還・利息支払い請求権を持つが，出資に基づく株式ではいったん出資された金銭などは会社の所有するところとなり，株主にはこのような元本の返済・利息支払い請求権は認められない。その代わりに，出資者である株主には会社への経営に参加する権利が与えられ，利益が出れば（株主総会等の機関による決定を前提として）配当を受け取る権利が認められる。

　このように，株主は，たとえ1株を所有するにすぎない株主であっても，議決権などの権利行使を通して，自己の利益を確保するために，会社経営を担う会社役員の選任・解任，経営者の監視，会社の重要事項の決定あるいは利益処分を行うことができる。そして，株主権のうちでも，会社運営への参加または不当な経営の防止を目的とした権利は共益権，会社から経済的利益をうけることを目的とした権利は自益権と呼ばれているが，これらの権利は社員権という1個の権利から生じるものであり，一体のものと考えられている（「社員権論」）。

　それに対して，株主の権利の一体性を否定し，自益権は権利であるが，共益

権は会社の利益のためにのみ行使されるべき権限ないし人格権だとする「社員権否認論」も唱えられてきた（またその1つとして，株式の本質は利益配当請求権を中心とする債権であるとする「株式債権論」もある）。これらの見解は，企業の社会的責任や株主の責任を論じるうえで注目すべきであるが，会社法の実体を十分に説明できないという問題がある。

　現在では社員権論が一般的に支持されており，判例も，たとえば総会決議取消しの訴えを提起した株主が死亡すれば，株式を相続した者が原告の地位を継承することを認め，株主権が権限・人格権にすぎないとする見解をとっていない（最大判昭45・7・15民集24・7・804）。

II　株主の地位

　株主は基本的にはその有する株式の引受価額を限度とする出資義務を負うだけである（104条）。この株主有限責任の原則は，会社債権者に対して株主が責任を負わないことを示すと同時に，会社に対する関係においても株主が株式の引受価額を超える責任を負わないこと，特に追加出資を強制されないことを明らかにしている。

1　株主の権利

　株主の権利は，前述のように，株主権利を自益権と共益権という2つの種類に分類されている。ただ，共益権に関しては，種類株式として議決権の全部または一部が制限された株式が認められており（108条1項3号），また，単独株主権ではなく少数株主権とされているものがある。

　(1)　自益権・共益権　　自益権とは，株主が会社から経済的な利益を受ける権利である。具体的には，①剰余金配当請求権（453条。会社から利益の配当を受ける権利），②残余財産分配請求権（504条。会社が解散した際，清算後に残った財産を株式の数に応じて受ける権利），③募集株式の割当てを受ける権利（202条。募集株式の発行等では「株主割当」と「第三者割当」があるが，「株主割当」では，株主はその持株数に応じて株式の割当てを受ける権利がある），④株式買取請求権（116条・469条・785条・797条・806条など。これは，単元未満株式の買取りを求める場

合や合併等の会社の組織再編の株式総会決議が行われた時に議案に反対した株主の自己の有する株式について会社に買取りを求める権利である）。これらの権利は株式会社の所有者である株主にとって本質的な権利であるから，たとえば，剰余金配当請求権，残余財産分配請求権をまったく与えない定款の定めがあれば，このような定款の定めは無効であるとされている（105条2項）。

共益権とは，会社運営への参加または不当な経営の防止を目的とした権利である。これは株主総会における議決権（308条1項）を中心として，株主総会決議取消請求権（831条1項），株主代表訴訟提起権（847条）などのような監督是正権も共益権に含まれる。

(2) 単独株主権と少数株主権　　所有株式数を問わず，すべての株主が単独で行使できる権利が単独株主権であり，総株主の議決権数や発行済株式の一定割合（数人の議決権数を合算してもよい）を有する株主だけが行使できる権利が少数株主権である。自益権はすべて単独株主権であるが，共益権には単独株主権と少数株主権がある。少数株主権は株主の権利行使が会社に及ぼす影響が大きく，また濫用の危険も高いことを考慮されたものであり，類型的には次のようなものがある。

①総株主の議決権の1％または（単元株式採用会社では）300個以上の議決権を持っている株主は株主提案権（303条2項。令和元年法改正により，議案要領通知書請求により提案できる議案数につき，10個に制限することにした。305条4項・5項），②総株主の議決権の1％以上の株主は株主総会検査役選任請求権（306条1項），③総株主の議決権の3％以上の株主は株主総会招集請求権（297条1項），取締役等の解任請求権（854条1項），④総株主の議決権の3％以上または発行済株式の3％以上の株主は会計帳簿閲覧請求権（433条1項），⑤総株主の議決権の10％以上または発行済株式の10％以上の株主は解散判決請求権（833条1項）がある。

2　株主平等の原則

株主平等の原則は，株主が株主たる資格に基づく法律関係において，その有する株式の数に応じて平等な取扱いを受けることである。株主平等の原則は従

来から株式会社における基本的な原則と考えてきたが，旧商法にはこれを明確にした規定がなく，会社法の109条１項において初めて明文化された。この規定は，株式会社法上の強行法的原理として株主平等原則の存在を肯定し，明文での根拠規定となる。それに違反する株主総会の決議，取締役会の決議，代表取締役・代表執行役の業務執行行為はすべて無効になると解されている（最判昭45・11・24民集24・12・1963）。

　株主平等原則の特徴は，平等の基準が株主の頭数ではなく，株主の有する株式の数に求められ，いわゆる「比率的平等」である。言い換えれば，各株主がその株主たる資格において有する権利義務につき平等の待遇を与えられる。会社法109条には，持株数に応じて平等に取り扱うという原則を定めていると同時にその例外も認めている。

　すなわち，非公開会社においては，剰余金の配当，残余財産の分配，株主総会における議決権について，株主ごとに異なる取扱いを行う旨を定款で定めることができるものとされた。これは，従来の有限会社において認められたが，非公開会社においては，株主相互の関係が緊密であることが通常であることから，株主の個性に着目して異なる取扱いを認めるものである。また，株式の内容が異なる種類の株式が発行されている場合には，株式の内容に応じて異なる取扱いをすることが株主平等原則の例外として認められる。この「株式の内容が異なる種類の株式」，つまり種類株式はもともと平等な取扱いがなされない株式であることから，種類株式相互間では平等原則の適用はない。

2 　種 類 株 式

I　株式の内容と種類

　会社法は，株式会社の資金調達の多様化や支配関係維持の要請などに応じるために，様々な株式の発行を認めている。

1　普 通 株 式
会社法には普通株式という用語は使われていないが，一般には，種類株式と

の対比において，定款でその権利等に制約の課されていない株式の意味で用いられる。日本の証券取引所で取引されている株式は，ほとんどはこの標準的な株式である。

2　すべての株式に譲渡制限等の制約が付された株式

株式会社は，必要な場合には定款においてその発行する全株式の内容について，①譲渡制限，②取得請求権，③取得条項のいずれかの条件の付いた特別な定めをすることができる（107条）。これを定款で定めれば，この会社で発行されるすべての株式が均一的な内容となる。また，すべての株式に条件が付いた株式については，旧商法においては，「譲渡制限株式」のみが認められていたが，会社法では，「譲渡制限株式」のほかに「取得請求権付株式」および「取得条項付株式」が新たに認められた。

3　種　類　株　式

株式会社は定款の規定に基づき，その発行している株式の一部に権利の内容の異なる複数の種類の株式を発行することが認められている。このような2以上の種類の株式を発行する株式会社は，「種類株式発行会社」と呼ばれている。また，会社は，どのような内容でも自由に定められるのではなく，下記の法定した内容の異なる複数の種類株式を発行することができるにすぎない。つまり，会社は①剰余金の配当，②残余財産の分配，③株主総会において議決権を行使できる事項について異なる内容の株式，④譲渡制限付種類株式，⑤取得請求権付種類株式，⑥取得条項付株式，⑦全部取得条項付種類株式，⑧拒否権付種類株式，⑨取締役・監査役選解任付種類株式等9つの種類株式を発行することができる（108条）。

Ⅱ　種類株式の内容

1　優先株式・劣後株式

普通株式に対して剰余金の配当または残余財産の分配につき優先的な取扱いを受けるのが優先株式，普通株式に劣後するのが劣後株式である（108条1項1号・2号）。また，利益配当は優先的だが，残余財産の分配は劣後的なものもあり，

これは混合株と呼ばれている。なお，会社法では，剰余金配当請求権と残余財産分配請求権の両方をまったく与えないような定款の定めは無効になると定めているが，一方のみをまったく与えないような株式，たとえば，完全無配当種類株式は許容されている（105条2項）。

　配当優先株式には，参加的・非参加的優先株式，累積的・非累積的優先株式の分類がある。優先配当を受けた後，会社になお利益があれば，普通株式と並んでさらに利益の分配に当たれるものを参加的優先株式，そうでないものが非参加的優先株式である。また，ある決算期の業績が悪化して優先配当金の全部または一部を支払えなくなったときも，次の期に，未払分を普通株式に優先して支払うという条件付のものが累積的優先株式で，そうでないものが非累積的優先株式である。累積的でしかも参加的な優先株式と累積的だが非参加的な優先株式もある。

　会社が配当優先株式を発行する場合，他の種類の株式を発行する場合と同様に定款でその内容と数を定めなければならない（108条2項1号・2号）。優先配当額については定款でその上限額その他の算定の要綱を定め，具体的配当額は発行時に決定することができる（208条3項）。

　配当優先株は通常次の議決権制限株式（優先的配当が履行される限りは議決権を持たない）とともに利用される。これは一般に配当を重視するが会社経営には直接関心を持たない大衆株主に対して株式を発行して資金調達をしたり，会社を再建する上で資金が必要であるが普通株式では引き受ける者が少ないため優先配当株を発行して資金援助を求める場合などに利用される。

　また，劣後株式は普通株式の株主が一定率または一定額の配当を受けられるまでは配当を遠慮する株式であり，後配株ともいわれる。たとえば，子会社が発行した劣後株式を親会社が引き受けることで子会社支援を行うような場合に発行される。普通株式に対して一定額の配当を行えるようになった決算期の後は，普通株式に転換されることが多い。

2　議決権制限種類株式

　議決権制限種類株式は，株主総会決議の全部または一部の事項について議決

権の行使ができない株式である（108条1項3号）。従来，総会決議の全部の事項について議決権を行使できない株式は，利益配当優先株式で，かつ，優先的配当を受けることができる限りにおいて認められていたものであったが，平成13年商法改正に際して，優先株式との関係を外し，かつ一部の事項について議決権が制限される株式の発行も認められた。もちろん，従来のように優先株式で，優先配当が保証されている限りで議決権を持たないといった取り扱いも可能である。

議決権制限種類株式を発行するには，定款で，発行可能種類株式総数および議決権行使事項・条件を定めなければならない（108条2項3号）。議決権制限事項にかかる事項については提案権を行使できない（303条1項）などの制限を受けるが，議決権を前提としない権利は制限されない。

議決権制限株式は，前述のように配当など他の条件が有利であれば株主総会における議決権には関心がないという一般株主に無議決権配当優先株式として発行する場合や，株式を発行して資金調達はしたいが議決権の行使による会社の支配関係に変動を与えたくない場合などに用いられる。また，招集通知の発送などの株主管理費用を節減するという効果も伴う。ただ，従来の支配関係を維持したままで新株発行による資金調達が可能になる反面，少数の株式で会社支配がなされる危険がある。このため，種類株式発行会社が公開会社である場合において，この種類株式数が発行済株式の総数の2分の1を超えるに至ったときは，株式会社は，直ちに議決権制限株式の数を発行済株式の総数の2分の1以下にするための必要な措置を講ずるよう，公開会社に義務づけることとした（115条）。ここの「必要な措置」としては，議決権制限株式の発行数を減少させるか，議決権制限株式以外の株式の発行数を増加させるという2つの措置が考えられる。

公開会社でない会社については議決権制限種類株式の発行数の制限はない。これは従来の有限会社の規制を取り入れたためである。なお，非公開会社においては，この種類株式以外にも，株主総会の議決権について株主ごとに異なる取扱いを定款で定めることができる（109条2項）。

3　譲渡制限付種類株式

譲渡制限株式とは，譲渡による当該株式の取得について当該株式会社の承認を要する株式である。旧商法には，一部の種類の株式についてのみ定款による譲渡制限ができるとの規定がなかったが，会社法は，譲渡制限株式の要件が緩和され，一部の種類の株式についての譲渡制限を明文の規定により認めた。また，会社の全部の株式の譲渡が制限されている場合と，株式の譲渡が制限されている種類株式の場合と共通する譲渡承認手続の規定が設けられている（136条以下）。

なお，株主からの譲渡承認請求に対し承認をするか否かの決定をするには，取締役会設置会社では取締役会の決議，それ以外の会社では株主総会の決議を要する（139条1項）。ただし，定款に別段の定めがある場合，その限りではない。たとえば，取締役会設置会社において決定機関を株主総会と定めること，譲渡制限付種類株式に関する決定機関をその種類株主総会と定めることなどがあり得る。なお，会社法は，株式会社または指定買取人による買取り（140条），売買価格の決定（144条），相続人等に対する売渡しの請求に関する定款の定め（174条）などについても規定している。

4　取得請求権付種類株式

取得請求権付種類株式とは，株主が会社に対して会社の発行する株式の取得（買取）を請求することができる株式であり（2条18号），定款の定めにより，会社の発行する株式の一部をこのような株式とすることができる（108条1項5号）。会社法は，旧商法上の株主の請求により他の種類の株式に転換する転換予約権付株式および株主の請求により金銭の交付を受けることができる償還株式を統合し，かつこれら以外の財産の交付をもすることができるよう定めたものである。

株式の一部を取得請求権付きとするときには，定款には，取得請求権付である旨，取得の対価および請求期間に加えて，発行可能種類株式総数も定められなければならない（108条2項5号）。

取得の対価としては，新株予約権・社債・新株予約権付社債・現金その他の

財産・他の種類の株式に転換することができる。また，これらの対価を組み合わせる設定をすることも株主平等原則に反しない限り許容される。ただ，株式発行後にこのような設定する場合は，定款変更であることから株主総会の特別決議が必要となる。また，新株予約権を取得対価とする場合は，新株予約権の譲渡と異なり，取得請求権のみを他人に譲渡することができないと解される。

種類株式発行会社である場合においては，取得の対価として同一の種類の株式を交付することが特段制限されず，自己株式を交付することも可能である。取得の対価として他の種類の株式が交付されるときには，その交付対象となる種類株式の数は発行可能種類株式総数を超えることはできない（114条2項）。他の種類の株式を他の種類の株式でもって取得すべきことを請求できるような場合（たとえば，劣後株式を普通株式に転換請求できる条項を付したような場合）を除き，分配可能額（461条2項）が転換により取得する財産の帳簿価額を超えるときでなければ，会社に対して取得請求権を行使することはできない（166条1項）。

取得請求権を行使する際には，取得を請求する株式の種類と種類ごとの数を明らかにすること（166条2項），株券発行会社である場合は，株券を発行会社に提出することが必要である（166条3項）。会社が発行する株式，社債，新株予約権，新株予約権付社債を取得請求権付株式の対価として交付する場合は，株主が，その取得を請求した時点で取得の効力が生じ（167条1項），取得請求日にそれぞれ株主，社債権者，新株予約権者となる（167条2項）。取得の対価としては，株式・社債等以外の財産を交付する場合，株主が請求の日に会社に対して財産を交付する権利（債権）を取得することとなる。当該債権は商行為により生じたものではないから，その消滅時効期間は10年（民166条），遅延損害金の法定利率は年3％である（民419条・404条）。

5　取得条項付種類株式

取得条項付株式は，会社が一定の事由が生じたことを条件として取得できる株式であり（2条19号），定款の定めにより，会社の発行する株式の全部または一部をこのような株式とすることができる（107条1項3号・108条1項6号），会

社の発行する株式の一部が取得条項付のときは，この株式は種類株式である。

発行株式すべてを取得条項付とするときは，定款には，取得条項付である旨，取得事由または取得日，一定の事由が生じたときに株式の一部を取得する場合の対象株式の決定方法，取得の対価あるいはその計算方法を定めなければならない。種類株式であるときは，これら以外に，発行可能種類株式総数も定められなければならない（108条2項6号）。

取得条項付株式の取得対価の内容としては，取得請求権付種類株式の取得対価と同様に株，新株予約権・社債・新株予約権付社債・現金その他の財産等の内容をあらかじめ定めておくことができる（107条2項3号・108条2項6号）。また，会社法には，取得条項付種類株式の取得対価の「相当性」が要求される旨の規定は設けられていない。対価としての株式などの内容またはその算定方法は発行時に定められており，取得条項付株式を引き受ける者は，あらかじめそのような対価で取得されるものであることを知って引き受けることとなるからである。なお，対価として交付する株式の数の算定方法については，算式に一定の数値をあてはめること等により一義的対価となる株式の数を算定することができるものであり，たとえば「取締役会の定める数」というような裁量の余地があるものは許されないと解される。

株式すべてを取得条項付株式とするのは，株主の意思によらず，会社が一定の事由の発生を条件に強制的に取得することであり，これは，原始定款で定めておくか，事後に採り入れるときには株主全員の同意による定款変更を必要とする（110条）。種類株式について取得条項付株式に変更する場合も当該種類株主全員の同意を必要とする（111条1項）。

取得日，取得株式等は，原則として株主総会，取締役会設置会社では取締役会が決定するが（168条1項・169条2項），取得の効果が生じるのは，事前に定められた事由の発生または決定された取得日である（170条）。取得日の決定については，株式の上場といった停止条件型の定めや，一定の期日を定める期間型の定めのほか，会社が任意に取得日を定めることができる（107条2項3号）。また，取得条項付株式のうち一部の株式のみを取得するものについては，取得する当

該株式の株主に通知し，または公告する必要があり，通知の日または公告後2週間を経過した日が取得の事由が生じた日より後である場合には，当該通知の日または公告後2週間を経過した日に，会社が当該株式を取得することとされている（170条1項）。

6 全部取得条項付種類株式

全部取得条項付種類株式は，会社が株主総会の決議によってその全部を取得する株式である（108条1項7号）。会社法で初めて認められた。全部取得条項付種類株式は，取得条項付種類株式と異なり，あらかじめ取得事由・取得日を定めておくことは要せず，発行後に株主総会の決議によって取得できる点に特徴がある。

全部取得条項付種類株式の取得に関する株主総会においては，①取得対価の内容に関する事項（171条1項1号），②取得対価の割当てに関する事項（171条1項2号），③会社が当該株式を取得する日（171条1項3号）を株主総会の特別決議によって定める必要がある。また，この株主総会においては，取締役は全部取得条項付種類株式を取得する必要性についての説明義務が課される（171条3項）。全部取得条項付種類株式の取得は，会社の経営支配や会社財産に大きな影響を与える場合があるため，株主の理解を得る必要がある。

株主総会において，取得対価については，株，新株予約権・社債・新株予約権付社債・現金その他の財産などの内容を議決することができる（171条1項1号）。全部取得条項付種類株式の買取価格は，取得日の価格を基準とすることになり，取得の対価である財産の帳簿価額の総額は，分配可能額を超えてはならないこととされている（461条1項4号）。分配可能額を超える対価で全部取得条項付種類株式を取得した場合の処理については，取得請求権付種類株式や取得条項付種類株式の場合とは異なり，当該取得自体を無効とする規定がなく，別途株主および取締役に剰余金の配当等に関する責任が生じる（462条1項）。また，全部取得条項付種類株式の取得に反対した株主，または当該株主総会において議決権を行使することができない株主は，裁判所に対して，会社による取得価格の決定の申立てをすることができる（172条1項）。これは，裁判所によっ

て取得価格の適正の担保を図る趣旨である。

　全部取得条項付種類株式は，もともと会社更生・民事再生など法的倒産処理手続によらずに総会決議により会社の発行済株式の全部を消却する，いわゆる100％減資を容易にするためであった。もっとも，金銭等による有償取得にも利用できるため（108条2項7号・171条1項1号），株式を全部取得条項付種類株式にすることにより株式の多数決でこれを株式以外の財産に強制的に転換することが可能となる。このことから，この種類株式はいわゆるキャッシュ・アウトの手段としても利用されてきた。

　キャッシュ・アウトは，多数派株主（または会社）が，少数派の株主を，金銭を対価として強制的に会社から締め出すことをいうが，キャッシュ・アウトにはこの全部取得条項付種類株式を利用する方法以外にも，①金銭等を対価とした吸収合併（749条1項2号）や株式交換（768条1項2号）を利用する方法，②株式併合（180条）を利用する方法，③特別支配株主による株式売渡請求（179条）による方法がある。従来は，税制との関係で，全部取得条項付種類株式による方法が多く利用されてきた。また，②の株式併合についても株式買取請求権が認められていないなどの問題があった。平成26年改正会社法は，新たなキャッシュ・アウトの方法として③の特別支配株主の株式売渡請求を認める（179条以下参照）とともに，株式併合，全部取得条項付種類株式にも，事前開示を充実させるとともに差止請求権を認めるなど（171条の2・171条の3・182条の2・182条の3）規定の整備を行った。

7　取締役・監査役選解任権付種類株式

　取締役・監査役選解任権付種類株式とは，当該種類株式の種類株主を構成員とする種類株主総会においては，取締役または監査役を選任・解任することができる株式である（108条1項9号）。この種類株式は，公開会社および指名委員会等設置会社は発行することができない（108条1項）。発行できる会社は，この種類株式を発行するため，あらかじめ定款に定めておく必要がある。つまり，①種類株主総会において取締役または監査役を選任することおよび選任する数，②①により選任することができる取締役または監査役の全部または一部を他の

種類株主と共同して選任することとするときは，当該他の種類株主の有する株式の種類および共同して選任する取締役または監査役の数，③①または②に掲げる事項を変更する条件があるときは，その条件およびその条件が成就した場合における変更後の①または②に掲げる事項を定款に定める必要がある（108条2項9号）。

また，この種類株主総会で選解任できる対象は，取締役と監査役のみであり，代表取締役や会計監査人および会計参与は対象としていない。取締役または監査役もしくは，社外取締役または社外監査役を選任しなければならない旨を定めることができる（会社則19条）。この種類株主総会によって取締役または監査役の選任については，通常の役員選任と同様に，種類株主総会において議決権を行使できる株主の議決権の過半数を定足数として，出席株主の過半数をもって選任・解任がなされる。選任された取締役または監査役の義務や責任は，一般の手続きで選任された取締役または監査役のものと異なるところがない。

この種類株式の利用目的の例としては，ジョイント・ベンチャーや合弁会社などにおいては，各株主がそれぞれ取締役または監査役の一部を選任することは株主間契約を締結することにより対応していたが，株主間契約に違反した場合に役員を選任する契約上の権利を確保することが難しいことから，平成14年商法改正において，このような株主間契約に法的安定性を与えるために設けられたものである。

8 拒否権付種類株式

拒否権付種類株式とは，株主総会，取締役会または清算人会の決議事項において，当該決議機関の決議のほかに，特定の種類株式の株主から構成される種類株主総会の決議が必要とされるものである（108条2項8号）。この場合には，定款において，①種類株主総会の決議があることを必要とする事項，および②種類株主総会の決議を必要とする条件を定めるときはその条件を定めなければならない（108条2項8号）。

拒否権付種類株式は，「黄金株」とも言われている。元々英国国営企業の民営化に際し外国企業からの敵対的買収に備えるため政府の株式持分に拒否権を

付与して防衛策として用いられた。わが国では，ジョイント・ベンチャーや合弁会社などの非公開会社で多く用いられているが，上場会社では株式会社INPEX（旧社名は国際石油開発帝石株式会社）だけがエネルギーの安定確保の面から黄金株を発行しながらも東証への上場が認められている。

　拒否権付株式は，少数の種類株主が他の多数の株主による決定に拒否権を与えることになるため，資本多数決制度を基礎とする株式会社の原理からして問題があり，その利用には正当な理由が必要となると解される。

Ⅲ　種類株主間の利害調整

　会社が数種の株式を発行した場合には，異なる種類の株式の間で各種の権利の調整が必要となる場合がある。会社法には，この調整を行う場として種類株主総会が設けられた。種類株主総会は会社法および定款で定めた事項に限って決議することができる。

　定款変更については，株式の種類の追加，株式の内容の変更および発行可能株式総数または発行可能種類株式総数の増加に限り，かつ当該種類の株主に損害を及ぼすおそれがある場合に限り種類株主総会決議を要するものとされた（322条1項1号）。定款変更以外では，株式併合，株式分割などにおいても，当該種類の株式の種類株主に損害を及ぼすおそれがあるときに種類株主総会決議を要するものとされた（322条1項2号～13号）。会社法322条の規定は，種類株式発行会社において，種類株主間の利害調整を図る趣旨である。

　会社法322条1項は，種類株主総会決議が必要な範囲を明確化するために規定されたものであり，同項各号に掲げる行為については，限定列挙と解すべきである。したがって，同項各号に掲げる行為以外の行為を行う場合には，種類株主総会の決議は不要である。なお，令和元年改正会社法325条の7は，株主総会の電子提供措置に関する規定について，種類株主総会への準用を定めたものである。

　種類株主総会の決議方法は，通常の株主総会と同様，普通決議，特別決議，特殊決議という3つの種類がある。

3 ▶ 株式譲渡と権利行使

I 株主の権利行使に関する利益供与の禁止

会社は，何人に対しても株主の権利行使に関し，会社またはその子会社の計算において財産上の利益を供与してはならない（120条1項・970条）。本規定の「株主の権利の行使に関し」は，自益権，共益権など株主として行使しうるすべての権利について，その行使をすることまたはしないことを意味する。また，利益供与が「株主の権利の行使に関し」なされたことの立証は難しいことから，会社が特定の株主に無償で財産上の利益を供与したり，有償でもその利益が著しく過大なとき，「株主の権利の行使に関し」利益供与したものと推定されることになる（120条2項）。会社法120条は，元々いわゆる総会屋に対する金品の供与により一般株主の権利行使が阻害されることのないように設けられた規定であるが，本規定の名宛人は必ずしも総会屋に限定されない。たとえば，会社から見て好ましくないと判断される株主が株主権を行使することを阻止するため，会社が，当該株主から株式を譲り受けるための対価を第三者に供与するような行為も利益供与に当たると解される（最判平18・4・10民集60・4・1273）。

会社がこの規定に反して財産上の利益を供与したときは，利益の供与を受けた者は，これを会社または子会社に返還しなければならない（120条3項）。会社が返還請求権を行使しない場合には，株主は代表訴訟を提起することができる（847条）。また，この利益供与に関与した取締役・執行役は，その職務を行うについて注意を怠らなかったことを証明しない限り，供与した額に相当する額を会社に対して支払う義務を負い，無過失の責任を負う（120条4項）。なお，利益供与が行われたことにより，利益額を超えて会社に損害が生じた場合，利益供与に関与した取締役・執行役は，上記責任以外に，任務懈怠責任を負う（423条1項）。

Ⅱ 単 元 株 制 度

1 単元株制度の意義

株式会社は，その発行する株式について，一定の数の株式をもって株主が株主総会または種類株主総会において，１個の議決権を行使できる１単元の株式を定款において定めることができる（188条１項）。したがって，単元株制度とは，定款で一定数の株式を１単元と定め，１単元に満たない株式には，株主の権利を制限する制度である。１単元の大きさをどの程度にするのかは，法律で一律に規律するのではなく，会社は自由に決定することができる。ただし，１単元の株式数は，千株以下にしなければならない（会社則34条）。なお，この１単元は，通常，株式を上場・店頭登録している会社における売買単位を基礎に決められる。

会社の株主総会招集通知など株主管理コストの低減するため，昭和56年の商法改正により，株式単位を原則として50円から５万円以上に引き上げ，設立時の株式発行価格は５万円以上とされ，株式分割は１株当たり純資産額が５万円以上でなければならないという「単位株制度」が採用された。その後，株主管理コストについては，それぞれの会社自身で決定すべきとの考え方が定着したため，平成13年の商法改正により，株式単位を一定程度に自由化し，単元株制度が創設された。

なお，現在，東証では，企業によって異なる株式の売買単位を100株へ統一する取組みがなされ，多くの上場会社はその１単元を100株としている。

2 単元株制度の導入

本来であれば，議決権に制限のある種類株式でない限り，１株に１議決権を有するはずである。会社は，定款の変更により，１単元に１議決権を有する単元株制度を導入するときは，代表取締役は株主総会においてその導入を必要とする理由を説明しなければならない（190条）。ただし，株式の分割と同時に各株主の有する議決権が減少しないような範囲で単元株式数の設定または単元株式数の増加を行う場合には，株主総会の決議を経ずに定款変更を行うことがで

きる（191条）。たとえば，1株を200株に分割した上で，200株を1単元とするような場合である。また，種類株式発行会社には，株式の種類ごとに1単元の株式数を定めなければならず（188条3項），ある種類の株式だけに1単元の株式の数を設定することができない。単元株制度を導入した会社が，その後1単元の株式数を減少させる場合，または単元株制度を廃止する場合には，取締役会の決議だけで定款を変更することができる（195条）。定款変更の効力発生日以後，会社は遅滞なく，対象株式の株主に対して，定款変更をした旨を通知または公告しなければならない（195条2項・3項）。

3　単元未満株主の権利

単元未満株式を有する株主は，その株式について議決権および議決権を前提とする権利を持たない（189条1項）。それ以外，会社は，単元未満株主の自益権および共益権の全部または一部を定款の定めにより制限することができる。たとえば，単元未満株主も株主代表訴訟を提起する権利を有するが，定款で定めれば，これを否定することができる（847条1項）。ただし，①全部取得条項付種類株式の取得対価の交付を受ける権利，②取得条項付株式の取得対価の交付を受ける権利，③株式無償割当てを受ける権利，④単元未満株式の買取請求権，⑤残余財産の配分を受ける権利，⑥その他法務省令で定める権利など6つの権利については，定款によっても制限できない（189条2項）。また，⑥の法務省令で定める権利としては，定款の閲覧等請求権，株主名簿記載事項を登記した書面の交付等請求権，株主名簿の名義書換請求権，株主名簿の閲覧等請求権，株式併合・分割等により金銭等の交付を受ける権利などがある（会社則35条）。

単元未満株主は，その株式について会社に対して買取請求権および単元未満株式売渡請求権を有する（192条・194条）。単元未満株式売渡請求権とは，単元未満株主が有する単元未満株式の数と併せて単元株式数となる数の株式を当該単元未満株主に売り渡すことを請求することができる権利である。会社は，単元未満株式売渡請求があったとき，請求対象株式数に相当する数の株式を保有していない場合を除き，自己株式を請求者に売り渡さなければならない（194条3項）。なお，この場合の売渡価格および価格の決定方法については，買取請

求の場合と同様で，原則として会社と請求者との協議によって定める。協議が
調わない場合，会社および請求者は，請求日から20日以内に，裁判所に対して
価格決定の申立てをすることができる（193条1項・2項）。

Ⅲ　株券不発行会社の株式譲渡

1　株券発行の原則から株券不発行の原則へ

　平成16年の商法改正前までは，株式の譲渡は，当事者間の合意に基づき，株
券を引き渡すこと（交付）によって行われるとしていたため，会社は設立登記
または新株の払込期日後は，遅滞なく株券を発行し，株券の交付による株式の
譲渡を保障しなければならないとされていた。現行会社法は，株券発行事務の
煩雑さや株取引決済における株券の交付を省略して取引決済の迅速化・確実化
を図るため，株券不発行を原則とし，例外的に定款により株券を発行すること
もできるようにした（214条）。

2　株券不発行会社における株式の譲渡とその対抗要件

　株券不発行会社の株式譲渡には，当事者間の意思表示が必要であり，会社お
よび第三者に対抗するには，株主名簿の書換えが必要である（130条1項）。また，
名義書換は，原則として，取得した株式の株主名簿上の株主またはその相続人
その他の一般承継人と共同して書換請求をする必要がある（133条2項）。

　株式の譲渡方法および対抗要件は，株券不発行会社か株券発行会社かによっ
て異なる。株券発行会社の場合は，譲渡の意思表示とともに株券を交付するこ
とにより効力を生じ（128条1項），株主名簿への記載・記録が会社に対する対
抗要件となり，第三者に対する対抗要件は，株券の占有となる。株券不発行会
社の場合は，原則として意思表示のみにより効力が生じ，株主名簿への記載・
記録が会社および第三者に対する対抗要件となる（130条1項）。

3　上場会社における株式の譲渡と対抗要件

　頻繁に譲渡が繰り返される上場会社では，株券の存在はスムーズな株式取引
を阻害する要因となってきたことから，「社債，株式等の振替に関する法律」（平
成14年4月1日施行）は株式の譲渡および株主権の権利行使すべての場合にお

いて株券が不要である制度を構築した。会社法の株券不発行の原則はそれを先取りしたものといえる。

　この株式等振替制度は，株主等の権利の発生，移転，消滅などの管理を機構および証券会社などに開設された口座において電子的に行う制度である。株式の譲渡等はすべて証券会社などの口座管理機関の有する当該株主の口座への振替（口座への残高の記載・記録）により効力を生じることになった（社振140条）。株式発行会社は，会社が定めた基準日などにおいて，振替機関からの通知（振替口座簿に基づく総株主通知）事項を株主名簿に記載・記録すること（同法151条1項・152条1項）により，会社に対する対抗要件を備えることになる（同法161条3項，会社130条）。

　すなわち，株式等振替制度を採用している株券不発行会社の振替株式の譲渡は意思表示のほかに，譲受人の口座の保有欄の増加の記載・記録が譲渡の効力要件および第三者に対する対抗要件となり，会社に対する対抗要件は総株主通知の日に具備されることになる。

IV　株券発行会社の株式譲渡

1　株券とその効力発生時期

　株券発行会社とは，定款で株券を発行する旨を定めている会社である（214条）。株券発行会社では，株式を譲渡するには株券の交付が必要となる（128条1項）。株券とは，株式すなわち株主たる地位を表章する有価証券である。株券には，①株券発行会社の商号，②当該株券に係る株式の数，③当該株券に係る株式が譲渡制限株式であるときはその旨，④種類株式発行会社にあっては，当該株券に係る株式の種類・内容および証券番号等法定の記載事項を記載し，代表取締役または代表執行役が署名捺印する必要がある（216条）。ただし，株券は，法定の記載事項1つでも欠ければ，証券として無効であるといったほど厳格な様式証券ではない。また，証券の作成・交付によって権利義務関係が生じる手形・小切手のような設権証券ではない。

　会社が株券を作成して保管中に会社の債権者がそれを差し押さえたり，株主

宛てに郵送中に盗難にあったような場合，その株券は有価証券として成立しているかどうかが問題となる。判例では，会社が株券を作成しても，これを株主に交付しない間は，株券としての効力はないと解されている（最判昭40・11・16民集19・8・1970）。また，会社が株券を発行する前に譲渡するならば，それは株券発行会社に対して効力が生じない（128条2項）。

2　株券の善意取得と株券喪失登録制度

善意取得は，善意で動産や有価証券を取得した者の取引の安全を保護するための制度である。会社法には，株券の占有者は適法な所持人と推定されると定めている（131条1項）。これは株券の善意取得制度と言う。ここの「善意」は，道徳的な善であることを意味するものではなく，株券の交付を受けた者は，悪意または重過失がないときに限り適法な所持人に推定できることになる（131条2項）。株券の善意取得者は，たとえば，譲渡人が株券の窃取者や拾得者などの無権利者であっても，譲受けのときにそのことを知らないことにつき重過失がなければ，その株券を元の株主に返還する義務がなく，会社は善意取得者が株主名義の書換えを請求した場合には，それに応じなければならない（131条2項）。したがって，株主が株券を紛失したり，盗まれたときに，会社がその喪失者に株券を再発行する場合には，二重発行の問題が生じる。

これに関連して，会社法には株券喪失登録制度が設けられている（221条）。株券喪失登録制度は，株主が株券を喪失した場合，①株主は，会社に対して当該株式について株券喪失登録簿に記載・記録することを請求することができる（223条）。②会社は，株券喪失登録をした場合，株券喪失登録者と名義人が異なるときは，遅滞なく名義人に対して通知しなければならない（224条1項）。③当該株券を所持している名義人は，株券喪失登録日の翌日から1年以内に，会社に対して当該株券を提出し，当該株券喪失登録の抹消を申請することができる（225条1項）。④当該株券喪失登録の抹消申請を受けた会社は，遅滞なく株券喪失登録者に対して，抹消申請をした者の氏名・住所・株券番号を通知しなければならない（225条3項）。この通知された日から2週間を経過した日に，会社は，株券を抹消申請者に返還し，当該株券喪失登録を抹消する（225条4項）。

⑤抹消請求がある場合を除く，喪失登録された日から1年で当該株券は無効となり，株券の再発行請求が可能となる（228条）などと定めている。なお，株券喪失登録者が，当該株券の名義人でないときは，登録抹消日までの間に，株主名簿の名義書換が禁止され，当該株式の株主総会または種類株主総会において議決権が行使できない（230条）。

V　株主名簿と基準日

株主名簿は，株主の氏名（名称）・住所，有する株式の数，株式の取得日，株券発行会社の場合において株券の番号を記載して，現在の株主を明らかにするために株式会社に対して法律上作成が義務づけられた帳簿である（121条）。株式を取得した者は，会社に対して株主であることを主張するには，株主名簿の名義書換をしなければならない（130条）。会社は株主名簿の記載に基づいて，株主への通知・催告，配当の支払など業務を処理すれば，原則として免責されることになる。

会社は，株主名簿を使えば，多数の株主がいても株主に関する事務を処理することができる。しかし，株式譲渡などによって株主名簿の名義書換は頻繁になされている場合には，いつの時点での名簿上の株主に権利行使をさせるべきかという問題が生じる。そこで，会社は，一定の日を基準日として，その日において株主名簿に記載または記録された株主をその権利を行使することができる者と定めることができる（124条1項）。基準日は，権利行使の日の前3ヵ月以内の日でなければならない（124条2項）。また，定款に定めがない限り，基準日と行使できる権利内容は基準日の2週間前までに公告されなければならない（124条3項）。ただし，基準日において株主が行使することができる権利が株主総会または種類株主総会における議決権である場合には，会社は，当該基準日後に株式を取得した者の全部または一部を当該権利を行使することができる者と定めることができる（124条4項）。もっとも，基準日株主の権利を害することは禁じられているが（124条4項ただし書），たとえば，取締役が自己の地位を守ること主な目的として基準日後に新株発行をして新株主に議決権を行使

させるようなことは認められないと解される。

4 株式譲渡の自由と例外

　株主は，原則として会社に自己の株式を買い取ってもらうことができなく，その投下資本を回収する方法としては，会社の解散や剰余金分配などの場合以外に，株式の譲渡しかないので，株式の自由譲渡性を認める必要がある。会社法は，原則として株式の自由譲渡性を認めるが（127条），例外としては，法律・定款・契約による制限がある。

I　公開会社における株式の譲渡方法

　公開会社とは，その発行する全部または一部の株式の内容として譲渡による当該株式の取得について株式会社の承認を要する旨の定款の定めを設けていない株式会社であり（2条5号），簡単に言ってしまえば「定款に株式の譲渡制限がない株式会社」である。会社法の公開会社の定義は上場会社か否かを基準にしていないが，これは日本では非上場株式会社の大部分が定款で全株式に譲渡制限規定を設けているという事情によるものである。上場会社の株式は，株式市場で自由に取引できるため，譲渡制限のない株式である。上場会社は，原則すべてが公開会社となる。

　上場会社の株式を取得（譲渡）しようとすれば，証券会社にその株式の買付（売付）を委託し，証券取引所を通じて売買が成立すれば，通常はまず契約成立日から，その日を含めて4日目に証券会社間で代金と株券の引渡しが行われ，買付委託（売付委託）した株主は株券（売買代金）を取得することになる。そして，利益配当などの株主としての権利を行使するには，株主名簿に株主として自己の氏名などが登録される必要がある（121条）。

　ところが，①株主が株券を取得しても，その株券を紛失したり盗難にあって，第三者に善意取得される危険がある。その危険に対処するためには，株主は株券の不所持制度（217条）を利用するか，証券会社に株券の保管を委託する「保

護預り制度」（日本証券業協会自主規則「有価証券の寄託の受入れ等に関する規則」参照）を利用することができるが，その株式を譲渡しようとすれば，会社または証券会社に対してその株券の返還を求めなければならない。また，②株式の売買には必ず株券の移動が必要であるが，一日に莫大な数の売買が行われると，株券の移動がスムーズにいかず，取引に支障がでてくるおそれもある。

この①と②の問題に対処するために，株券を実際に動かさずに，銀行口座のように，口座の振替で済ますのが株券保管振替制度である（株券等の保管及び振替に関する法律）。ただし，この株券保管振替制度を利用するには，顧客の承認が必要であり，かつ必要ごとに実質株主名簿の作成が必要となる。

そして，平成16年6月成立した「社債，株式等の振替に関する法律」は，平成21年に施行され，これまでの制度は新しい振替制度に移行した。上場会社などは，施行日において，一斉に株券廃止会社に移行し，新しい振替制度の利用会社となった。

この振替制度では，株券はまったく不必要となり，振替株式の譲渡は，すべて口座振替，口座の残高の増減により効力を生じることになった（社振140条）。株主名簿の名義書換は，振替機関からの通知（振替口座簿に基づく総株主通知）により，決算期末などの時点で発行会社に通知される（社振151条）。

振込口座の開設者である加入者は，口座に記載・記録された振込株式についての権利を適法に有するものと推定される（社振143条）。そして，加入者はその口座において振込株式についての増加の記載を受けた場合，無権利であることについて知っており，または知らないことについて重大な過失がない限り，当該増加の記載・記録にかかる権利を取得する（善意取得，社振144条）。また，加入者は，振替株式の発行会社に対する書面交付請求（会社法325条の5第2項に規定する書面交付請求をいう）をその直近上位機関（口座管理機関・証券会社など）を経由してすることができる。この場合は会社法130条1項（株式の譲渡は，株式取得者の氏名等を株主名簿に記載・記録しなければ，株式会社その他第三者に対抗できない旨の規定）にかかわらず，書面交付請求をする権利は，当該発行者に対抗することができることを定めている（社振159の2第2項）。

II　非公開会社における株式の譲渡方法

　非公開会社では，公開会社のように株式の譲渡は頻繁に行われない。また，非公開会社では，株式の譲渡が会社支配権の移動・変動を伴うことが多く，譲渡の自由がかえって会社経営の安定を損なうとの判断から，会社法は定款の規定に基づき，株式の譲渡の相手方を制限する規定を置いている。定款による譲渡規制以外にも，株主と従業員持株会・会社などの間で，契約に基づき譲渡の相手方や譲渡価格について特別な制限を定めていることがある。

　これまでは，会社が発行するすべての株式を譲渡制限株式とすることが前提とされてきたが，会社法は定款の定めにより，株式の種類に譲渡制限株式とすることを可能とした（108条1項4号）。したがって，譲渡制限株式は，会社が発行する全部また一部について譲渡制限が定められている株式である（2条17号）。

1　定款による譲渡制限

　株式譲渡の自由には，譲渡するか否かを決定する自由，譲渡の相手方を選択する自由および譲渡価格を合意に基づき決定する自由が含まれる。株式譲渡制限は譲渡の相手方を選択する自由に一定の制限を課したものである。株式の譲渡制限は原始定款で定めておく場合と設立後定款を変更して定める場合がある。

　定款を変更して株式譲渡制限の規定を新たに設けるには，発行済株式の3分の2の多数で，かつ株主の頭数で過半数の賛成をえなければならない（309条3項1号）。

　株式の譲渡制限は株主総会・取締役会に対して株式の買受人を選択する権限を付与するにとどまるから，株式の譲渡そのものを禁止することはできず，また株主の資格を日本人，会社の従業員などの一定の者に限定することはできない（ただし，日刊新聞紙の発行を目的とする株式会社では，定款でもって株式の譲受人をその会社の事業に関係のある者に限ることが認められている。日刊新聞紙の発行を目的とする株式会社の株式の譲渡の制限等に関する法律1条）。

　譲渡制限のある株式において，その譲渡には，原則として取締役会設置会社では取締役会の承認を必要とし，取締役会を設置していない会社では株主総会

の承認を必要とすることになるが，定款でこれとは違った定めをすることができる（139条1項）。取締役会を設置している会社でも株主総会や代表取締役を承認する機関とすることも可能である。

さらに，譲渡制限株式であっても，定款で別段の定めをおけば，特定の属性を有する者（株主，従業員持株会など）に対する譲渡については承認を要しないとすることも可能である（108条2項4号・107条2項1号ロ）。また譲渡による取得が承認されなかった場合の先買権者をあらかじめ指定しておくことができる（140条5項）。

例えば，譲渡制限株式の株主AがBへの譲渡を希望しているときには，以下の手順に従って手続きを行う。

①株主Aは会社に対して，譲渡する株式の種類や数，譲渡先などを記載した株式譲渡承認請求書を作成して提出し，譲渡の承認を求めることができる（136条）。

②株式譲渡承認請求を受けた会社は，取締役会非設置会社の場合には，代表取締役もしくは代表執行役が定時株主総会（直近で開催される予定がなければ臨時株主総会）を招集して，株式譲渡の承認決議を行う。取締役会設置会社の場合には取締役会にて決議することが可能である（139条1項）。

③株式譲渡が承認されると，株主AとBは株式譲渡契約書（SPA）を交わして対価を支払う。株式譲渡が不承認である場合には，特段の請求がない場合には手続きは終了する。他方，株主Aが会社に対する譲渡請求の際に，不承認となった際に譲渡の相手方を指定するように求めた場合には，会社は会社自身が株式を買取するのか，別途指定した買取人に売却するのかを株主総会の決議により決定することができる（138条）。

④会社または指定買受人が金銭の供託を行って当該株式を取得する旨の通知を行った後は，会社または指定買受人の承認を得なければ，その取得の請求を撤回できない（143条1項。なお最決平15・2・27民集57・2・202）。当事者が協議によって売買価格を決定することになるが，その売買価格が折り合わないときには，当事者または会社の申立てにより裁判所が決定することになる（144条）。

⑤株式譲渡が承認もしくは指定買取人が買い取る場合，譲渡人である株主Aと譲受人であるBあるいは指定買取人は，会社に対して株主名簿記載の名義を譲渡人から譲受人に変更する手続きを請求する。

なお，株主Aが事前にBに譲渡し，Bが譲渡承認を求めることも認められる（137条1項）。この場合の譲渡承認は，株主名簿に記載・記録のある株主またはその相続人その他の一般承継人と共同でしなければならない（137条2項）。これは，譲渡制限株式の取得者からの譲渡承認請求手続と名義書換請求手続とを一体のものとして取り扱うことを意味している。

2 一般承継人に対する売渡請求

株式会社は，株主の死亡や合併の場合などの一般承継（権利・義務の一切を包括的に承継すること）により譲渡制限株式を取得した者（一般承継人）に対し，当該株式を会社に売渡請求ができる旨を定款により定めることができる（174条）。売買などの譲渡によって会社にとって好ましくない者が株主として参入することを防ぐ株式の譲渡制限制度に加え，譲渡以外の相続・合併等の一般承継による会社にとって好ましくない者による新たな株主の出現を防ぐ趣旨で設けられた。

会社法は，売渡請求を株主総会の特別決議により決定すべきこと（175条1項・309条2項3号），売買価格の合意が成立しない場合に裁判所が売買価格を決定する手続きおよびその価格の基準につき定めている（176条・177条）。また，売渡請求は，会社が相続や合併などの一般承継があったことを知った日から1年以内に行うことが必要であり（176条1項），会社による自己株式の取得が財源規制に違反しないことが必要である（461条1項）。

3 特別支配株主の株式売渡請求

平成26年改正会社法は，株式会社の総株主の議決権の10分の9以上を保有する特別支配株主は，当該株式会社の他の株主（少数株主）の有する株式の全部を，少数株主の個別の承諾を得ることなく，金銭を対価として取得できるという特別支配株主の株式等売渡請求制度を設けた（179条1項）。また，株式売渡請求と併せて，新株予約権や新株予約権付社債についても売渡請求をすることがで

きる（179条2項・3項）。特別支配株主はこの制度を利用して，いつでも，その一方的な請求により，強制的に他の少数株主の株式を金銭で対価として買い取ることが可能になる。このような少数株主を会社から退出させることは，一般的に「スクイーズアウト」と呼ばれる。なお，この制度は，対象会社が公開会社であることは要件としていないから，閉鎖会社の少数株主の締出しに用いられる可能性もある。

　株式等売渡請求は，次の事項を定めてしなければならない（179条の2）。①特別支配株主完全子法人に対して株式売渡請求をしないこととするときは，その旨および特別支配株主完全子法人の名称，②売渡株主に対して売渡株式の対価として交付する金銭の額または算定方法，③売渡株主に対する②の金銭の割当てに関する事項（売渡株主の有する売渡株式の数。種類株式発行会社の場合，各種類の売渡株式の数），④新株予約権売渡請求をするときは，それに関する①～③に相当する事項，⑤特別支配株主が売渡株式等を取得する日，⑥その他法務省令で定める事項（会社則33条の5）。

　株式等売渡請求があった場合には，売渡株主等は，取得日の20日前の日から取得日の前日までの間に，裁判所に対し，その有する売渡株式の売買価格の決定の申立てをすることができる（179条の8）。

　売渡株主が次の場合に不利益を受けるおそれがあるときは，特別支配株主に対し，当該請求にかかる売渡株式等の全部の取得をやめること（差止め）を請求することができる（179条の7）。①株式等売渡請求が法令に違反する場合，②対象会社による通知・公告義務または事前開示手続の違反がある場合，③対価として交付される金銭の額（算定方法）または割当てが対象会社の財産の状況その他の事情に照らして著しく不当である場合。

　株式等売渡請求に基づく売渡株式等の全部の取得が違法であった場合における売渡株式等の取得の無効の訴えを提起することができる（846条の2）。当該訴えの提起期間は，取得日から6ヵ月（対象会社が全株式譲渡制限会社である場合は1年）に限られる。訴えを提起できる者（原告適格）は，①取得日において売渡株主（売渡新株予約権者）であった者，②取得日において対象会社の取

締役（監査役設置会社では取締役・監査役，指名委員会等設置会社では取締役・執行役）または清算人に限られる（846条の2第2項）。

Ⅲ 親会社による子会社の株式の譲渡

　平成26年改正会社法は，親会社がその有する子会社株式の譲渡によって当該子会社への支配を失う場合は事業譲渡と同じ効果が生じるため，その譲渡の結果として，①譲渡対象となる子会社の株式の帳簿価額が親会社の帳簿上の総資産額の5分の1を超え，かつ，②譲渡の効力発生日において子会社の過半数の議決権を失うことになる場合において，親会社の株主総会の特別決議による当該株式譲渡契約の承認が必要とする旨の規定を設けた（467条1項2号の2）。また，株主総会で当該株式譲渡に反対した株主は，会社に対して自己の有する株式を公正な価格で買取りを請求することができる（469条）。

Ⅳ 契約による株式譲渡の制限

　実務上，株主間契約においては，①同意条項（合弁契約には，他方合弁当事者の承認なしに株式譲渡することが禁じられる旨の条項），②先買権条項（一方当事者が株式を譲渡などしようとする場合には，他方当事者に対し事前の通知義務を負い，通知を受けた当事者が先買権を有する旨の条項），③売渡強制条項（相続や従業員持株会において従業員が退職した場合または合弁当事者の債務不履行・支配権の移転などが生じた場合，その株主は他の株主などに対し，所有株式を売渡す義務が発生する旨の条項）等により株式譲渡を制限することが少なくない。このような株主と株主間の契約または株主と会社間の契約により株式譲渡を制限する旨を合意することは，会社法107条1項1号・108条1項4号に違反しないかが問題となる。この問題は，合弁会社のように複数の会社が共同出資をなし，その会社（株主）間で会社の運営を含めて株式の譲渡などを定める契約を締結する場合にも関係する。わが国では主として，従業員持株制度との関係で問題とされている（合弁契約での独立当事者間の契約とは異なり，従業員持株制度の下では，本来会社との関係で従属的な地位にある従業員株主と会社または会社との独立性が

十分に確保されていない従業員持株制度などとの符合契約の関係が問題となる)。

　従業員持株制度は，従業員の福利厚生・財産形成あるいは従業員の会社への帰属意識を高めるなどの目的で，従業員が給与・賞与などから定期的に一定額を積み立て，その勤務する会社の株式を取得する制度である。従業員は自社株の購入に際して，会社から奨励金などの名目で一定額の援助を受けることが多い。

　上場会社や店頭登録会社では，証券会社または信託銀行の主導の下に定型化された規約（契約）に基づく従業員持株制度が採用されており，公開市場での譲渡が保証されている限り，株式譲渡制限との関係で問題となることは比較的少ない。ストックオプションとして，従業員に対して新株予約権が付与されることも認められており，その予約権を行使したときには，同時に従業員株主となる。

　しかし，定款で株式譲渡につき取締役会の承認を要する旨を定めている閉鎖会社では，株主と会社・代表取締役との間で，あるいは株主と持株会との間で譲渡制限を定める契約を締結することが珍しくない。この閉鎖会社の従業員持株制度で問題となるのは，退職などの一定の事由の発生に伴い，株主が会社，代表取締役あるいは持株会に譲渡すべきこと（売渡・売渡先の強制），その譲渡価格は取得価格あるいは一定の評価方法に基づく価格に固定されていること（価格の固定）が定められている場合である。

　判例および有力説は，価格の固定を含む契約を有効だと解している。売渡し・売渡先の強制に関して，閉鎖会社の株式はそもそも譲渡が困難であり，退職などによる買取りはその困難を緩和するものであることに照らして，契約自由の原則が妥当するのであり，会社法127条には違反せず，また価格の固定に関して，従業員は（時価ではなく）額面価格で取得しており，相当程度の利益配当を受けている場合には会社法127条または公序良俗に違反しないと解している（最判平7・4・25裁判集民175・91，最判平21・2・17金判1312・30）。学説の多くはこれまで会社・株主間の譲渡制限契約は基本的に会社法136条以下の株式譲渡制限規定に基づいて判断され，会社法上の譲渡制限の規定に反する売渡し・売渡先の

強制および価格の固定を定める契約は無効であり，また，株主相互間または株主と第三者の間の契約は，契約の相手方たる株主または第三者（従業員持株会など）が会社に対し十分な独立性を有しない場合には，同じく無効となると解していた。

V　その他の株式譲渡の制限

公開会社の株式は自由譲渡の原則が妥当し，非公開会社では定款で譲渡制限規定を設けることができるが，そのほかにも会社法上一定の目的から譲渡制限が定められている。この制限は公開会社，非公開会社を問わず，適用がある。

1　権利株譲渡の制限

会社成立前または新株発行の効力発生前には，株式の申込み（59条1項）と割当て（60条・203条）により引受けが成立するが，この株式引受人の地位が権利株である。会社設立に際しては引受けが成立してから設立登記がなされるまで，新株発行では引受けが成立してから新株の効力が生じるまで（209条）の期間内では，権利株の譲渡は会社に対して効力が生じない（35条・208条4項）。権利株の譲渡がなされても，会社は当初の株式引受人を相手に設立手続・株券発行手続を進めればよい。

権利株の譲渡が会社に対して効力が生じないのは，設立事務あるいは新株発行事務が煩雑になるのを防ぐためであり，株式譲渡の当事者間では有効だと解されている。

2　株券発行前の株式譲渡の制限

株券発行会社において，会社が成立したがまだ株券が発行されていないとき，または新株発行の効力が生じたが株券がまだ発行されていないとき，その譲渡は当事者の間では有効であるが，会社に対しては効力が生じない（128条2項）。

株券発行会社であれば遅滞なく株券を発行すべきである（215条1項）が，株券発行準備中に株式が転々と譲渡され，会社も認めなければならないとすれば，株券の名義の書換えなどにより，株券発行事務が結局遅れてしまうために，このような規定がおかれている。

なお，会社が株券の発行を不当に遅滞するときは，会社が譲渡の効力を否認するのは信義則に反して許されない（最判昭47・11・8民集26・9・1489）。学説では，株券の発行に通常必要とされる合理的期間が経過すれば，信義則を持ち出すまでもなく，会社に対する関係でも有効に株式を譲渡できると解する説が有力である。したがって，会社が不当に株券の発行を遅らせていると，株主は意思表示でもって譲渡でき，譲受人は会社に対して株主として株券の発行，名義の書換えを請求できることになる。

5 ▶ 株式の消却・併合・無償割当て

Ⅰ　無 額 面 株 式

　株式は，平成13年商法改正により，すべて無額面株式となった。券面額のない株式つまり無額面株式では，その時々の時価で発行することができる。

　額面株式は，1株の金額すなわち券面額のある株式である。額面株式と比べて無額面株式の有利な点は，①株価が額面を下回るときでもその時価で新株発行でき，②株式総額と資本金額の関係からする制約がなく，株式分割などの手続きが簡単であるということにある。

Ⅱ　株 式 の 消 却

　株式の消却は，特定の株式を消滅させる会社の行為である。株式の消却は，発行済株式数が減り，市場に出回る株式が減少することから，1株あたり利益（EPS）や自己資本利益率（ROE）といった財務指標の向上につながることで，株価は上昇する可能性がある。

　旧商法では，株式の消却は，①資本減少に伴う消却，②定款の規定に基づく利益消却，③償還株式の消却および，④自己株式の消却において行われていたが，会社法では，④の自己株式の消却のみとなった。

　①の資本減少に伴う株式の消却は，株式と資本との関係が希薄となった現状においては不必要となった。ただし，株主総会の決議でもって社外株を減少さ

せるには，株式の併合（180条1項）または全部取得条項付種類株式（108条1項7号）を利用することができる。②の定款に基づく利益消却は，会社法では取得条項付株式（107条1項3号）によってなされる。③の償還株式は，会社法では取得請求権付株式（107条1項2号）または取得条項付株式（107条1項3号）に該当する。これら①から③の消却は，会社法では，株主の保有する株式をいったん自己株式として取得してからこれを消滅すると整理されたため，すべて自己株式取得の規制に吸収されることになった。

Ⅲ　株式の併合

　株式の併合とは，2株をあわせて1株にするように，既存の数個の株式を合わせてそれよりも少数の株式とする会社の行為である。既存各株主の所有株式を一律・按分比率的に減少させ，かつ，会社財産・資本金額には変動を生じさせない。株式の併合は，株価や最低投資金額の引き上げ，株主管理コストの削減，少数株主の閉出しなどの目的として行われる。

1　株主総会の特別決議

　株式併合により各株主所有の株式数が少なくなるところから，併合を行うには株主総会の特別決議を必要とする（180条2項・309条2項4号）。その総会では，取締役は株式併合を行うに必要な理由を説明し（180条4項。説明された理由に客観的合理性がないこと自体は株主総会決議の取消事由にならない），①併合の割合，②併合の効力発生日，③種類株式発行会社においては併合する株式の種類（種類ごとに株式の併合を行うことができるが，異なる種類の株式を併合することはできない），④効力発生日における発行可能株式総数を定めなければならない（180条2項3項・309条2項4号。会社法制定時には，株式の併合を行うことにより発行可能株式総数について発行済株式総数の4倍を超えさせることが可能であったが，平成26年改正により公開会社についてはこれができなくなった）。株式の併合は当該総会決議の効力発生日に効力を発生し，株主は効力発生日の前日に有する株式に併合の割合を乗じて得た数の株主となる（182条）。また，株式の併合をした会社は，効力発生日に特別決議の事項についての定めに従い，当該事項に係る

定款の変更をしたものとみなす（182条2項）。

2　株主に対する通知と事前・事後備置書類

株式の併合を総会決議したときは，効力発生日の2週間前までに，併合する株式の株主および登録株式質権者に対して併合の割合などを通知することが必要である（181条1項。ただし，公告をもって代えることができる。同条2項）。

事前備置書類については，株式の併合を承認する株主総会の日の2週間前の日または株主に対する通知の日のいずれか早い日から，併合効力発生日後6ヵ月を経過する日までの間，①併合の割合，効力発生日，株式の種類，発行可能株式総数等事項，②会社に親会社等がある場合には，会社の株主（当該親会社等を除く）の利益を害さないように留意した事項，③1株に満たない端数の処理をすることが見込まれる場合における当該処理の方法等事項に関する書面または電磁的記録を会社の本店に備え置かなければならない（182条の2第1項）。

事後備置書類については，株式の併合の効力発生日から6ヵ月間，①併合の効力発生日，②併合の差止請求にかかる手続きの経過，③反対株主の株式買取請求等の経過，④併合の効力を生じた時における発行済株式の総数，⑤その他の重要な事項に関する書面または電磁的記録を会社の本店に備え置かなければならない（182条の6第1項・2項）。

株主は，会社の営業時間内には，いつでも，事前・事後備置書類の閲覧および謄本または抄本の交付を会社に対して請求することができる（182条の2第2項）。ただし，この請求については，会社の定めた費用を支払わなければならない（同項ただし書）。

3　株券提出の通知と異議催告手続

株券発行会社では，併合の効力発生日後に株券が無効となり，株券の回収が必要となる。株券発行会社は，併合の効力発生日までに会社に対して全部の株券を提出しなければならない旨を効力発生日の1ヵ月前までに公告し，かつ株主・登録株式質権者には，各別に通知しなければならない（219条1項。株券不発行会社では不要）。

喪失などで株券を提出できない者がある場合，株券発行会社はその者の請求

により，効力発生日後に善意取得者等利害関係人に対し，異議があれば3ヵ月を下らない一定の期間内に述べることができる旨を公告し，その期間内に異議を述べる者がなければ，この請求者に対し，新株券または売却代金を交付することができる（220条）。

4 端数の処理と反対株主の株式買取請求権

株式併合により1株に満たない端数が生じたとき（たとえば，5株を2株に併合すれば，11株では4株と0.4株となり，0.4株の端数が生じる），端数の合計数に相当する数の株式を一括して競売して代金を分配するのが原則である（235条1項）。ただし，市場価格がある株式は，市場価格で売却または買い取り，また市場価格がない株式でも裁判所の許可（端数売却許可）を得て競売以外の方法で売却または買い取り，その代金を分配することもできる（235条2項・234条2項〜4項）。

株式の併合は，併合の割合をほとんどの株主についてその併合後の保有株式数が1株未満になるように定めることにより，キャッシュ・アウトの手段として利用することができる。しかし，株式併合の端数処理によるキャッシュ・アウトについては，少数株主が対価を争う余地がないこと，あるいは反対株主に買取請求権が与えられないなど，少数株主の保護が十分でないという問題があった。そこで，平成26年改正では，株式の併合により端数が生じる場合には，併合に関する株主総会決議に反対した株主に自己の有する株式のうち端数となるものの全部を公正な価格で買い取ることを請求する旨の株式買取請求権を認めることとした（182条の4第1項）。

反対株主は，併合の効力発生日の20日前から効力発生日の前日までの間に，会社に対して株式買取請求ができる（182条の4第4項）。この請求があった場合，まず株主と会社の間では価格などに関して協議を行う。協議が調った場合は，効力発生日より60日以内に支払を行う（182条の5第1項）。効力発生日から30日以内に協議が調わないときは，株主または会社はその期間満了後30日以内に，裁判所に対して価格の決定の申立てをすることができる（182条の5第2項）。効力発生日から60日以内に申立てがない場合は，反対株主は株式買取請求を撤回

することができる（182条の5第3項）。

5 併合の差止請求

株式の併合が法令・定款に違反する場合において，株主が不利益を受けるお
それがあるときは，会社に対し，当該株式の併合をやめること（差止め）を請
求することができる（182条の3）。法令・定款に違反する例は，①株主総会決議
の瑕疵，②通知・公告の瑕疵・虚偽記載，③併合の割合の不平等取扱いなどで
ある。なお，対価の額が著しく不当であることは，差止事由に該当しないが，
株主総会の決議の取消しは可能である（831条1項3号）。

Ⅳ　株式の分割

株式の分割とは，発行済株式を細分化する会社の行為である（183条1項）。た
とえば，すでに発行されている1株を分割して2株に，あるいは2株を分割し
て3株にするように，既存の株式を細分化して，発行済株式総数を増加させる
ことである。株式の分割は，株主からの出資の払込みを求めるものではなく，
また会社の財産には変化をもたらさない。

株式分割がなされれば，発行済株式総数が増加するから，株価は分割比率に
応じて下がるのが普通である。したがって，株価の高騰した会社では，株式分
割により投資単位の金額を引き下げれば，一般投資家は投資しやすくなる。ま
た，分割比率が低く（たとえば，1株を1.1株に分割），分割後も1株あたりの配
当額が維持されているようなときには，分割により株価がほとんど下がらない
こともあり，経済的には，配分剰余金の増加としての役割を果たすことがあり，
株主に利益還元することができる。

1 取締役会等の決議

会社は株式の分割をしようとするときは，取締役会設置会社では取締役会に
おいて，取締役会を設置していない会社では株主総会において，株式を分割す
る旨の決議をする（183条2項）。その決議では，①株式分割の割合，②株式分
割の基準日，③株式分割の効力発生日，④会社が種類株式発行会社である場合
には，分割する株式の種類を定めなければならない。また，種類株式発行会社

については，株式の分割によりある種類の株式の種類株主に損害を及ぼすおそれがあるとき，株式の分割は，当該種類株主を構成員とする種類株主総会の決議がなければ，その効力は生じない（322条1項2号）。

2　基準日の公告と効力発生の結果

会社は，定款で定めがある場合を除き，基準日の2週間前までに当該基準日および取締役会などで決定した事項を公告しなければならない（124条3項）。

基準日において株主名簿に記載されている株主の有する株式（ある種類の株式を分割するには当該種類の株式。322条1項2号）の数は，効力発生日において，分割の割合に応じて，増加することになる。

株式分割の効力発生の結果としては，分割後の発行株式総数が発行可能株式総数（113条）を超える場合，本来は株主総会の決議による定款変更（466条）の必要はあるが，株式分割の場合には，株主総会決議によらないで定款を変更し，発行可能株式総数を分割の割合に応じて増加することができるとしている（184条2項）。ただし，数種の株式を発行している種類株式発行会社においては，授権株式数の変更は既存の株主の利益に影響するため，取締役会決議による定款変更はできない（184条2項括弧書き）。たとえば，普通株式の他に議決権のない優先株式を発行している場合には，分割の結果，普通株式には議決権が増加するが，優先株式には配当の総額が増加するような場合である。

単元株式制度を導入している会社は，株式の分割と同時に単元株式数を増加し，または単元株式数についての定款の定めを設ける場合には，①当該定款の変更後において各株主がそれぞれ有する株式の数を単元株式数で除して得た数，②当該定款の変更前において各株主がそれぞれ有する株式の数（単元株式数を定めている場合にあっては，当該株式の数を単元株式数で除して得た数）を下回らない限りは（すなわち，単元株式数の増加の割合が分割割合以下である限りは），株主総会の決議によらないで，定款の変更をすることができる（191条）。

株券発行会社でも株券の提出は必要でない（219条1項参照）が，株式分割により1株に満たない株式が生じたときには，株式併合の場合と同じ方法で処理される（235条1項・234条2項～5項）。

V 株式の無償割当て

株式の無償割当てとは，会社は株主に対して新たな払込みをさせないで株式を割り当てるものである（185条）。平成2年改正前商法の株式配当・新株の無償交付においては，ある種類株式の株主に対して異なる種類株式を交付できたが，同改正によりこれらの制度が株式の分割に統一された後は，それができるか否かにつき疑いが生じた。そこで会社法は株主（種類株主）に対して新たな払込みをさせないで当該会社の株式の割当てをする株式無償割当ての制度を設け，異なる種類の株式の交付が可能なことを明確した。

1 取締役会等の決議

株式の無償割当ての決定は，定款で別段の定めをおいていない限り，取締役会設置会社では取締役会の決議，取締役会を設置していない会社では株主総会の普通決議によって，①株主に割り当てる株式の数（種類株式発行会社にあっては，株式の種類および種類ごとの数）またはその数の算定方法，②当該株式無償割当ての効力発生日，③種類株式発行会社である場合，当該株式無償割当てを受ける株主の有する株式の種類を定めなければならない（186条1項・2項・309条1項）。また，種類株式発行会社については，株式無償割当てによりある種類株式の種類株主に損害を及ぼすおそれがあるときは，当該種類株主総会の決議がなければ，株式無償割当ての効力は生じない（322条1項3号）。なお，定款によりその種類株主総会決議を排除することができる（322条2項・3項）。

2 基準日の公告と効力発生後の処理

会社法上，株式無償割当てに際して基準日の設定は要求されていない。ただし，上場株式と同一の種類の株式を割り当てる場合は，取引所規則上，基準日を定める必要がある（たとえば，「株式無償割当てに係る権利を受ける者を確定するための基準日等の翌日を……株式無償割当ての効力発生日として定めるものとする」東京証券取引所・有価証券上場規定427条）。なお，株主の投資判断などに影響があり，また株主名簿の名義書換未了の株主に名義書換を促す必要があることを理由に，株式無償割当ての効力発生日の2週間前に取締役会等で決定した事項

を公告しなければならないという有力な見解もある。

　会社は，株式無償割当ての効力発生日後に遅滞なく，株主（または種類株主）および登録株式質権者に対して，当該株主が割当てを受けた株式の種類および種類ごとの数を通知しなければならない（187条2項）。また，会社は，効力発生日後に株主名簿への記載・記録（132条1項1号・3号）および新株券の発行・交付（215条1項・129条1項）を行い，端数が生じるときは，株式の併合と同じ方法で処理される（234条1項3号）。なお，株式無償割当てを行った場合に変更の登記が必要である。ただし，株式無償割当てに際して自己株式のみを交付し，株式を発行しない場合は，発行済株式の総数ならびにその種類および種類ごとの数に変更がないため，変更の登記は必要ない（911条3項）。

　株式の無償割当ては，募集株式の募集において株主に株式の割当てを受ける権利を与える場合（199条1項・202条1項・3項）と異なり，株主の申込み等の募集手続は必要でなく，株主は株式無償割当ての効力発生日に自動的に株式を取得することになる。

3　株式の無償割当てと株式の分割との差異

　株式無償割当ては，株主による払込みなしでその所有株式だけが増える点で株式の分割と類似するが，次の点は異なる。①株式の分割では同一種類の株式の数が増加するのに対して（183条2項3号），株式無償割当てでは同一または異なる種類の株式を割り当てることができる（186条1項1号），②株式の分割では自己株式の数も増加するが，株式無償割当てでは自己株式には割り当てられない。③株式の分割では自己株式の交付は考えられないが，株式無償割当てでは自己株式を交付することもできる。

6 ❯ 自己株式と親会社株式の取得規制

Ⅰ　自己株式取得の方法と手続き

1　自己株式取得の意味と法改正

　自己株式とは，会社が有する自社の株式のことであり，会社が発行した自社

の株式を自ら取得することは自己株式の取得である。自己株式はその株式に経済的価値がある限り，他の財産と同様に取り扱っても問題はないが，それを自由に認めることにより様々な弊害が生じるおそれがある。商法は，これまで自己株式の取得を原則として禁止してきたが，平成6年と平成9年の改正は，原則的に禁止し，取得を認める必要性が高い場合に例外的にそれを許容する規制を置いてきた。しかし，産業界には，特に上場会社の財務戦略上の観点などから，自己株式の取得規制の緩和を主張する意見が強く，平成13年改正は自己株式の買受けおよび保有（金庫株）を原則として自由とした。

2 自己株式取得の弊害

(1) 出資の払戻し（資本維持・充実の原則）　会社が自己株式を買い入れたため，貸借対照表上の純資産（資産から負債を控除した額）が，資本と法定準備金の合計額より少なくなる場合，株主に対して出資の払戻しとなり，会社債権者の利益を害する。減資手続をとらずに資本の払戻しをするのと同じである。もっとも，配当可能利益を財源とすれば，この弊害は直接には生じない。

(2) 資産としての危険性　会社の経営状態が悪くなれば，株価も下落し，会社は二重の不利益を被る（他社の株式を所有しても，他社の業績悪化により株価が下落または減配により不利益を被ることには変わりはないが，自己株式では自社の業績悪化がプラスされる）。

(3) 株主平等違反　特定の株主から有利な価格で買い取ることにより，株主の平等な取扱いに反するおそれがある。もっとも，取引所を通してまたは公開買付けでもって買い受ければ，この危険性は少なくなる。

(4) 支配の不公正　支配するに足りる株式数が減少する。自己株式には，議決権がなく（308条2項），株主総会決議の定足数に算入されないから，たとえば，発行済株式総数が100であれば，会社を支配するには計算上51株必要であるが，30株を会社が取得すれば，36株で会社の支配が可能になる。逆に，自己株式の買受けが認められれば，流動株が少なくなり，乗っ取りの危険が少なくなる。

(5) 不公正な取引　株価が低迷しているときに，自己株式を買い受け，市

場に出回る株式が少なくなれば株価の値上がりが期待できることもあるが，相場操縦（金商159条）に利用され，また内部取引が行われるおそれもある。

　なお，会社の資金でもって自己株式を買い受けるが，名義だけ会社以外の者とする場合（他人の名義による自己株式の買受け）も自己株式の買受けにあたる（963条5項1号参照）。

　これらの自己株式取得に伴う弊害の規制として，①目的規制，②取得手続，③取得方法，④取得財源，⑤数量制限，⑥保有期間制限が考えられるが，現在では，②，③および④による規制がなされているにすぎない。

3　自己株式の取得事由

　会社法は自己株式の取得事由として次の①〜⑬までをあげている（155条）。①取得条項付株式において一定の事由（107条2項3号イ）が生じるとき，②譲渡制限株式につき譲渡承認申請があったとき（138条1号ハ・2号ハ），③株主との合意による取得に関する株主総会決議などがあったとき（156条1項），④取得請求権付株式につき取得の請求（166条1項）があったとき，⑤全部取得条項付種類株式につき取得の決議があったとき（171条1項），⑥株式相続人などに対して売渡請求をするとき（176条1項），⑦単元未満株主が会社に買取りを請求したとき（192条1項），⑧所在不明株主の株式を買い取るとき（197条3項），⑨1株に満たない端数の処理として買い取るとき（234条4項），⑩他の会社（外国会社を含む）の事業全部の譲受けに際して取得するとき（467条1項3号・2項），⑪合併後消滅する会社から株式を承継するとき（750条1項・754条1項），⑫吸収分割をする会社から株式を承継するとき（759条1項），⑬法務省令で定める場合（会社則27条）。

4　株主との合意による取得の方法と手続き

　会社が自己の発行済株式を株主との合意により取得については，いくつかの方法に分類することができる。どのような方法で取得するかにより，以下のように手続きが異なる。

　(1)　すべての株主からの取得　　株主総会の決議（普通決議で，定時総会でなくても可能）により，すべての株主（すべての種類株主を含む）に買取りの申込

みの機会を与えて取得する場合（156条）には，総会決議でもって取得株式数（種類株式ではその種類とその数），交付する金銭等の内容・総額および取得期間（1年を超えることができない）を定め（156条1項），その授権の下で，会社（取締役会設置会社では取締役会）がその都度に取得する株式数等を決議し（157条），すべての株主に通知（公開会社では公告も認められる）する（158条）。取得予定株式数が取得申込株式数を超えた場合には，比率按分する（159条2項。この取得方法は，すべての株主に売却の機会を与えるものであり，金融商品取引法に定める公開買付けよりも簡易な方法で行われることから一般に「ミニ公開買付け」と呼ばれる）。

(2) 特定株主からの取得　この場合には，株主総会の特別決議（309条2項2号）を必要とするが，その特定の株主を恣意的に優遇するおそれがあることから，その他の株主は総会決議前に自己を売主に追加するよう請求（売主追加請求）できるものとしている。ただし，市場価格のある株式について市場価格以下で取得する場合（161条），一般承継人から取得する場合（162条），子会社から取得する場合（163条）および定款の定めがある場合（164条）は，売主追加請求をすることができない。

(3) 市場内買付けによる取得　会社は市場において行う取引により自己株式を取得することができる。この市場取引の方法には，大きく分けて売買立会による売買と自己株立会外買付取引（ToSTNeT-3）などを利用する立会外売買がある。市場取引の方法による取得する場合，株主に対する通知または公告は不要である（159条1項1号）。

(4) 公開買付けによる取得　上場または店頭登録されている株式を公開買付け（金商27条の2第6項）による取得する場合（165条1項），定款に規定を設ければ，株主総会だけではなく，取締役会によっても取得を決定することができる（165条2項・3項）。

II 自己株式取得の財源規制と責任

1 自己株式取得の財源規制

自己株式を株式買取請求などに応じて義務的に取得するのではなく，会社が任意に取得する場合（株主との合意による取得）には，会社に分配可能剰余金がなければならない（461条1項）。すなわち，自己株式の取得により株主に対して交付する金銭等（その会社の株式を交付する場合を除く）の帳簿価額の総額が，取得の効力発生日における分配可能額を超えることはできない。

合併・会社分割・事業全部の譲受けにより相手方会社の有する自己株式を取得する場合，合併・会社分割・株式交換・株式移転などにおいて認められている反対株主の株式買取請求権に応じて株式を買い取る場合，および単元未満株主の買取請求に応じる場合には，この財源規制には服さない。

ただし，株式の全部または一部を譲渡制限とする定款変更などに係わる会社法116条1項各号に規定されている株式買取請求権においては，反対株主に支払う金銭の額は当該支払日における分配可能額を超えることは認められない（464条）。

2 違法な自己株式取得の効果と責任

会社が違法に自己株式を取得・質受けをした場合には，無効と解される。ただし，違法な自己株式の取得・質受けが子会社など会社以外の第三者名義でなされ，売主は買主にとって違法な自己株式の取得・質受けにあたるかどうか分からない場合（善意）には，その取引を無効とせず，知っていた場合（悪意）に限って無効になると解されている。また，原則として会社だけが無効を主張できる。

株主との合意による自己株式の取得に際して，その帳簿価額の総額が当該取得の効力発生日における分配可能額を超える対価を交付した場合，①対価の交付を受ける者（株主），②業務執行者（自己株式取得の業務執行・株主総会で関連事項の説明・自己株式取得の取締役会決議に賛成した取締役または執行役），③総会議案提案取締役，④取締役会議案提案取締役などは，会社に対して，連帯して

交付した対価の帳簿価額に相当する金銭を支払う義務を負う（462条1項）。

また，分配可能額の範囲内で合意により自己株式を取得した場合でも，取得した日の属する事業年度（その事業年度の直前の事業年度が最終事業年度でないときは，その事業年度の直前の事業年度）にかかる計算書類につき承認を受けた時に欠損が生じた場合，上記の当該業務執行者は，会社に対して，連帯してその超過額を支払う義務を負う（465条1項）。

ただし，当該業務執行者が，その職務を行うについて注意を怠らなかったことを証明した場合は，この限りでない（462条2項・465条1項）。または，行為の時における分配可能額を限度として総株主の同意により当該義務を免除できる（462条3項・465条2項）。

また，善意の株主は，当該株主が交付を受けた金銭等について，当該業務執行者からの求償の請求に応ずる義務を負わない（463条1項）。なお，分配可能額を超える対価の交付がなされた場合，会社の債権者は，義務を負う株主に対し，その交付を受けた金銭等の帳簿価額（当該額が当該債権者の会社に対して有する債権額を超える場合にあっては，当該債権額）に相当する金銭を支払わせることができる（463条2項）。

違法な手続きにより自己株式を取得した場合，関与した取締役・執行役・使用人等は刑事罰の対象となり，5年以下の懲役若しくは500万円以下の罰金に処し，またはこれを併科する（963条5項1号）。

Ⅲ　自己株式の保有と処分

1　自己株式に基づく権利

保有自己株式については，議決権その他の共益権も認められない（308条2項）。株主総会における定足数の計算からも除外される（309条）。これは，会社の資金で取締役が総会決議を左右することを防止することにある。

少数株主権については，株主提案権（303条2項），株主総会検査役選任請求権（306条1項），株主総会招集請求権（297条1項），取締役等の解任請求権（854条1項），会計帳簿閲覧請求権（433条1項），解散判決請求権（833条1項）などが

認められない。自益権については，剰余金配当請求権（453条），残余財産分配請求権（504条3項），募集株式の割当を受ける権利（202条2項），新株予約権の割当を受ける権利（241条2項）などが認められない。

　株式分割・株式併合の際の自己株式の取扱いについては，争いはあるが，自己株式の価値を維持するために必要であるから認められると解すべきであろう。

　また，株式交換および株式移転に際して，完全子会社となる会社が自己株式を有する場合，当該自己株式に対して完全親会社株式が割り当てられると解すべきである。

　なお，自己株式は，特別支配株主の株式等売渡請求の対象とはならない（179条1項）。

2　自己株式の消却と処分

　会社は（取締役会設置会社では取締役会の決議で）その保有する自己株式を消却することができる（178条）。自己株式の消却の法的効果は，次のとおりである。①自己株式の数および発行済株式総数が減少する。②消却された自己株式に付されている帳簿価額相当分の自己株式の部に計上された控除額が減少し，当該額に対応する剰余金の額も減少する。③株主名簿の修正・株券の廃棄手続を要する。

　自己株式を処分する場合には，新株の発行と同じ手続きに従う（199条）。上場会社でも市場で売却することは許されない。これは，自己株式の取得を株主に対して払戻し，保有自己株式の処分を株主からの出資として捉えていることを表しているが，同時に自己株式取得の弊害を防止することもつながる。

　ただし，株式交換により完全親会社となる会社・吸収分割の承継会社・吸収合併の存続会社が新株発行に代えて自己株式を使用する場合，取得請求権付株式・取得条項付株式・全部取得条項付種類株式・取得条項付新株予約権の対価として自己株式を交付する場合，新株予約権の行使に際して新株発行に代えて自己株式を交付する場合，吸収分割に際して分割会社の株式を承継会社に承継させる場合，および単元未満株主の請求に応じて自己株式を譲渡する場合は，除かれる。

Ⅳ　子会社による親会社株式の取得規制

1　子会社による親会社株式の取得禁止と例外

　子会社（2条3号）は，一定の例外的な場合を除いて，その親会社（2条4号）の株式を取得してはならない（135条1項）。子会社による親会社株式の取得は，自己株式取得禁止の潜脱行為として利用されやすく，自己株式取得と同じ弊害が生じることから，会社法はこれを原則として禁止している。

　また，外国会社との関係においては，子会社による親会社株式の取得禁止の適用範囲について，①親会社が日本の会社であり，子会社が外国会社である場合も適用されるが，②親会社が外国会社であり，子会社が日本の会社である場合は適用されないと解すべきである。

　子会社による親会社株式の取得が例外的に認められる場合は，次のとおりである。

　①他の会社（外国会社を含む）の事業全部の譲受けにおいて，譲渡会社から譲受会社の親会社株式を譲り受ける場合（135条2項1号），②合併後消滅する会社から親会社株式を承継する場合（同項2号），③吸収分割において他の会社から親会社株式を承継する場合（同項3号），④新設分割により他の会社から親会社株式を承継する場合（同項4号），⑤株式交換・株式移転により完全子会社となる会社がその有する自己株式と引替えに完全親会社株式の割当てを受ける場合（会社則23条2号・3号），⑥他の会社が行う株式交付に際して親会社株式の割当てを受ける場合（同条4号），⑦親会社株式を無償取得または現物配当の形で取得する場合（同条5号・6号），⑧他の会社の株式を有するときに当該他の会社が組織再編行為等を行う際に交付を受けた形で取得する場合（同条7号・8号），⑨連結配当規制適用会社の子会社が姉妹会社から取得する場合（同条13号），⑩代物弁済・強制執行等の権利の実行に当たり目的を達成するために親会社株式を取得することが必要不可欠な場合（同条14号），⑪吸収合併の存続会社等になる際に吸収合併消滅会社の株主等に対し親会社株式を交付するために取得する場合（同条9号）がある。

2　子会社が保有する親会社株式の処分

　子会社が親会社株式を例外的に取得した場合，その株式の議決権が停止する（308条2項）。他の共益権も同様に解される。ただし，剰余金の配当請求権などの自益権は認められる。株式および新株予約権の株主割当てを受ける権利を行使して親会社株式を取得することも可能である。

　子会社は，親会社株式を例外的に取得したとき，または子会社となった時点で親会社株式を所有していた場合には，相当の時期にその有する親会社株式を処分しなければならない（135条3項。「相当の時期」とは，「遅滞なく」というほどの迅速さは要求されず，できるだけ早くかつ処分に有利な時期を意味する）。処分方法に制約はないが，子会社が第三者に対して売却する方法のほか，親会社が子会社から当該株式を取得する方法がある。この場合，自己株式の取得に該当するが，取締役会設置会社において取締役会の決議で授権すれば足り，また取得価格などの決定のための取締役会決議，株主に対する通知と譲渡の申込みおよび売主追加請求に関する会社法157条から160条までの規定は，適用しない（163条）。

V　株式の相互保有

　株式の相互保有とは，会社が相互に株式を持ち合うことをいう。株式の相互保有は，取引関係・提携関係の維持・強化，安定株主工作あるいは企業グループの形成，結束の強化などを図るために利用される。

　株式相互保有の弊害として自己株式取得の場合と同じように，①相互の出資の払戻し，②会社の経営者の相互信認，③株価操作・内部者取引が問題となる。これら問題に対しては，昭和56年の商法改正により初めて株式の相互保有を規制されるようになった。すなわち，A株式会社に発行済株式総数の4分の1を超える株式を所有されているB株式会社は，A株式会社の株主総会における議決権を行使できないという形で規制されている（308条1項）。

7 ▶ 株式の担保化

　株主がその所有する株式を担保にして銀行から融資を受ける場合，あるいは信用取引するに際して委託保証金として証券会社に株式を担保として提供するような場合など，株式は他の債権（国債・政府保証債・金融債・社債など）とともに担保に提供されることが多い。これらは換価が容易で優先弁済を受けやすく金融の手段に適しているからである。

Ⅰ　質 権 の 設 定

　株式に質権が設定されるには，債務者たる株主は株式を債権者である質権者に引渡し（146条2項），質権者は被担保債権の弁済があるまでは株券を留置し，弁済がない場合には，それを換価処分してそこから優先弁済を受けることになる（民342条）。流質契約が認められていれば（商515条），弁済がなければ，競売するまでもなく担保権者の所有となる。また，質権者は担保物の交換価値を維持するために物上代位権（民362条2項・350条・304条）を持つ。会社法は，株式に対する質権設定の方法として，略式株式質（146条）と登録株式質（147条）を定めている。

　略式株式質は，株券発行会社の株式または振替株式につき認められる方法である。株主名簿に記載・記録されないので，会社その他の第三者には，質入れの事実がわからない。株券発行会社の株式の場合には，質権者に株券の占有を移すだけで質権を設定し，質権者による継続的な株券の占有が第三者に対する対抗要件である（147条2項）。振替株式の場合には，振替先口座の質権欄への記載・記録により質権が成立するが，総株主通知の際に質権設定者（株主）のみが通知される（社振132条3項5号・141条・151条2項2号）。

　略式株式質の効力としては，質権者に優先弁済権（民362条2項・342条），転質権（民362条2項・348条），および物上代位権（151条・840条4項）が認められる。株券発行会社の株式の場合,株券と引き換えではなく株主に交付されるもの(株

券を交換しない株式分割の追加発行など）については，株主への引渡前に差し押さえなければならない（民304条ただし書参照）。

略式株式質の効果については，会社が行う取得請求権付株式の取得，取得条項付株式の取得，全部取得条項付種類株式の取得，株式の併合，株式の分割，株式無償割当て，新株予約権無償割当て，剰余金の配当，残余財産の分配，組織変更，合併（消滅する場合に限る），株式交換，株式移転，株式の取得の各行為により株主が受けることのできる金銭等があげられている（151条）。

他方，登録株式質は，株主名簿に質権者の氏名（名称）・住所が記載・記録されたもので，登録株式質権者は，会社から直接に剰余金の配当，残余財産の分配その他の物上代位的給付の支払い・引渡し等を受けることができるが，会社に対して株券・金銭等を請求することができる（152条〜154条）。ただし，金銭については，被担保債権の弁済期が未到来であれば，質権者は会社にその金銭を供託させることになる（154条 2 項）が，株券は弁済期が未到来でも会社から交付を受け，質権者はこれに対して質権を持つことになる。なお，振替株式の質入れについては，質権設定者である加入者の申請に基づいて，質権設定者の口座から質権者への口座の質権者欄に振替により，その質権に係る株式数が記載・記録されなければならない（社振141条・151条 2 項 2 号）。

II 譲渡担保の設定

株式の譲渡担保の設定方法は，株券発行会社の場合，質権設定方法と同じく，①単に担保権者に対して株券を交付する略式譲渡担保の設定方法と②株主名簿を担保権者の名義に書き換える登録譲渡担保の設定方法がある。略式譲渡担保の場合は，株券を譲渡担保権者に交付することにより効力を生じる（128条 1 項）。振替株式には，総株主通知の際に，加入者の申出に基づいて特別株主（譲渡担保権設定者）を会社に対し通知する方法があり，これが譲渡担保に当たる（社振151条 2 項 1 号）。

現実には登録株式質（登録譲渡担保）の方法をとることは少なく（株主名簿で公表されることを嫌う），またその場合には，たんに担保に差し入れるというだ

けで，質権の設定か譲渡担保の設定か，明らかでない場合が多い。ただし，両者には基本的な差異はなく（ただ，譲渡担保であれば，流質契約禁止の原則［民349条］が及ばず，また有価証券取引税は質権設定にはかからないが，譲渡担保ではかかる），譲渡担保が設定された場合でも略式質と同様に取り扱うことができる。振替株式の譲渡担保では，通常の譲渡と同様に振替の申請により増加の記載・記録がなされることになる。

▲ Column ▲▲▲▲▲▲▲▲▲▲▲▲▲▲▲▲▲▲▲▲▲▲▲▲▲▲▲▲

取引相場のない株式の評価

　取引相場のない株式とは，上場株式および日本証券業協会の登録銘柄や店頭管理銘柄あるいは公開途上にある株式以外の株式をいう。上場企業では，取引相場の株価という客観的な数字で評価することが可能であるが，それに対して，中小企業のような取引相場のない株式は株価を客観的に評価できる数値がない。

　取引相場のない株式の評価と関連する会社法上の問題としては，訴訟上の問題となる場合のほか，非訟事件において裁判所が株式の評価をしなければならない場合がある。たとえば，株式譲渡制限を定める定款変更決議で反対した株主が株式買取請求をする場合（116条1項1号2号・117条2項），定款に株式譲渡制限の定めがある会社で，株式の譲渡を希望する株主と会社または指定買取人との間で売買価格の協議が調わなかった場合（144条2項）などがある。

　株式買取請求権における株式の買取価格について，平成17年改正前商法は，「決議ナカリセバ其ノ有スベカリシ公正ナル価格」と規定していた。会社法においては，単に「公正な価格」と改められたが（785条1項・797条1項・806条1項），その買取価格を裁判所が決定するときは，株式買取の承認請求の時における会社の資産状態その他一切の事情を考慮しなければならないと定められている（144条3項）。しかし，その具体的な価格算定方法は明らかではない。

　取引相場のない株式の評価については，多様な方法があり，国税庁の評価方式はその1つである。国税庁（財産評価基本通達178〜193）の具体的な評価方式は，類似業種比準方式と純資産価額方式および配当還元方式という3つの方式がある。類似業種比準方式は，類似業種の株価をもとに，評価する会社の1株当たりの配当金額，利益金額および純資産価額（簿価）の3つで比準して評価する方法である。純資産評価方式は，会社の総資産や負債を原則として相続税の評価に洗い替えて，その評価した総資産の価額から負債や評価差額に対する法人税額等相当額を差し引いた残りの金額により評価する方法である。配当還

元方式は，その株式を所有することによって受け取る1年間の配当金額を，一定の利率（10%）で還元して元本である株式の価額を評価する方法である。この3つの算定方式以外は，収益還元法など算定方式もある。収益還元法とは，事業計画に基づいて予想した各年度の予想利益から，将来どのくらい収益を獲得できるかを1株あたりの株価に反映させて株式価値を算定する方式である。

　なお，譲渡制限株式を配当還元方式で評価した判例としては，大阪高裁平成1年3月28日決定（判時1324・140）等があり，収益還元法で評価した判例としては，東京高裁平成20年4月4日決定（判タ1284・273）等がある。各評価方式を併用して評価した判例としては，札幌高裁平成17年4月26日決定（判タ1216・272。配当還元方式と純資産価額方式および収益還元方式を1対1対2の割合で併用して評価した判例）等がある。

第 5 章

機 関

1 ◀ 株式会社の機関の特色——選択肢の広がった機関構成

I 総 説

　すべて会社は法人であり（3条），会社の名において権利を有し義務を負う。このため，株主でもなく，経営者でもなく，会社自身が会社の名義で権利を持ち義務を負うことになる。そこで，自己固有の意思を形成し，自己の名において事業上の行為を実行するのに適した組織を，会社の基本的な機構として備えておく必要がある。しかし，会社という法人には手足といった肉体や心はないので，実際には，会社組織の中にいる人間の行為と意思が会社の行為や意思として扱われることになる。このような人間，および人間の団体を会社の機関という。

　会社の機関は，会社の目的を実現するために，自らが会社を体現する形で，法律または定款により付与された権限を行使するが，いかなる者がこの会社の機関となるべきであろうか。まず考えられるのが，会社の出資者であり，会社の所有者とでも呼ぶべき者を会社の機関とすべきというアイデアである。実際，持分会社では，各社員が原則として業務を執行する権利を有し義務を負い（590条），各自が会社を代表する（599条）。株式会社では，会社の所有者である株主に機関になってもらうことが考えられるが，大規模な株式会社になると，株主自らが会社の経営に関与することは不可能であり，不適切でもある。これは，大規模な株式会社の株主は，会社経営にそれほど関心を持たないので，たとえ経営する権利を与えられたとしても，そのような役割を果たすことを期待でき

ないからである。そこで，会社法は，株主自身は，定時または臨時に株主総会を開いて，基本的事項について会社の意思を決定することとし，これらの基本的事項以外の会社の経営に関する事項の決定を執行させるために取締役を選任することとしている。

　典型的な株式会社では，取締役全員で取締役会を構成し，取締役会は会社の業務に関する意思決定をするとともに，代表取締役を選定する。代表取締役は業務を執行し，対外的には会社を代表する。株主総会は取締役の選任権と解任権により取締役を監督する一方で，会社法は株主に株主総会の決議や取締役の業務執行を監督是正する権限を認めている。株主がこれらの権限を行使するのは会社の機関として行動するものである。

　株式会社においては，株主総会・取締役・取締役会・代表取締役・監査役など様々な機関を置くことが可能であり，会社法はどの機関がどのような権限を有するかにつき具体的に規定している。

II　平成17年会社法

　平成17年会社法の制定では，小規模で閉鎖的な株式会社と区別する意義が乏しくなった有限会社制度を廃止し，閉鎖会社または小規模会社にも適合する機関制度を株式会社の中に用意した。大会社か否か，公開会社か否かにより，一定の機関の設置を強制しつつ，規制の枠内であれば自由に選択することを可能にした。それゆえ，小規模な会社であっても，従来，大規模会社にしかなかった指名委員会等設置会社のような機関設計も可能になった。

　なお，旧有限会社法に基づき設立された会社は「特例有限会社」という名称を付され，現行法の下では，非公開会社の一類型として扱われている（会社整備法2条1項参照）。

III　平成26年改正

　平成26年改正法では，あらたに「監査等委員会設置会社」が設けられた。これは取締役会の監査・監督機能を充実させるために設けられたものである。従

来より，日本の上場企業には社外取締役の選任が少ないとの指摘があったが，そうした指摘に対し，わが国ではかなり以前から社外監査役制度を導入しており，社外監査役に加えてさらに社外取締役まで選任を強制するのは重複感がある，あるいは，社外取締役の人材確保の困難性といった反論も根強かった。そこで，監査役制度を取締役会に取り込み，それまで社外監査役だった人を社外取締役として活用するという発想から，監査等委員会設置会社が創設された。「監査等委員会設置会社」では，一定の要件を満たせば，取締役会の権限を代表取締役以下の経営担当者へ委譲することも可能であり，従来型の「監査役会設置会社」と「指名委員会等設置会社」とのいわば中間に位置する存在となっている。

Ⅳ　令和元年改正

　令和元年改正では，株主総会と取締役等に関する規定の見直しが行われた。前者については２点あり，まず，１点目として，株主総会資料の電子提供制度が創設された。これは，株主に対して早めに株主総会資料を提供し，株主による議案などの検討時間をしっかりと確保するためのものである。株主総会資料を自社のホームページなどのインターネット上に掲載し，株主に当該サイトのアドレスなどを書面で通知することが可能となる。株主総会資料のいわゆるDX（デジタルトランスフォーメンション：IT［情報技術］を活用して会社経営・運営における有り様を変える取組み）対応といえる。ITにより紙ベースの書類事務負担が大幅に減り，大きな経費節減にもなる。もっとも，このかなり大がかりな改正の施行日は，公布日（令和元［2019］年12月11日）から３年６月以内の政令で定められる。２点目は，取締役会設置会社における株主提案権に関する改正である。すなわち，株主提案権の濫用的な行使を制限する目的で，議案要領通知請求権を行使する場合の議案数の上限が10と定められた。本改正の前は上限規定はなかった。

　後者の取締役等に関する規定の見直しは，①取締役の報酬に関する改正，②D&O保険・会社補償の法制化，③社外取締役の義務化といった三部構成である。

①は上場会社等の取締役会が取締役の個人別の報酬等に関する決定方針を定めなければならないとするものである。②はD&O保険，すなわち，会社役員賠償責任保険であり，今まで実務上，D&O保険の保険料を会社が負担してきたが，実務に明文上の根拠を与えることで実務の適法性を担保し，さらには，使い勝手の向上も意図している。会社補償は，役員等の責任を追及する訴えが提起された場合に，会社が訴訟関連費用や賠償金を補償することである。③は平成26（2014）年改正で，上場会社等につき「事実上」社外取締役を義務づけたのを「事実上」ではなく「法的に明文で」義務づけたことである。前回改正後に，東京証券取引所の上場規則等のいわゆるソフト・ローにより10年弱の期間積み重ねてきた実務慣行に，ハード・ローである会社法が明文の根拠を与えた改正（ソフト・ローのハード・ロー化）である。

V　株式会社の機関設計

　平成26年の会社法改正により，従来の「委員会設置会社」（指名委員会・監査委員会・報酬委員会の三委員会を置く機関設計）が「指名委員会等設置会社」という名称に変更され，あらたに「監査等委員会設置会社」という機関設計が導入された。「監査等委員会」は「監査委員会」と機能は類似するが，委員の選任方法が異なるほか，監査以外の監督権限も与えられている（399条の2第3項3号）。

　会社法では，株式会社に置かなければならない機関が，その会社がどのようなタイプの会社であるかにより異なる。ただし，すべての株式会社に，株主総会と取締役が必要である（295条1項参照・326条1項）。株主総会については，少なくとも定時株主総会として，毎事業年度の終了後一定の時期に招集することが要求されている（296条1項）。他方，取締役については，1人または2人以上の取締役を置かなければならない（326条1項）。

　会社法の「機関」の章では，取締役会，会計参与，監査役，監査役会，会計監査人，委員会，執行役について規定されているが，これらは各会社の定款規定に応じて，設置が必要になったり設置の選択が可能になったり，分かれてく

る（326条2項）。もっとも，各機関の設置については，定款自治によりすべて各会社が自由に判断できるわけではなく，たとえば，多数の一般投資家からの出資を受けている会社や，多数の利害関係者のいる会社であれば，それなりに規制が厳格になる。

現行法では大まかに4種類の機関構成に分かれる。

①有限会社型（株主総会＋取締役），
②従来型，
③監査等委員会設置会社，
④指名委員会等設置会社，である。

なお，②従来型には3種類あり，
ⅰ小会社型（株主総会＋取締役会＋代表取締役＋監査役※会計監査権限のみ※）
ⅱ中会社型（株主総会＋取締役会＋代表取締役＋監査役※業務監査権限もある※）
ⅲ大会社型（株主総会＋取締役会＋代表取締役＋監査役会＋会計監査人），である。

2 ◣◢ 株 主 総 会

Ⅰ　意 義 と 権 限

株主総会は，株主の総意により会社の意思を決定する会議体の機関である。本来であれば，すべての事項につき決定できるはずであるが，会社法は，取締役会設置会社以外では株主総会を万能の機関とする一方で，取締役会設置会社では会社の合理的運営を確保するため，所有と経営の制度的分離を進め，株主総会は基本的事項だけを決定する機関であることを原則としている（295条）。

株主総会の権限は，会社の意思決定に限られ，執行行為をすることはできない（執行は取締役または執行役が行う）。意思決定の権限は，取締役会設置会社では，原則として，法律上定められた事項に限られる（295条2項・3項）。基本的には，次の4つが株主総会の法定権限である。

まず，①取締役などの選任・解任に関する事項である（329条1項・339条1項）。

会社の価値を最大化するインセンティブを有する主体は出資者たる株主であるため，会社法は株主総会に取締役の選任・解任の権限を与え，株主の意思が会社経営に反映されるようにしている。また，取締役の職務執行を監査する地位にある監査役などの機関の選任・解任の権限も，取締役会ではなく株主総会に与えている。これは，監査の実効性を担保するためでもある。

次に，②会社の基礎的変更に関する事項（定款変更［466条］，合併［783・804条］・解散［471条3号］など）である。会社の基礎的変更に関する事項については，それにより会社経営の根本的な方向性が変更される可能性があり，株主に対する影響が大きいことから，株主総会に法定権限が与えられている。

さらに，③株主の重要な利益に関する事項（剰余金の配当［451条1項］など）である。

最後に，④取締役に委ねたのでは株主の利益が害されるおそれが大きいと考えられる事項（取締役の報酬の決定［361条1項］など）である，

II　招　　　　集

株主総会は，取締役が株主を招集して開催する（296条3項）。ただし，株主全員が開催に同意して出席した場合（代理人でも可能）は，招集の必要はないとされ（最判昭60・12・20民集39・8・1869），会社法は議決権を行使できる株主全員が同意した場合には，招集手続なしで開催できることを明文の規定で認めている（300条）。

1　招集の時期

株主総会には，毎年1回必ず開かれる定時株主総会（296条1項）と，必要がある場合に，いつでも招集することができる臨時株主総会（同条2項）とがある。株主総会では，招集権者は取締役である（同条3項）。ただし，株主が少数株主権の行使として招集する場合，裁判所の許可を得て，株主総会を自ら招集することになる（297条4項）。

定時株主総会は，決算期ごとに定時（権利行使の基準日を定めた場合は124条2項により基準日から3ヵ月以内）に開催しなければならない（296条1項）。これは，本

来，年度決算に関する決議をする（または報告を受ける）ために開かれるが，この機会に他の事項（取締役の選任・定款変更・合併等）を決議することも可能である。

2 招 集 通 知

株主総会を招集するには，会日の2週間前に招集通知を株主に発送しなければならない（299条1項）。株主に出席の機会を確保するためである。招集通知は，必ず，書面で行わなければならない（同条2項）。ただし，取締役は，株主が承諾すれば，書面の代わりに電磁的方法により通知をすることも可能である（同条3項）。

令和元年改正により，取締役が株主総会を招集する場合，株主総会参考書類等（株主総会参考書類・議決権行使書面・計算書類・事業報告［・連結計算書類］）につき電子提供措置をとることを定款で定めることが可能となった（325条の2）。改正前であっても，（実際に利用されることはまれであった）電子提供の利用は可能であったが，本改正では，今まで必要であった株主の個別の承諾が不要となった。定款の定めのほか，その旨を登記しなければならない（911条3項12号の2・915条1項）。

非公開会社等のいわゆる中小企業等では，電子提供措置導入の採否は自由であるが，振替株式を発行する上場会社等では，導入が義務化されている（振替159条の2第1項）。

Ⅲ 株 主 提 案 権

株主は単独株主権（取締役会を置かない非公開会社）または少数株主権（その他の会社）として，開催予定の株主総会において一定の事項を議題とすることを会社に請求する権利を有するとともに（303条1項～3項），単独株主権として，ある議題に関する議案を提出する権利を有する（304条本文）。両者の権利をあわせて株主提案権という。なお，たとえば，取締役の解任が議題であり，取締役の甲を解任するというのが議案である。したがって，議題の具体的な中身が議案である。

株主の議案提出は，事前に行うことも，当日に議場で行うこと（動議）も可能であるが，いずれの場合も，議題から予測しうる内容でなければならない。

株主総会の8週間前までの議案提出であれば，当該株主は，議案の要領を招集通知に記載するよう請求できる（305条1項本文）。招集通知につき，株主総会参考書類が交付される場合，そこには株主提案に関する議案全文のほか，議案の提出理由等（長文にわたる場合にはその概要）が記載される（会社則73条1項1号・93条1項，札幌高判平9・1・28資料版商事法務155・107）。

令和元年改正において，1人の株主から極端に多い議案が提出され株主総会における審議時間が不適切なほど増えることを未然に防ぎ，株主提案権の濫用的行使を制限する目的で，株主が同一の株主総会で提出できる議案の数を制限するに至った。すなわち，取締役会設置会社において，株主が305条1項に基づく議案要領通知請求権を行使できる議案の数の上限を10に制限した（305条4項）。ただ，議案数の上限は議案要領通知請求権についてのみであり，303条1項に基づく議題提案権や議場での議案提案権（304条）に対する数の上限はなく，改正前通りである。

IV　議　決　権

1　議　　事

株主総会の議事の具体的方法につき，会社法には定めがなく，定款の規定や慣習に則りつつ，あくまで会社の裁量の問題として行われるのが原則である。決議の方法も，法令・定款の成立要件を満たす限り，投票・挙手・起立などいずれも自由である。株主総会における議長は定款に定められているのが一般的である。定款において，議長には社長があたり，社長に事故があるときは他の取締役が所定の順序でこれにあたる旨を定めておくのが通例である。こうした定款規定は有効であると考えられているが，株主による招集の場合には適用されず，新たに議長を選出する必要がある（広島高岡山支決昭35・10・31下民集11・10・2329）。議長は，株主総会の秩序を維持し議事を整理するとともに，株主総会の秩序を乱す者を退場させることができる（315条）。

株主総会の招集手続と決議方法を調査させるため，会社または少数株主は，検査役（株主総会検査役）の選任を裁判所に申し立てることができる（306条）。検査役の調査結果は選任申立人と裁判所に報告され，裁判所が必要と判断するときは，重ねて株主総会を開催させる等の措置を命じることができる（307条1項）。

　株主総会報告事項が株主全員に通知され，かつ，株主全員が株主総会での報告の省略に同意している場合，当該事項は株主総会で報告されたものとみなされる（320条）。議事における質疑応答も会社の裁量で（会議体の一般的ルールに従い），報告，および議案の理解に必要な範囲内で自由に行える。これに関し，会社法は，株主から特定事項の説明を求められた場合，取締役・会計参与・監査役・執行役がこれに応じる義務を負うとするが，議題と無関係の質問や調査を要するために即答できない質問その他（会社則71条各号）については，説明に応じる義務がないことを規定している（取締役の説明義務：314条）。株主総会の終了後に会社は議事録を作成し，株主，債権者，および裁判所の許可を得た親会社社員の請求があるときには，これを開示しなければならない（318条）。

　議事運営のあり方は，基本的に会社の裁量の問題であり，それぞれの会社により異なっているが，最高裁は，同じ株主総会に出席する株主に対しては，合理的な理由が無い限り同一の取扱いをすべきことを明らかにしている。従業員株主を一般株主よりも先に入場させ，前列に座らせた会社の措置は合理的な理由がなく，適切ではないとした（最判平8・11・12判時1598・152）。

　株主総会は，開催後終了する前に，後日再開（継続）する旨を決議することができる。延期と続行は議事に入る前後の区別である。継続会は当初の総会と同一性を有すため，新たな招集手続は不要とされる（317条）。

2　一株一議決権原則

　議決権は株主の共益権の中でも，もっとも基本的な権利である。株主は，株主総会においてその有する株式1株につき，1個の議決権を有する（308条1項本文）。株主としての経済的利益と議決権に比例関係を持たせることは，会社の支配権を獲得した者に，企業価値を向上させるように議決権を行使するイン

センティブを生じさせる意義がある。一株一議決権原則は，株主平等原則（109条1項）を議決権について具体化したものであるが，これに対する修正・例外を会社法は許容している。

3　定款による一株一議決権原則の修正

(1)　単元未満株式　　会社が定款で単元株制度（188条以下）を導入すると，株主には，1株ではなく1単元ごとに1個の議決権が認められ（308条1項ただし書），単元未満株主は議決権を有しない。発行する株式の種類ごとに異なる単元株式数を定めることで，複数議決権株式（1株につき複数の議決権を有する株式）と同様の実質を作り出すこともできる。

(2)　議決権制限株式　　議決権制限株式は，制限された事項について，議決権を行使することができない（108条1項3号）。

(3)　属人的定めを利用した株式　　非公開会社は定款の定めにより，株主総会における議決権に関する事項について，「株主ごとに異なる取扱い」として，一株一議決権と異なる制度を導入することができる（109条2項・105条1項3号・309条4項）。これを利用すれば，人的要素を強調して1人1議決権としたり，複数議決権を付与することで特定の株主を持分割合を超えて優遇可能である。

4　法律による一株一議決権原則の例外

(1)　自己株式　　会社は自己がすでに発行した株式を株主から取得し，これを保有することができる。保有している株式を自己株式というが，会社の有する自己株式には議決権が認められない（308条2項）。このような株式にも議決権行使を認めると，会社が自己の意思決定をする会議に自ら参加することになり不自然であり，これを認めると取締役の会社支配の手段として利用される危険があるため，会社法は議決権を否定している。

(2)　相互保有株式　　相互保有株式とは，たとえば，A会社とB会社が相互に相手の株式を持ち合っている状態にある場合の株式のことをいう。一定の相互保有株式については，株主は議決権を有しない（308条1項本文かっこ書）。これは，議決権行使の歪曲化を防止するための規制である。すなわち，株式を相互に保有しあうと，株主としての影響力を互いに保持することになる。この影

響力を取締役が互いに用いて，相手方会社が所有する自社の株式の権利行使を歪曲化し，会社支配の公正性を害するおそれがある。

　そこで，A会社がB会社の株主であり，B会社もA会社の総株主の議決権の4分の1を保有している場合，A会社保有のB会社株式に議決権が認められない。これは，保有されている相手方（A会社株式を4分の1を保有しているB会社）からの影響力の強さ故に，公正な議決権行使が期待できないからである。なお，同一企業グループ内の会社間や取引関係にある会社間において，相互の結束強化・業務提携促進・安定株主確保などの目的で，互いに相手会社の株式を保有し合う現象は日本の経済界には広く見受けられる。

　(3)　基準日後発行株式　　議決権行使の基準日後に株式を取得した者は，議決権を行使できない（124条1項）。ただし，募集株式の発行（199条）により株式を取得した者にすぐに議決権を行使させたい実務上のニーズから，会社法は，会社が認めれば，当該株式の株主は議決権を行使できる旨を定めることができる（124条4項）。

　(4)　特別利害関係を有する株主が保有する株式　　株主総会の決議について特別の利害関係を有する株主も議決権を行使できるのが原則であるが，会社が自己株式を取得する一定の場合について例外がある（140条3項・160条4項・175条2項）。これは，株主間の公平を確保するための規制である。

　(5)　その他　　裁判所の緊急停止命令により議決権の行使を停止される場合がある（独禁70条の4第1項）。

Ⅴ　議決権の行使

　株主が議決権を行使する場合，株主自身が株主総会に出席して，自己の判断に基づき，議案に対する態度を表明するのが原則である。ただし，会社法は，原則と異なる次のような特例を認めている。

1　不 統 一 行 使

　議決権は，実際に株主が株主総会に出席し，挙手，拍手その他適切な方法で自らの全議決権を統一的に行使するのが原則であり，同じ株主がその有する複

数の議決権を分け，賛否・棄権を違えて行使することは本来許されないように思われる。しかし，会社法はこれを全面的に禁止することまではせず，他人のために議決権を行使する者でないことを理由として，会社がそうした議決権行使を拒絶することができると規定するにとどまる（議決権の不統一行使：313条）。他人のために議決権を行使する者としては，株式信託，投資信託，従業員持株会のように，自己の名義で株式を取得・保有する一方で，相手方の計算で当該株式の売買・管理を受託する者がその典型である。なお，多数の株主が場合によっては頻繁に入れ替わることも想定される取締役会設置会社では，会社に確認の期間を確保するため，議決権の不統一行使をする旨，およびその理由を会社に通知しなければならない（同条2項）。

2　代理行使

　複数の会社の株主総会が同時間帯に行われるなど，株主が株主総会に出席することが困難な場合などに備えて，株主の代理人を株主総会に出席させ，代理人に議決権を行使させる方法を認めている（310条1項前段）。この場合，当該株主または代理人は代理権を証明する書面（委任状。会社の承諾があれば電磁的方法も可能）を提出しなければならない（同条1項後段・3項・4項）。代理権の授与は株主総会ごとにしなければならない（同条2項）。一度の代理権授与の効力が長期にわたる場合，株主の正当な意思の反映を妨げることになり，また代理権授与が実質的に議決権のみの譲渡を認める制度に転化する可能性もあるので，こうした弊害を防ぐためである。

　会社は代理人の数を制限できる（同条5項）。これは，総会屋対策の一環でもある。日本では，かつて，大勢の手下を株主の代理人として株主総会に送り込み，株主総会において繰り返し同じ質問をしたり暴言を吐いたりして嫌がらせをする株主がいた。いわゆる総会屋であり，株主総会を荒らす可能性を示唆することで，会社から金員を得ようとする者である。こうしたゆすり行為は，株主総会を平穏無事に短時間に終わらせたいとする会社経営者・株主総会担当者の心理を巧みに突いていた。代理人の数を制限することは，株主から共同して代理権授与を受けた多数の総会屋が株主総会会場に入り込み，数にまかせて株

主総会の運営を混乱させる事態を防止するためである。

　代理人は，議決権行使にともない，株主総会における審議に参加し，質問などを行うこともできる。代理権を証明する書面は株主総会から3ヵ月間は本店に備え置かれ，営業時間内のいつでも株主はその閲覧・謄写を請求できる（同条6項・7項）。紛争に備えて，事後の確認・調査を可能とする趣旨の制度である。

　代理人の資格に会社法上の制限はないが，議場の秩序確保を理由に，定款で代理人の資格を株主に限定している会社は多く，判例も当該定款規定を有効とする（最判昭43・11・1民集22・12・2402）。もっとも，当該定款規定に関わらず株主でない一定の代理人（弁護士・株主の親族・法人株主の使用人）に議決権を行使させることも可能であると解する判例・学説は多い。

　代理行使制度は，株主に権利行使の機会を保障するためものであるが，株主総会の定足数を確保する上でも役立っており，場合によっては，白紙委任状の勧誘により取締役の会社支配権維持のために利用されるおそれもある。上場会社では，白紙委任状の弊害に対処するため，金融商品取引法194条に基づき，委任状の勧誘をしようとする者は，議決権の代理行使に関し参考となるべき書類（参考書類）とともに，議題の項目ごとに議案に対する賛否を明記できる委任状用紙を勧誘を受ける者に対して送付しなければならない。

3　書面による議決権行使（書面投票）

　これは，株主総会に出席しない株主のための制度である。会社法は，招集権者がその旨を定めれば，書面投票できるとしているが（298条1項3号），議決権を行使できる株主が（株主名簿で計算して）1,000人以上の会社は必須とされ（同条2項。ただし，同条2項ただし書・会社則64条），それ以外の会社では任意で導入可能である。もっとも，上場会社は，上場規程により，議決権を行使できる株主が1,000名以上いるか否かを問わず，原則として書面投票が義務づけられている（東証上場規程435条）。

　株主に書面投票を認める場合，招集通知に際し，株主に対して①議決権の行使について参考となるべき事項を記載した書類（株主総会参考書類），②株主が議決権を行使するための書面（議決権行使書面）を交付しなければならない（301

条1項)。電磁的方法での招集通知を承諾した株主については，電磁的記録で作成し電磁的方法で提供すれば足りる（同条2項)。

4　電磁的方法による議決権行使（電子投票）

　これも，株主総会に出席しない株主のために制度である。実務上，電子投票は，会社が議決権行使用のウェブサイトを設け，招集通知に同サイトのURL，および各株主がサイトにアクセスするために必要なID・パスワードを通知する方法で行われる。上場会社では，信託銀行などの名義で株式を保有する機関投資家が議決権を電子的に行使可能にする仕組みを設けていることが多い。

　平成13年11月改正は，株主総会ごとに，取締役会決議で電磁的方法による議決権行使を導入することを可能にし，会社法もこれを引き継いでいる（298条1項4号)。電子投票の導入は任意である。電子投票を実現するにはシステム構築などに費用がかかるため，一律の強制は望ましくないからである。電子投票を導入した場合でも，書面投票の実施を義務づけられている会社では，電子投票の実施をもって書面投票に代えることはできず，書面投票も実施しなければならない。これは，電子投票をするのが困難・不便な株主も存在するためである。

　電子投票が導入された場合，会社は，株主総会参考書類と議決権行使書面の内容に相当するものを株主に提供し（302条)，株主総会に出席しない株主は，法務省令で定める時（会社則70条）までに，電磁的方法で議決権を行使することができ，その議決権数は，出席株主の議決権数にカウントされる（312条1項～3項。電子投票の記録の備置き・閲覧・謄写につき同条4項・5項)。

Ⅵ　決　　議

　株主総会の決議は多数決で行われる。その多数決要件は決議する事項の重要度に応じて3種類に分けられる。

1　普通決議

　法令・定款に特に定めがなければ，株主総会の決定は，普通決議による。普通決議は，議決権を行使することができる株主の議決権の過半数を有する株主が出席し（定足数)，出席した株主の議決権の過半数が賛成することで成立す

る（309条1項）。定足数は定款で定めれば軽減・排除できる。実務上，ほとんどの会社は定款の定めにより定足数を排除している。ただし，役員の選任，解任決議にかかる定足数の引下げは，議決権の3分の1までしかできない（341条）。

2　特　別　決　議

会社法309条2項各号に列挙された重要な決議事項については，特別決議による。たとえば，会社の定款変更や合併等の組織再編が議題である場合には，決議の成立には特別決議が要求される。特別決議が要求される場合には，普通決議の場合と比べ，定足数要件と多数決要件とが加重される。

定足数要件については，議決権を有する株主のうち，その過半数の議決権を有する株主が株主総会に出席することが求められるが，普通決議の場合とは異なり，定款による定足数の引下げは議決権の3分の1までしか認められず，多数決要件としては，普通決議のような単純多数決ではなく，特別多数決によるものとされ，出席した株主の議決権の3分の2以上が賛成する場合に成立する（309条2項前段）。309条2項後段は，「この場合においては，当該決議の要件に加えて，一定の数以上の株主の賛成を要する旨その他の要件を定款で定めることを妨げない」としているので，頭数要件を付加することも可能である。

3　特　殊　決　議

普通決議・特別決議のほか，会社法は，株主の利益に極めて重大な影響を及ぼしうる一定の事項につき，特殊の決議として，特別決議よりもさらに厳重な要件を株主総会決議の成立に要求する。たとえば，会社が発行する株式の全部につき譲渡制限を付ける旨の定款変更をする場合には，議決権を行使できる株主（頭数）の半数以上，かつ，当該株主の3分の2以上が賛成した場合に決議が成立する（309条3項1号）。株式譲渡制限は投下資本の回収が困難になるなど株主の利益が重大な影響を受け，さらには，株式会社が公開会社でなくなると機関設計の自由度や株主の権利が大きく変わるため，頭数多数決が併用される。このほか，非公開会社において，株主ごとに異なる権利内容を設ける場合の定款変更のための株主総会決議については，総株主の半数以上で，かつ，総株主の議決権の4分の3以上にあたる多数の賛成が必要である（同条4項）。

4 株主総会の決議等の省略（書面決議）

提案されている議案について株主全員が同意している場合には，あえて株主総会の場で決議することなく，総会決議があったものとみなすことが認められている（319条1項）。株主全員の明確な同意があるときは，物理的に会議を行う手間を省き，手続きを簡素化することを認めたものである。書面決議の対象は，会社の株主総会決議事項のすべてを含み，議案の提案者が取締役であるか株主であるかを問わない。

Ⅶ 種類株主総会

会社が数種の株式を発行している種類株式発行会社（2条13号）において，特に種類株主の間で権利調整が必要な事項を会社が決定する際には，それにより影響を受ける種類株主から構成される種類株主総会（同条14号）が開催され，当該事項につき決議が行われる。種類株主総会は会社法，および定款に定めのある事項につき決議をすることができる（321条）。会社法に基づき種類株主総会決議を要する事項は，①種類株主への影響が不可避であるために決議が義務づけられている事項（たとえば，種類株式に譲渡制限を設けるための定款変更・全部取得条項付種類株式とするための定款変更 [111条2項]）と，②種類株主に損害を及ぼすおそれがあるときに限り決議が義務づけられている事項（322条1項各号）に分けられる。

種類株主総会の決議には，普通決議，特別決議，特殊決議がある。普通決議は，定款に別段の定めがある場合を除き，その種類の株式の総株主の議決権の過半数を有する株主が出席し，出席した株主の議決権の過半数で行う（324条1項）。特別決議は，議決権を行使することができる株主の議決権の過半数を有する株主が出席し，出席した株主の議決権の3分の2以上の賛成で行う（同条2項）。定足数は定款で3分の1まで引き下げることが可能であり，決議要件を厳格化することもできる。特殊決議は，議決権を行使することができる株主の半数以上であって，議決権の3分の2以上の賛成が必要となるが（同条3項），定足数や決議要件を定款で厳格化することもできる。また，招集等に関して株

主総会の規定が準用される（325条）。

Ⅷ　決議の瑕疵

　株主総会の決議事項が，株主自身の判断に委ねられるべき重要事項として会社法または定款で定められている以上，株主総会決議に瑕疵（手続きや内容の法令・定款違反）があれば，会社における自治への悪影響を考慮し，当該決議は本来的に無効と取り扱われるべきである。しかし，株主総会の決議は，決議の後に次々と新しい法律関係が積み重なり，時間が過ぎれば過ぎるほど，株主総会決議の瑕疵を理由として法律関係を否定することは，多くのステークホルダー（利害関係者）に多大な影響を及ぼす。他方で，瑕疵ある決議により不利益を被った株主の利益を保護することも考えなければならない。株主総会決議の瑕疵への対応は，法的安定性の要請と不利益を被った株主利益の保護の要請とのバランスの問題となる。

　会社法は，株主総会決議の瑕疵を争う訴えを瑕疵の程度や性質に応じて，3つ（決議取消し・決議無効・決議不存在）に分類している。

1　決議取消しの訴え

　総会決議に瑕疵があっても決議を取り消しうるに過ぎない場合があり，この場合，初めから効力を生じない無効とは異なりいったん有効に成立するが，取消しの判決の確定により当該決議は遡及的に無効となる。瑕疵の程度が軽微な場合がこれにあたる。決議取消しの訴えは，判決によって一定の権利関係を形成する訴訟，すなわち形成訴訟の一種である。

　取消可能な決議とは，①招集手続または決議方法に法令・定款違反または著しい不正のある決議，②内容に定款違反のある決議，③決議に特別の利害関係を有する株主の議決権行使により成立した著しく不当な決議（たとえば，会社や少数派株主の利益を犠牲にして特定の株主が不当な利益を得る行為を承認する決議），の3つである（831条1項各号）。ただ，これらの要件を満たす決議が例外なく取り消されるというわけではなく，①において法令・定款違反が重大でなく決議に影響を生じないと考えられるときは裁判所の裁量棄却が認められる

（同条2項，最判昭46・3・18民集25・2・183）。また，決議の効力を争う訴訟が何ら実益（訴えの利益・権利保護の利益）を伴わないときは，訴訟要件を欠くものとして却下される（最判昭45・4・2民集24・4・223）。

　決議を取り消す判決があると，その判決の効力は，設立無効等の判決と同様に第三者にも及ぶ（対世的効力：838条）。提訴権者（原告適格）は，株主等（取締役・監査役・清算人）に限られ，提訴期間は決議の日から3ヵ月以内に限られる（831条1項）。被告は会社である（834条17号，最判昭36・11・24民集15・10・2583）。

2　決議不存在確認の訴え

　総会決議が存在しない場合には，もとよりそこから法的な効力も何ら生じないが，こうした場合でも，決議の存在を主張する者との間で争いがあるときは，裁判により，決議の不存在を確定することが望ましい。そこで，会社法は，総会決議不存在確認の訴えを設け（830条1項），認容判決に対世効を認め（838条），法律関係の画一的確定を図っている。決議が不存在であることは訴えによらなくても主張できるため，この訴えを利用するかどうかは利害関係者の判断による。

　決議の不存在とされる場合とは，株主総会が開催されていないのに架空の決議が（役員の選任・解任や定款変更等にかかる）登記簿上の記録として存在するに過ぎない場合（商登46条2項3項や19条の2参照）のほか，一応株主による会議は開かれたものの，招集ないし決議方法の瑕疵が著しく，法的に見て決議があったとは到底評価できない場合（たとえば，株主のうち代表取締役とその実子のみに口頭で招集を通知し，その他の株主に一切知らせぬまま株主総会を開催し決議を行った場合［最判昭33・10・3民集12・14・3053］）も含まれる。

　決議不存在確認の訴えは，実際の運用として，決議取消しの訴えと連続している面があるが（一部の株主に対する招集通知漏れは決議取消事由であるが，大量の招集通知漏れがあると決議不存在事由となる），決議不存在確認の訴えの場合，訴えの利益は必要であるが，原告適格の制限も，出訴期間の制限もない。こうした制限を課すのが妥当でない程の著しい瑕疵がある決議の効力を争うのが決議不存在確認の訴えである。

3 決議無効確認の訴え

総会決議の内容が法令に違反する場合，その決議は無効となる（830条2項）。欠格事由に該当する取締役（331条1項）を選任する決議を行った場合や，違法な内容の計算書類等を承認した場合などは，決議内容に法令違反がある例である。

決議の無効は，会社を被告として無効確認を請求する訴えを提起しても（830条2項・834条16号），訴え以外の方法で無効を主張してもよい。原告適格や提訴期間についても，会社法上の制約はなく，誰がいつ，どのような方法を用いても主張することができ，確認訴訟の一般原則による。

総会決議無効確認の訴えは，確認の利益が存在する限り提起することができる。確認の利益に関しては，新株が発行された後は，新株発行無効の訴え（828条1項2号）によらなければ当該新株発行を無効とすることはできないため，新株発行を決定した株主総会決議の無効確認の訴えは確認の利益を欠く（最判昭40・6・29民集19・4・1045）。

3 ⟫ 取締役，取締役会，特別取締役

Ⅰ 取 締 役

1 意 義

株主により株式会社の経営を委ねられている者が取締役である。取締役会を置かない株式会社では，定款に別段の定めがない限り取締役は会社の業務を執行し（348条1項），他に代表取締役が定められない限り，各自が会社を代表する（349条1項・2項）。取締役が2人以上ある場合，原則としてその過半数をもって会社業務を決定し（348条2項），①支配人（会社の本店・支店の事業について包括的権限を有する者として会社から選任された使用人）の選解任，②支店の設置・変更・廃止，③株主総会の招集決定，④内部統制システムの整備に関する事項，⑤定款の規定に基づく役員等の責任の一部免除については，その決定を各取締役に委任することはできない（同条3項）。

　会社法上，株式会社の業務執行機関は，業務執行に対して期待することので
きる株主の指揮監督の程度に応じ，4類型（取締役会非設置会社，取締役会設置
会社，監査等委員会設置会社，指名委員会等設置会社）が用意されている。しかし，
いずれのタイプであっても，株主総会において選任された取締役が，業務の決
定，執行，監督・監視に関する幅広い権限を（各機関構成に合わせて調整された
上で）行使する。なお，とりわけ，指名委員会等設置会社または監査等委員会
設置会社の取締役とそれ以外の会社の取締役とでは機能・権限などが大きく異
なっている。

2　選　　　任

　(1)　資格　　取締役に就任する上で特別な法定の資格は必要ないが，会社法
は，法人，成年被後見人や会社法等で定められた犯罪で有罪判決を受け一定期
間を経過していない者は，取締役となることができない旨（欠格事由）を定め
ている（331条1項各号）。取締役は会社を経営するため，それにふさわしくない
者を列挙して取締役から排除するためである。法人も取締役になることができ
ない（取締役は自然人に限られる）のは，取締役と会社との関係が委任関係であ
り（330条），委任者が受任者の個性を信頼して事務を委託する関係（民643条・
656条）にあるためである。

　会社法331条2項は，公開会社では取締役が株主でなければならない旨を定
款で定めてもその規定は無効と定め，本規定は株式会社における所有と経営の
分離を徹底した昭和25年改正の理念を象徴し，株主以外からも広く経営者を募
る趣旨によるものである。ただし，株主である者を取締役に選任することは可
能である。

　(2)　社外取締役　　(a)　意義　　社外取締役とは，株式会社の業務を執行せ
ず，かつ，当該株式会社ならびにその親会社，子会社，および経営陣などとの
間に一定の利害関係を有しない者である。社外取締役は，会社の経営陣から独
立した立場で，経営陣を監督することが期待されるため，会社法は，委員会型
の会社について社外取締役の選任を義務づけ，それ以外の株式会社のうち一定
の会社については，社外取締役を選任するように促している。とりわけ，上場

会社において，社外取締役の選任が増えており，東京証券取引所一部上場企業で社外取締役を選任していた比率は，2005年時点では35％であったが，2011年に初めて50％を超えた後，2016年にはほぼ100％にまで急増した。

　　(b)　定義　　社外取締役の資格は，以下の要件をすべて満たす必要がある（2条15号）。①当該会社あるいはその子会社において，現在，業務執行取締役・執行役・支配人その他の使用人（業務執行取締役等）でなく，かつ，その就任前10年間，業務執行取締役等であったことがないこと，②当該会社あるいはその子会社において，その就任前10年内いずれかの時に取締役・会計参与・監査役であったことがある場合には，当該役職の就任前10年間，業務執行取締役等であったことがないこと（社外取締役の要件としては役員間の横滑りを認めない趣旨），③自然人である支配株主，親会社の取締役・執行役・支配人その他の使用人でないこと，④兄弟会社の業務執行取締役等でないこと，⑤自然人である支配株主・当該会社の取締役・執行役・支配人その他の重要な使用人の配偶者あるいは2親等内の親族でないこと，である。なお，「社外取締役として」選任されることは，社外取締役であることの要件ではない。

　監査等委員会設置会社，および指名委員会等設置会社は，社外取締役の設置を義務づけている（331条6項・400条3項）。また，事業年度の末日において監査役会設置会社（公開会社，かつ，大会社であるものに限る）であって，有価証券報告書の提出義務を負う会社が社外取締役を置いていない場合には，取締役は，その事業年度に関する定時株主総会において，社外取締役を置くことが相当でない理由を説明しなければならない（327条の2）。当該理由は，株主総会参考書類に記載しなければならない（会社則74条の2）。設置が不相当である理由である以上，人材がいない，社外監査役を設置しているので不要等の消極的事由では不相当を説明したことにはならず，実質的には，株式を上場している会社に対して社外取締役の設置を強制しようとする規整である。なお，理由は会社の事業報告で開示しなければならない（会社則124条2項）。

　(3)　員数　　株式会社は1人または2人以上の取締役を置かなければならない（326条1項）。取締役会設置会社では，会議体を構成するため3人以上必要

であり（331条5項），監査等委員会設置会社では，少なくとも4人（監査等委員である取締役3人＋代表取締役1人）である（331条6項・399条の13第3項参照）。定款で最低員数や最高員数を定めることもできるが，後者のみを定める場合が多い。

　(4)　任期　　任期は原則として2年であるが（332条1項），業務執行機関の権限が相対的に広いため，適性審査の機会を多く設ける必要がある会社（指名委員会等設置会社，取締役会が剰余金配当等の決定権限を持つ会社の取締役，および監査等委員会設置会社における監査等委員以外の取締役）は1年である（332条3項6項・459条1項）。所有と経営が分離していない会社（監査等委員会設置会社と指名委員会等設置会社を除く非公開会社）においては，定款で任期を10年を上限として伸長することができる（332条2項）。公開会社の取締役の任期が短めに設定され，伸長できないのは，公開会社の株主は合理的無関心ゆえに経営の具体的内容まで踏み込む能力も意思もないことに鑑み，任期を短く設定して頻繁に選任手続（株主による信任投票）を行った方がよいと考えられたためである。他方，非公開会社の場合，選任手続を通さなくても株主はいつでも経営に積極的に関与できるため，株主としては取締役の解任権を有していればよく，むしろ任期の定めは必要ないとの考えもありうる。この点，現行法では，1つの節目として10年までの伸長を認めている。

　公開社会社でも非公開会社でも，定款または株主総会決議により，任期を短縮できる（332条1項ただし書）。いずれの会社も再任を妨げない。

　(5)　選任　　取締役は，業務執行機関，あるいは業務執行機関である取締役会の構成員である。所有と経営の制度的分離のもと，会社の実質的所有者である株主が経営を託すのが取締役であるため，取締役は株主総会で選任される（329条1項）。監査等委員会設置会社では，監査等委員である取締役とそれ以外の取締役とを区別して選任する（329条2項。会社則74条の3参照）。取締役が欠けた場合または法令・定款で定めた役員の員数を欠くことに備えて補欠の役員を選任することができる（329条3項）。

　選任は普通決議で行われるが，定款による定足数の引下げは議決権の3分の

１までしか認められず，また，定款による決議要件の加重ができる（341条）。なお，株主総会の選任決議を前提として，被選任者は，（代表）取締役あるいは代表執行役と取締役任用契約を締結することで取締役となる。複数の取締役を選任する場合，通常，１人ずつ別々に選任決議をする（１人の取締役の選任が１つの議案を構成する）。そのため，普通に選任決議をすれば，常に多数派株主の候補者のみが取締役に選任されることになる。これを修正するのが会社法342条が定める累積投票制度である。

　株主総会の目的である事項が２人以上の取締役の選任である場合には，定款で排除されていない限り，取締役の選任につき議決権を行使することができる株主は，会社に対し，累積投票により取締役を選任すべきことを請求することができる。これによれば，それぞれの株主は【保有する議決権数×選任されるべき取締役の数】の票数を投票することができるだけではなく，手持ちの票をまとめて誰かに投票してもよいし，分散して投票してもよい。そして，票数の多い者から順に当選するといった，いわば比例代表的に取締役が選任されることになる。

　たとえば，取締役を２人選任する株主総会が開催される場合に，少数派が株主提案権を行使して，自派の代表を取締役に選任する件を議案として提案したとする。多数派の取締役あるいは多数派から構成される取締役会が予定どおり取締役２人選任の株主総会を招集し，多数派に属する２人を候補者として議案に入れると，合計３人の中から２人の取締役を選任することになる。総会会日より５日前までに累積投票が請求されると，株主は１議決権につき選任される取締役数と同じ２票を持ち，候補者を一括して投票し，上位２人が選任される。発行済株式総数を100株として，多数派が66株，少数派が34株所有しているとすると，それぞれ132票と68票となる。少数派が自派の候補にすべての票を投じると，多数派がどのように票を割り振ったとしても少数派の代表に選任は確保される。

　もっとも，累積投票制度は，①少数派の意見を取締役会（会社経営）に反映できる，②少数派が多数派の会社運営をチェックできる，等の利点もあるが，

制度自体，手続きが煩雑であり，そもそも取締役会に多数派と少数派の利害対立が持ち込まれ，効率的な会社運営を阻害されることが望ましいことなのかも議論が分かれる。このため，累積投票制度は定款により排除することができるとされており（342条1項参照），実際，ほとんどの会社で排除されている。

　(6)　終任　　(a)　終任事由　　取締役は，辞任・解任・死亡または会社もしくは取締役が破産手続開始の決定を受けたことにより終任となる（330条，民651条・653条）。任期満了，欠格事由の発生，定款所定の資格の喪失，会社の解散によってもその地位を失う。

　　(b)　解任　　取締役は，任期中いつでも，株主総会の決議（341条の普通決議）により解任できる（339条1項）。平成17年改正前商法においては，経営の継続性を重視し，解任には特別決議が必要とされていたが，株主の経営に対するコントロールを強化する目的で改められた。ただし，累積投票で選任された取締役の解任は，特別決議によらなければならない（342条6項・309条2項7号）。累積投票は，少数派株主が支持する取締役を選任しやすくするために設けられた制度であり，その取締役が普通決議で解任できるのでは，制度を設けた意味がなくなってしまうからである。

　特に正当な理由がなく取締役を解任した場合，会社は取締役に対し解任により生じた損害を賠償しなければならない（339条2項）。任期に対する取締役の期待を保護することが目的であり，原則として，残存任期中に得られるはずであった報酬相当額を請求できる（大阪高判昭56・1・30判タ444・140）。正当な理由としては，たとえば，取締役の職務執行における法令・定款違反などの不正行為の存在や，甚だしい不適任，心身の故障などが挙げられる（最判昭57・1・21判時1037・129）。経営能力の欠如も，正当な理由に含まれるが（横浜地判平24・7・20判時2165・141），他の取締役・経営陣と折り合いが合わなくなったということだけでは，正当の理由とは認められない（東京地判昭57・12・23金判683・43）。

　　(c)　解任の訴え　　株主総会で多数が得られず，解任決議が成立しなかった場合，解任の訴えによっても取締役は解任される。これは，解任決議の不成立の修正，すなわち，多数決の修正を少数株主に認める制度である。株主総会

で取締役を解任するには決議を可決させる必要があるが，違法行為を行った取締役や不適任の取締役であっても少数株主がこれを解任するのは容易ではない。そこで，会社法は，取締役の職務執行に関して不正の行為（故意に会社を害すること）または法令・定款違反の重大な事実があったにもかかわらず，株主総会で当該取締役を解任することが否決された場合には，6ヵ月前から議決権の100分の3以上を有する株主は，取締役解任の訴えを提起することができる（854条）。この訴えは，会社と解任されるべき取締役の双方を被告とする（855条。最判平10・3・27民集52・2・661）。本店所在地の地方裁判所に専属管轄がある（856条）。

もっとも，現実には，株主総会で取締役の解任が議題になることはレアケースであり，通常，株主はこのような訴えを起こせない。そこで，少数株主としては，取締役の解任を求めるには，まず，解任について議題とする株主提案権（303条～305条）を行使するか，自ら株主総会の招集を求める（297条）ことになる。しかし，解任の訴えを提起するにあたりこうした決議否決を要件とすることは妥当ではなく，立法論的には，このような要件を外すべきである。

(d) 欠員の場合の措置　　取締役が退任して必要な員数を欠くようになった場合には，会社は速やかに新しい取締役を選任すべきであり，選任手続の懈怠には過料の制裁がある（976条22号）。終任により法定または定款所定の取締役の員数が欠ける結果になった場合，任期満了または辞任により退任した取締役は，後任者が就任するまで引き続き取締役としての権利義務を有する（346条1項）。その間，退任の登記はできない（最判昭43・12・24民集22・13・3334）。しかし，解任や死亡などによる欠員の場合など退任取締役に職務を継続させることが困難である場合には，利害関係人の申立てにより，裁判所がその必要性を認めるとき，裁判所は一時的に取締役の職務を行う者を選任できる（346条2項・3項）。これを一時取締役という。一時取締役の選任が行われたときは嘱託登記がなされる（937条1項2号イ）。一時取締役は，通常の取締役と同一の権限を有し，常務に属しない行為もできるので，この点で，職務代行者と異なる。

(7) 職務執行停止・職務代行者　　取締役選任の決議の取消し，無効・不存在確認の訴えや取締役解任の訴えが提起されても，判決確定までは当該取締役

の地位は影響を受けない。しかし，その取締役にそのまま職務の執行を認めることは適切でない場合がある。そこで，民事保全法上の仮の地位を定める仮処分（民保23条2項）として，本案訴訟の提起後または提起前でも急迫な事情がある場合，裁判所は，当事者の申立てにより，取締役の職務の執行を停止した後に，その職務を代行する者を選任することができる（民保56条）。職務代行者には通常，弁護士が選任される。仮処分および仮処分の変更については登記が必要である（917条1号，民保56条）。

　職務代行者は，裁判所の許可を得た場合を除き，会社の常務に属しない行為ができない（352条1項）。常務とは，会社において日常的に行われるべき業務をいい，募集株式の発行等，社債の募集，事業譲渡，組織再編行為などは含まれない（最判昭50・6・27民集29・6・879）。

Ⅱ　取 締 役 会

　取締役会は，取締役全員で構成し，その会議により業務執行に関する会社の意思決定をするとともに取締役の職務執行を監督する機関である。公開会社，監査役会設置会社および委員会型の会社は，取締役会を置かなければならない（327条1項）。それ以外の株式会社は，その選択により取締役会を置くことができる。取締役会を置くには，定款の定めを要し（326条2項），取締役会設置会社であることは，登記事項である（911条3項15号）。

1　権　　限
　取締役会設置会社では，取締役会は，すべての取締役で組織し（362条1項），①会社の業務執行の決定，②取締役の職務執行の監督，③代表取締役の選定・解職を行う（同条2項）。

　(1)　業務執行の決定　　取締役会は業務執行を決定する（362条2項1号）。業務執行の決定には，具体的な取引を行うことの決定のほか，経営の基本方針を定めたり，会社の運営・管理に関する諸規則（取締役会規則）を定めることも含まれるが，日々の業務執行の決定すべてを取締役会がすることは現実的ではない。そこで，一定の重要事項（法定決議事項）を除き，代表取締役その他の

特定の取締役に決定を委任できる（同条4項）。なお，特定の取締役に決定を委任した事項であっても，取締役会が自らの判断で決定することは可能であり，取締役会が決定した以上，取締役は取締役会の決定に従わなければならない。

　取締役会が自ら決定しなければならない法定決議事項は，(a)会社の重要な業務執行に属する事項，(b)その他の個別事項に大別される。

　(a)には，①重要な財産の処分・譲受け，②多額の借財，③支配人等の重要な使用人の選任・解任，④支店等の重要な組織の設置・変更・廃止，⑤社債の募集に関する重要事項（会社則99条），⑥内部統制の整備，⑦役員等の会社に対する損害賠償責任の軽減が法定されているが（362条4項各号），例示列挙であり，「重要な」業務執行はすべて，取締役会の決議事項である（同項柱書）。なお，ある事項が法定決議事項に該当するかどうかが判然としない場合もあり，たとえば，何が「重要な」財産の処分に当たるかについては，法定の数値基準等があるわけでなく，当該財産の価額や会社の総資産に占める割合のほか，当該財産の保有目的，処分行為の態様（会社の事業のために通常行われる取引かどうかなど），会社における従来の取扱い等を総合的に考慮して判断される（最判平6・1・20民集48・1・1）。

　(b)は，譲渡制限株式の譲渡・取得にかかる承認（139条1項本文），子会社からの自己株式取得（163条前段），株式の消却（178条2項），公開会社における株式・新株予約権の募集事項決定（201条1項前段・240条1項前段），株主総会の招集（298条4項），代表取締役の選定・解職（362条2項3号），取締役の競業・利益相反取引の承認（365条1項），計算書類の承認（436条3項），中間配当（454条5項）などである。

　以上は，会社または株主の利益に重大とまでいえないとしても相当程度の影響を及ぼす可能性があるとともに，経営上の専門的知見による効率的・効果的な対応の必要性から，株主総会決議に委ねることは適切ではない事項である。

　(2)　監督　　取締役会は取締役の職務の執行を監督する（362条2項2号）。取締役会が決定した事項を執行するのは代表取締役・業務執行取締役（・その指揮下の使用人）である。その執行が取締役会の決定に反するものであってはな

らないので，取締役会は代表取締役等の業務執行を監督する権限を有する（と
りわけ，代表取締役を解職する権限が重要である）。この監督権限の実効性を担保
するためには，状況把握が不可欠であり，代表取締役・業務執行取締役は3ヵ
月に1回以上，自己の職務の執行状況を取締役会に報告することを求める（363
条2項）。

　監査役は取締役会の構成員ではないが，業務執行の適法性を監査する権限を
有するため，取締役会に出席し，必要があるときには意見を述べる義務を負う
（383条1項）。また，取締役の不正行為，そのおそれ，法令・定款違反の事実，
著しく不当な事実があると認めるときは，監査役は遅滞なく，これを取締役会
に報告しなければならない（382条）。

　(3)　代表取締役の選定・解職　　取締役会は，取締役の中から代表取締役を
選定し，またその解職を行う（362条2項3号）。解職には，何の理由も必要とさ
れない。解職は，決議により当然に効力が生じ，当該代表取締役への通知は要
しない（最判昭41・12・20民集20・10・2160）。代表取締役を解職されても，取締役
の地位は失わない。

　(4)　内部統制システム　　会社法制定前より，一定規模以上の株式会社では，
内部統制システムを構築しなければならないと解されてきたが（大阪地判平12・
9・20判時1721・3），会社法制定により，大会社の場合，取締役会は内部統制シ
ステムの整備について決定しなければならないことが明文化された（362条5
項）。会社の規模が大きくなれば，取締役会が職務の執行のすべてをチェック
することは困難となる。そこで，職務の執行そのものをチェック対象とするの
ではなく，法令・定款の遵守や効率的な業務運営が適切に行われるような体制
（内部統制システム。リスク管理体制と呼ばれることもある）を構築し，その体制
が適切に機能しているかチェックするという形で監督が行われる。

　会社法施行規則100条1項などに，内部統制システムとして具体的に決定す
べき事項が示されているが，具体的な体制の形は各会社において取締役が善管
注意義務に従い決定する。

2 招 集

　取締役会は常設の機関でなく，必要に応じて開催される。原則として，招集権者が個々の取締役・監査役に通知して招集するが（368条1項），その全員が同意すれば招集手続を経ることなく開催できる（同条2項。最判昭31・6・29民集10・6・774）。それゆえ，あらかじめ取締役・監査役全員の同意で定めた定例日（たとえば，毎月第1水曜日）に開催する場合には，その都度の招集手続は不要である。招集権は，原則として，各取締役が有しているが（366条1項本文），定款あるいは取締役会で一定の者（たとえば，取締役会長，取締役社長）を招集権者に指定することもできる（同項ただし書）。もっとも，特定の取締役を招集権者と定めた場合でも，他の取締役の招集権限が排除されるわけではない。各取締役は，招集権者に対して取締役会の招集を請求し，さらに自ら招集することができる（同条2項・3項）。これは，取締役会の業務監督権限が適切に行使されるようにするためである。監査役も，①取締役が不正の行為をし，もしくは，当該行為をするおそれがあると認めるとき，または，②法令・定款違反の事実もしくは著しい不当な事実があるときは，招集権者に対して取締役会の招集を請求することができる（382条・383条2項）。

　招集通知は書面でも口頭でもよく，取締役会の1週間前までに発しなければならないが（368条1項），通知に議題等を示す必要はない。取締役会の場合には，臨機応変に判断する必要がある以上，経営の専門家としての手腕が期待されてその地位にある取締役としては，議題の事前の通知がなくても，業務執行に関する様々な事項が付議されることは当然に予想すべきだからである。

3 議 事 運 営

　取締役会の議事運営については，会社法上の規定はなく，定款・取締役会規則などの内部規定および慣行による。株主総会における取締役等の説明義務のような規定はないが，取締役会において十分に議論を尽くすことは当然に予定されている。したがって，取締役の説明要求を無視して強引に採決した場合，当該取締役会決議は無効とされうる。

4　決　　　議

　取締役は各自，経営の専門家としての能力を信頼して選任されるため，取締役会の決議では頭数多数決が行われる（一人一議決権）。株主総会の場合（310条参照）と異なり，取締役会には取締役が自ら出席する必要があり，代理人に出席・議決権行使を委任することは認められない。書面投票・電子投票（298条1項3号・4号参照）も認められない。取締役が一堂に会して討議を重ねた上で意思決定を行うのが原則であるが，電話会議・zoomなどのテレビ会議・インターネット上のチャットにおる会議も，情報伝達の双方向性・即時性が確保され，合理的な議事運営が行われるのであれば可能である。また，定款で定めれば書面決議が認められる。すなわち，取締役が取締役会の決議の目的である事項について提案した場合，当該提案につき取締役の全員が書面または電磁的記録により同意の意思表示をしたとき（監査役設置会社では，監査役が当該提案について異議を述べたときを除く）は，当該提案を可決する旨の決議があったものとみなす旨を定款で定めることができる（370条）。

　取締役会の決議は，議決に加わることができる取締役の過半数が出席し，その過半数により行われる（369条1項）。定款の定めによりこの要件を加重できるが，緩和することはできない。決議について特別の利害関係を有する取締役は，議決に加わることができず（同条2項），その数は定足数・出席取締役にカウントしない（同条1項）。これは，決議の公正を期すためと，会社の法律関係の安定（特別利害関係人にも議決権行使を認め，それにより著しく不当な決議がなされたときに，事後的に決議を無効とすると，法律関係が不安定になる）に配慮したためである。

5　特別取締役による決議

　取締役が6人以上かつ社外取締役が1人以上の取締役会設置会社では，取締役会の法定決議事項のうち，迅速な意思決定が必要と考えられる重要財産の処分・譲受けおよび多額の借財（362条4項1号2号・399条の13第4項1号2号）については，取締役会があらかじめ選定した3人以上の取締役（特別取締役）の過半数が出席し，出席特別取締役の過半数をもって取締役会決議を行える旨を，

取締役会は定めることができる（373条1項）。特別取締役による決議の定めがある旨，特別取締役の氏名，および取締役のうち社外取締役である者につきその旨が登記事項とされている（911条3項21号）。なお，迅速な意思決定を確保するため，特別取締役は社外取締役である必要はない。

　迅速な意思決定が必要なのは取締役会が大規模な会社であると考えられるため，会社法は，取締役の数が6人以上を要件とするとともに，取締役会による監督の実効性を高めるため，1人以上の社外取締役も要件としている。取締役会の監督機能を確保するため，特別取締役の互選で定めた者は，決議後，遅滞なく，決議の内容を特別取締役以外の取締役に報告しなければならない（373条3項）。

6　議　事　録

　取締役会の議事については，議事録を作成し，出席取締役・監査役全員が署名または記名押印しなければならない（369条3項。電磁的記録により作成された場合は電子署名をする［同条4項，会社則225条1項6号］）。取締役会の決議に参加した取締役で議事録に異議をとどめないものは，決議に賛成したものと推定される（369条5項）。取締役の責任（423条1項・462条1項等）を追及する者の立証負担を軽減する趣旨である。議事録は，取締役会の日（書面決議［370条参照］の日を含む）から10年間，本店に備え置かれ（371条1項），株主・債権者・親会社社員は，一定の条件の下で取締役会議事録の閲覧・謄写を請求できる。

　取締役会議事録は取締役の職務執行をチェックする上で重要な書類ではあるが，取締役会の議事には企業の機密事項に関わる事項が多いため，取締役会に出席できる者以外の閲覧には厳しい制約がある。監査役設置会社における株主・債権者・親会社社員が取締役会議事録を閲覧するには裁判所の許可が必要で，閲覧・謄写により会社またはその親会社・子会社に著しい損害を及ぼすおそれがあると認めるときは，裁判所は許可することができない（371条3項〜6項）。他方，監査役設置会社でない会社など，業務監査を行う監査役がいない会社の株主は，営業時間内はいつでも取締役会議事録を閲覧できる（同条2項）。こうした会社の株主は，取締役の職務執行を自らが監督することが期待されるため，

監査役同様の権限が認められている。

7　決議の瑕疵

　取締役会決議に手続上の瑕疵があったり，決議内容に法令・定款違反があるような場合には，当然決議は無効であり，株主総会決議のように決議取消制度はない。取締役会決議の無効は，いつでも，誰でも，どのような方法によっても主張できる。取消しの制度がないので，決議に効力がないという点で，決議不存在も決議無効と同様に位置づけられる。

　代表取締役が会社の重要な財産の処分・譲受けを行う場合には取締役会決議が必要であるが（362条4項1号），もしもこのような取締役会の決議が必要な行為を取締役会の決議を経ないで行ったり，無効な取締役会決議に基づいて行った場合，当該行為は無効であろうか。基本的には，取締役会決議が会社の内部的意思決定手続であることを考慮し，取締役会決議によって守ろうとする会社の利益と取引の安全保護の要請とを比較して決めるべきである。それゆえ，会社内部の事項にすぎない行為は，無効と解すべきであるのに対し，対外的取引行為は一律に無効と解するのではなく，相手方が取締役会決議のないことを知っていたときにのみ，会社は無効を主張できると解すべきである。

Ⅲ　代表取締役

1　意　　義

　取締役会設置会社においては，業務執行をし，対外的に会社を代表する常設の機関が，代表取締役である。法的には，代表取締役は取締役会の下部の機関であり，取締役会の指揮・監督下にある。

　業務執行は，機関の行為が会社の行為と認められるという側面からみたものであり，代表は機関が会社の名前で第三者と行った行為の効果が会社に帰属するという側面からみたものである。業務執行には，内部的な行為もあり，その場合，代表は問題にならないが，対外的な業務執行は代表の側面をあわせ持つ。それゆえ，代表は対外的な業務執行となる。

2　選定・解職

　取締役会を置かない株式会社では，定款，定款の定めに基づく取締役の互選または株主総会の決議により，取締役の中から代表取締役を選定することができる（349条3項）。取締役会設置会社では，取締役会が，取締役の中から代表取締役を選定する（362条3項）。代表取締役の員数については定めがなく，1人以上であればよい。取締役会設置会社では，代表取締役の解職も取締役会が行う（同条2項3号）。

　代表取締役を選定する取締役会決議において，候補者が特別利害関係人に該当しないことには争いはないが，代表取締役を解職する場合に，当該代表取締役は公正に議決権を行使することが期待しがたいため，特別利害関係人に該当するとしているのが判例（最判昭44・3・28民集23・3・645）である。代表取締役は取締役であることを前提とするため，取締役が終任になると代表取締役の地位を失う。

3　権　　限

　(1)　代表権限　　代表機関に属する代表権限は，会社業務に関する一切の裁判上または裁判外の行為に及ぶ（349条4項・420条3項）。これを代表権限の包括性という。会社が代表権限に加えた制限は善意の第三者には対抗できない（349条5項・420条3項）。この制限を内部的制限，代表権限のこのような性質を不可制限性という。

　代表取締役は，株式会社の業務を執行し（363条1項1号），対外的に会社を代表する（47条1項）。代表取締役が2人以上いるときは，各自が会社を代表する（349条2項）。

　(2)　業務執行権　　代表取締役は，日常的業務および取締役の過半数（取締役会設置会社では取締役会）により，特に決定を委任された業務執行事項（取締役の過半数により決すべき事項または取締役会の法定決議事項［348条3項・362条4項参照］を除く）について，自ら決定し，執行する（348条・363条1項1号）。包括的代表権は包括的な業務執行権の存在を前提とする。日常的な業務に関する決定については，明示の決議がなくても黙示的に，取締役会から委任を受けてい

ると解されている。株式会社が行うべき事項で行為者が会社法上特定されていないものは（31条1項・125条1項等），代表取締役が選定されている会社では原則的に代表取締役の職務権限となる。

　(3)　権限違反の行為の効力　　代表取締役の行為が，①定款所定の会社の目的の範囲を逸脱した場合，②株主総会・取締役会の決議に基づかない場合等の効力については，会社法上の規定はなく，解釈に委ねられている。①については，取引の安全保護の要請から，定款所定の目的の範囲外の行為の効力も，原則的に有効と解すべきであろう。②については，「会社の利益」と「決議事項であり決議を経ていないことを知らなかった第三者の利益」とをいかに調整すべきであるかという問題である。

　まず，株主総会の決議事項については，第三者は決議事項を知るべきであるが，決議が有効であったことまで確認すべきとするのは酷である場合もあろう。そして，取締役会の決議事項については，取引の安全保護の要請が高い事項は，効力に影響がないと解すべきであろう。たとえば，新株の発行や社債の発行である。他方，通常の取引の場合には，善意の第三者は保護されるべきである。たとえば，重要な財産の処分である。代表取締役が会社の重要な財産の処分を行う場合，取締役会決議が必要であるが（362条4項1号），362条4項が重要な業務執行につき取締役会の決議を要求するのは，会社の利益を保護することがその目的であるから，当該決議を欠くことを理由に取引の無効を主張できるのは，原則として会社のみである（最判平21・4・17民集63・4・535）。

　代表取締役が，その権限を自己または第三者の利益のために利用する行為を代表権濫用という。たとえば，売却代金を着服する目的で，会社の資産を売却する行為である。売却行為自体は，代表取締役の権限の範囲内で行われている点で，代表権に対する制限に違反している場合とは異なる。判例は，こうした代表権濫用による対外的効力につき，民法93条ただし書（心裡留保）を類推適用し，原則的に有効であるが，相手方が代表取締役の真意（濫用目的であること）を知りまた知りうべきとき（悪意または有過失のとき）は無効としている（最判昭38・9・5民集17・8・909）。しかしながら，学説はこの判例の立場には批判的

である。

　まず，理論的に，代表取締役が権限を濫用している場合，行為の法律効果を会社に帰属させる意思はあり，表示行為と真意の不一致がない以上，類推の基礎を欠いている。くわえて，実質的に，判例の立場では，相手方が知りうべき場合（過失がある場合）に保護されないことになるが，会社は自らのリスクで信頼できる代表者を選ぶべきであり，代表者の行為を監督する仕組みもある以上，できるだけ会社に効果を帰属させて取引の安全を図るべきである。それゆえ，代表権濫用について悪意・重過失ない相手方は保護されるべきであろう。

4　表見代表取締役

　代表権のない取締役に会社が社長，副社長その他会社の代表権限を有するかのような名称の使用を認めている場合，当該行為者（表見代表取締役）に代表権限がないことを知らない善意の相手方に対しては，その行為者の行為は正当な代表機関の行為と同様に会社の行為として効力が生じる（354条）。これは，代表権限を持たない者が代表行為を行ってもそれは無権代表で無効であるが，上記のような役職名を肩書とする取締役は，たとえ代表権限を有していなくても会社の代表機関であるとの誤解が生じやすいため，取引の相手方を保護する趣旨から会社に責任を認める制度である。なお，善意であっても代表権限に欠缺を知らないことにつき重過失がある場合は，悪意者と同視される（最判昭52・10・14民集31・6・825）。取引の相手方に善意無重過失の証明責任があるのではなく，会社側に相手方の悪意または重過失の証明責任があると解されている。

　平成17年改正前商法は，専務取締役・常務取締役という名称を表見代表取締役に含めていたが，同年の会社法によりこれらの名称が条文の文言から削除された。それゆえ，専務取締役等に代表権が与えられなかった場合には，一般的社会通念・当該会社における通常の肩書の使用状況を考慮して，その肩書が会社を代表する権限を有するものと認められる名称かどうかにより354条の適用の可否が決せられることになる。

　代表権限のない取締役の行為につき会社に責任を負わせるのが表見代表機関の問題であるが，取締役ではない使用人（たとえば，営業部長）に代表機関で

あるかのような名称の使用を会社が認める場合もありうる。こうした場合，同様の外観が生じ，会社には同様の帰責性があると考えられ，会社法354条の直接適用はできないが，類推適用が認められる（最判昭35・10・14民集14・12・2499）。

Ⅳ 取締役と会社との関係

取締役と会社との関係は委任に関する規定による（330条）。取締役の会社法上の様々な権利・義務は任用契約の内容としても位置づけられ，取締役は受任者としての義務を負う一方で，会社の業務に関する意思決定や執行に関する職務を遂行することで対価としての報酬を得る。

1 取締役の一般的義務

(1) 善管注意義務と忠実義務　取締役をはじめとする役員および会計監査人は，善良な管理者の注意をもって職務を遂行すべき義務がある（330条，民644条）。委任契約における善管注意義務とは，受任者と同様の職業・地位にある者に対して一般的に期待される水準の注意義務がその意味内容とされており，「自己の財産に対するのと同一の注意（民659条）」と比べ，より高度のレベルを意味する。これを取締役のケースにあてはめると，社会通念上，会社の取締役であれば一般的に期待されるレベルの注意をもって取締役の職務執行にあたらねばならない，ということになるが，その具体的内容は，当該取締役の担当業務や専門性，あるいは会社の業種によりズレがありうる。

会社法は，取締役は「法令及び定款並びに株主総会の決議を遵守し，株式会社のため忠実にその職務を行わなければない」（355条）とし，取締役の忠実義務を定める規定も置いている。忠実義務は取締役の善管注意義務の一側面を具体化・明確化したものであり，両義務は同質の義務であると理解されている（同質説。最大判昭45・6・24民集24・6・625）。

これに対して，忠実義務は，取締役がその地位を利用して会社利益の犠牲の下で自己の個人的利益や第三者の利益を図ってはならない，という内容であり，善管注意義務とは異なる義務であるとする理解もある（異質説）。学説上の多数説は，判例を支持し同質説に立つ。多数説は，355条を取締役の善管注意義

務を明確にし，それを強行法規として位置づけたものと考える。それゆえ，忠実義務は善管注意義務と同質の義務であると考えるのが一般的であるが，利益相反的な場面を規律する機能に着目し，「忠実義務」という用語は定着しており，取締役の競業取引（356条1項1号）・利益相反取引（同項2号3号）・報酬（361条）にかかる規制は，忠実義務違反を予防的に規整するためのものである。

(2)　経営判断原則　　経営判断原則とは，取締役の行為が善管注意義務に違反するかどうかについて裁判所が判断するにあたり，取締役に一定の範囲で裁量を認め，その範囲内の行為については取締役の注意義務違反を否定する（取締役の経営判断を尊重する）という考え方である。すなわち，取締役が専門性の要求と資源・時間の制約の下で，結果の不確実な経営判断を行わなければならない立場にあること，そして，その一方で取締役に対し進取の気性の発揮（リスクテイク）が会社・株主から強く期待されている以上，取締役の経営判断によりたとえ会社に損害が生じたとしても，判断当時の取締役の行動に著しい過誤が認められない限りは，安易に任務懈怠を認めるべきではない。こうした発想に基づき，もともと，米国の裁判所において採用されてきた考え方であるが，近年は，日本でも経営判断原則を明示的に適用する判例も現れている（最判平22・7・15判時2091・90）。

　日本における経営判断原則とは，経営判断に際して取締役の任務懈怠の有無を判断する際の，裁判所の審査の方法・対象を明らかにしたものである。判例により表現の仕方は異なるが，一般的な理解によれば，①判断の前提となった情報の認識に不注意な誤りの有無，②判断の過程・内容に著しく不合理な点の存否を裁判所が審査するというものである。①は，すなわち情報の収集・調査・検討が合理的であることの検証，②は，すなわち判断の推論過程・内容に明らかな不合理が存しないということの検証である。判断過程・内容に著しい不合理が認められなければ任務懈怠を認定しないというスタンス（姿勢）は，裁判所が取締役の裁量を尊重するポリシー（立場）を明らかにしたものであり，さらには，経営のプロではない裁判所が適切になし得る審査の有り様を示したものでもあろう。

　日本では，アメリカ法とは異なり，裁判所が経営判断の内容に事後的に介入しており，日本法の経営判断原則は，①当該経営判断が経営上の専門的判断に委ねられており，②意思決定の過程・内容に著しい不合理がなければ，③善管注意義務に違反しない，ともまとめられる。

　これに対して，アメリカ法の経営判断原則（business judgment rule）は，①実際に経営判断を行ったこと，②違法な行為でないことの2つを前提に，①経営判断の対象に利害関係がないこと，②情報に基づく判断であること，③経営判断が会社の最善の利益に合致すると正当に確信したこと，の3要件である。③は重過失のないことであり，通常，取締役は会社の最善利益に合致すると確信するからこそ意思決定をする。裁判所は経営のプロである取締役の判断を尊重するので，経営判断の内容ではなく，経営判断の手続（形式）面を審査する。それゆえ，取締役の行為基準としても明快である。

　(3)　監視義務　　代表取締役はもちろん，一般の取締役も，会社の状況を把握し，他の取締役の職務執行を相互に監視すべき義務を負うと解されている（最判昭48・5・22民集27・5・655）。取締役は取締役会に上程された事項にとどまらず，業務執行一般についてこれを監視し，必要があれば，取締役会を自ら招集し，あるいは招集することを求め（366条参照），取締役会を通じて会社の業務執行が適切に行われるようにする義務を負う。それゆえ，取締役会を開催せずに会社の業務を専断していた代表取締役が任務懈怠により第三者に損害を与えた場合，他の取締役も，監視義務違反による責任を負うこととなる。なお，取締役会非設置会社の取締役も，善管注意義務・忠実義務の一内容として，業務執行の監視義務を負うと解されている（新潟地判平21・12・1判時2100・153）。

　(4)　内部統制システム構築義務　　規模がある程度以上の会社になると，健全な会社経営のために会社が営む事業の規模・特性などに応じた内部統制システム（リスク管理体制）を構築して運用する必要がある。会社法は，大会社（2条6号）および委員会型の会社については，取締役会（取締役会非設置会社では取締役）が内部統制システムの構築の決定をすることを義務づけている（348条3項4号・4項, 362条4項6号・5項, 399条の13第1項1号ロハ, 416条1項1号ロホ）。もっ

とも，取締役会は，内部統制の目標設定やそのための組織の設置等，内部統制システムの大綱を決定すれば足り，具体的な体制の構築については，各取締役に委任できる。内部統制システムの構築を決定した会社は，事業報告（435条2項）において，決定した内容の概要およびシステムの運用状況の概要を開示しなければならない（会社則118条2号）。

取締役会の決定に基づいて，代表取締役等の業務執行権限を有する取締役は，内部統制システムを構築して運用する義務を負い，取締役は，代表取締役等が内部統制システムを構築して運用する義務を履行しているかどうかを監視する義務を負う（大阪地判平12・9・20判時1721・3）。ただ，内部統制システムの構築には費用がかかる以上，システムの内容は，費用対効果を考慮して決定しなければならず，高度な経営上の知見・経験が不可欠である。それゆえ，いかなる内部統制システムを構築するかについては，取締役に広い裁量が認められるべきであり，義務違反の審査は経営判断原則の枠組みにより行うべきであろう。判例も内部統制システムの内容については，取締役に広い裁量があることを認めている（東京高判平20・5・21判タ1281・274）。もっとも，会社が過去に不正行為を経験しながら，何らその再発を防止する体制をとらなかったため，同種の不正行為が繰り返された場合のように，当該体制を構築しなかった取締役の判断が著しく不合理である場合には，取締役の義務違反は当然に認められよう（大阪高判平27・5・21判時2279・96）。

(5) 信頼の権利　構築された内部統制システムが適切に運用されている場合，取締役は，他の取締役の職務の執行に関し，疑念を差し挟むべき特段の事情がない限りは，職務の執行が適切に行われていると信頼することが認められる（大阪地判平12・9・20判時1721・3）。それゆえ，仮に会社不祥事が発生したとしても監視義務違反として取締役の責任が追及される可能性は低くなる。これを信頼の権利（または信頼の原則）という。取締役が監視義務を負うといっても，各取締役による会社の業務の逐一監視が求められているわけではない。

(6) 親会社取締役の子会社に対する監督義務　平成26年改正会社法は，内部統制システムを，「株式会社の業務並びに当該株式会社及びその子会社から

成る企業集団の業務の適正を確保するために必要なものとして法務省令で定める体制」と定義している（362条4項6号等）。これは，子会社を有する株式会社の取締役は，相当の範囲で子会社を監督する義務を負っていることを前提とする規定と解されている。他方で，親会社が子会社の業務をどの程度監督すべきかは，子会社の規模・重要性のほか，監督する上で見込まれる費用や子会社の社風（たとえば，独立性の尊重）なども考慮して決定しなければならず，高度の経営上の知見・経験が不可欠である。それゆえ，子会社に対して行う監督の内容・程度は，経営判断原則の枠組みにより行うべき問題である。

2　利益衝突関連規制

　取締役と会社との利益衝突がない場合，取締役に広範な裁量が認められるが，取締役が活動する上で，会社の利益と取締役個人の利益との衝突が生じる場合もある。この場合，取締役は一般に，会社の利益を犠牲にして，自己または第三者の利益を図ってはならないという忠実義務（355条）を負う。そうした一般的規制のほか，会社法は，取締役と会社の利益が衝突する一定の場合（競業取引・利益相反取引・報酬等）につき，会社の利益を保護するため，特別の規制を定めている。

　(1)　競業取引規制　　(a)　総説　　取締役は，会社の事業に関与するため，事業上の秘密を知りうる立場にあるため，その知識を利用して会社のノウハウや顧客リストを奪うなど，会社の利益を犠牲にして自己の利益を図るおそれがある。そこで，会社法は，取締役の競業避止義務を定めている。もっとも，グループ経営が一般的な現代の株式会社では，取締役が子会社・関連会社の業務執行取締役を兼任し，それらの会社のために，株式会社が同種の事業を行うことは珍しくはない。また，会社が自社と同種の事業を営む者の能力を高く評価し，その者の現職の継続を認めつつ，自社の（非常勤の）取締役に迎えることもあり得る。そこで，少なくとも会社法上は，取締役であっても個人としての経済活動を全面的に禁止することはせず，取締役の競業取引につき事前に会社内部の承認手続（取締役会非設置会社の場合は株主総会，取締役会設置会社の場合は取締役会の承認）を経ることを求めるなどして，会社の利益と取締役個人の

利益との調整を図る仕組みを定めている（356条1項1号・365条1項により読み替えられる356条1項1号）。

(b) 対象　規制対象となる競業とは、「自己または第三者のため」に行う「会社の事業の部類に属する取引」であり、会社の事業と市場において競合する取引である。会社の事業は、会社が現実に営んでいる事業を基準に考え、定款所定の目的である事業でも完全に廃業しているものは含まれないが、定款に記載されていない事業でも会社が継続的・専門的にそれを行っていれば、それは含まれると解されている。地理的に競合しなければ、会社と同種の事業を行っても規制対象とはならない。しかし、現時点では市場が競合していなくても、会社が進出を予定している地域で会社と同種の事業を行う場合は規制対象となる（東京地判昭56・3・26判時1015・27）。

(c) 承認手続　取締役が競業取引を行う場合には、取締役会が設置されていない会社では株主総会、取締役会設置会社では取締役会の承認が必要である（356条1項・365条1項）。取引の承認に関する取締役会決議の際、競業取引を行う取締役は特別利害関係人に該当し、決議に参加できない（369条2項）。競業取引を行う取締役は、承認手続に際し取引に関する重要な事実を開示しなければならず（356条1項柱書）、取締役会設置会社の場合、取引後にも遅滞なく重要な事実を取締役会に報告しなければならない（365条2項）。重要な事実とは、取引の相手方・取引の種類・目的物・数量・価格・履行期・取引の期間などである。この開示は、株主総会等の承認の可否を判断する上での資料を提供するためのものである。

　承認は個々の取引について受ける必要があるが、継続的に取引が行われる場合には、合理的な範囲を定めた上で、ある程度包括的な承認を受けることも認められる。承認は事前に受ける必要があり、事後承認は、総株主の同意がない限り認めるべきではないとの見解もあるが、承認手続を経ていない競業取引であっても有効と考えるべきであろう。これは、取締役の競業取引の相手方にとって、取引が競業に該当するかは必ずしも明らかではなく、取締役の取引に関する意思決定過程に瑕疵があるわけでもないからである。くわえて、会社として

も，当該競業取引の効力を否定しても会社の被った損害が回復できるわけではなく，むしろ，取引の効果を維持（事後承認）した上で，取締役の得た利益を会社に帰属させることで損害の回復を図る方が妥当な対応といえる。

　なお，承認は，競業取引をする場合に必要であり，同業他社の代表取締役に就任すること自体については必要はないが，同業他社の代表取締役に就任する場合，実務的には，包括承認を得ることが多い。

　　(d)　競業避止義務違反の効果　　取締役が競業避止義務に違反して承認を受けずに競業取引を行っても取引は有効であるが，当該取締役は会社に対して損害賠償責任を負い（423条1項），当該取引によって取締役または第三者が得た利益の額は，会社に生じた損害と推定される（同条2項）。また，取締役解任の正当な理由となる（339条参照）。

　(2)　利益相反取引規制　　(a)　総説　　競業取引規制は，会社の利益獲得に向けて投じられるべき自己の労力や会社の資源を，取締役が個人的利益のために費消しないようにする（権限行使がおろそかになり会社に消極的損害が生じるような局面を避ける）という考えに基づいている。他方，利益相反取引規制は，取締役が直接または間接的に会社と取引を行い，会社財産を収奪すること（会社に積極的損害を与えること）を防ごうとするものである。競業取引よりも利益相反取引の方が悪質であり，禁止の要請が強い。このことを反映し，条文の文言上・解釈上の違反の効果などに関してより厳格な対応がとられている。

　取締役が自己または第三者のために会社と直接に取引をしようとする場合（直接取引。たとえば，①会社の製品その他の財産を譲り受ける場合・②取締役が自己所有の不動産を会社に売却する場合）や，会社が取締役以外の者との間で会社と取締役との利益が衝突する取引をしようとする場合（間接取引。たとえば，①会社が取締役の債務を保証する場合・②一方の会社の取締役が他方の会社の代表取締役を兼ねているときに一方の会社が他方の会社の債務を保証する場合），取締役が取引の条件などで会社の利益を犠牲にして自己また第三者の利益を図るおそれがある。こうした危険は，取締役が当事者として取引する場合だけでなく，他の代理人・代表者として取引する場合もある。そこで，会社法は，取締役がこ

うした利益相反取引をする場合につき規制する。

　利益相反取引には，取締役が会社の利益を犠牲にして自己または第三者の利益を図るおそれがある一方で，たとえば小規模な会社の取締役が会社の事業にとり不可欠な財産を会社に有利な（市場価格よりも安い）価格で譲渡する場合や，取締役が共通するグループ会社間で事業に必要な取引をする場合等，会社が事業の遂行上，利益相反取引を行うニーズもあることには注意が必要である。そこで，会社法は，こうした現実を踏まえ，利益相反取引を一律に禁止するのではなく，取締役の利益相反取引につき事前に会社内部の承認手続（取締役会非設置会社の場合は株主総会，取締役会設置会社の場合は取締役会の承認）を経ることを求めるなどして，会社の利益と取締役個人の利益との調整を図る仕組みを定めている（356条1項2号3号・365条1項により読み替えられる356条1項2号3号）。

　　(b)　対象　　直接取引（356条1項2号）だけでなく，間接取引（356条1項3号）も規制対象である。

　会社の利益が犠牲にされることを防止する趣旨の規制（行為事前規制）であるため，規制対象となる利益相反取引かどうかは一般的・客観的に把握されるべきである。個別的・具体的事情（たとえば，売買契約における代金の額）は，株主総会（取締役会）が当該取引を承認するかどうかの判断において考慮される要素である。それゆえ，会社・取締役間の直接取引であっても，会社の利益の犠牲の下で取締役または第三者が利益を図るおそれが一般的・客観的にないパターンにあたる取引は，会社法356条1項2号所定の直接取引には該当しない。たとえば，取締役から会社に対する無償贈与や普通取引約款（あらかじめ契約内容を定型的に定めた条項であり，大量に同種の契約がなされる保険取引・銀行取引・運送取引などで用いられる）に基づく取引である。また，手形行為（たとえば，約束手形の振出）は取引（手形行為の原因関係）の決済手段であり，当該取引（会社と取締役間における商品の売買契約等）には356条1項が適用されるが，手形行為自体には同条項の適用はないとの見解がある。しかし，手形行為者は，原因関係とは別個の債務，しかも手形上の債務として（抗弁切断や手形訴訟による追及等）一層厳格な債務を負担することになる以上，手形行為にも

会社利益の保護を図ろうとする同条項の適用を認めるべきである（最大判昭46・10・13民集25・7・900）。

　(c)　承認手続　　取締役は，直接取引および間接取引につき，株主総会（取締役会設置会社の場合は取締役会）において，当該取引につき重要な事実を開示し，その承認を受けなければならない（356条1項・365条1項）。間接取引については，株式会社と当該取締役との利益が相反する取引とされているが，当該取締役が代表取締役を務める他の会社の利益と相反する場合も含まれる（最判昭45・4・23民集24・4・364）。

　競業取引規制の場合と異なり，利益相反取引規制においては，「自己または第三者のために」とは，「自己または第三者の名義において」の意味である（権利義務の帰属が基準となる）と解すべきであろう。これは，承認を受けない利益相反取引は無効（相対無効）と解されているので，取引の安全を考慮すると，利益相反取引かどうかの判断を明確にできる方が望ましいからである。重要な事実の開示は，承認の可否を判断するための資料を提供することがその目的であるため，開示すべき重要な事実とは，取引の種類・目的物・数量・価格・履行期・取引の期間等である。間接取引の場合，相手方・主債務者の返済能力（保証契約の場合）などが開示対象である。

　承認は，個々の取引につき受けるべきであるが，継続的に取引が行われる場合には，合理的な範囲を定めた上で，ある程度包括的な承認を受けることが認められることは，競業取引の場合と同様である。承認を受けるべき取締役は，直接取引の場合，取引の相手方である取締役である。間接取引の場合，当該取引につき会社を代表する取締役とする見解と，当該取引により利益を受ける取締役とする見解に分かれているが，前者が通説的見解である。承認を受けた場合，民法108条の適用はない（356条2項）。事後承認についても，議論が分かれているが，事後承認により取引は遡及的に有効になると解すべきであろう（東京高判昭34・3・30金法206・5）。ただし，取引が有効になるとしても，取締役の会社に対する責任に当然に影響するものではないが，総株主の同意による承認（事前・事後を問わず）は，取締役の任務懈怠責任を免除する効果がある（424条）。

(d) 報告　利益相反取引についても，競業取引の場合と同様に，承認手続に際し取引に関する重要な事実を開示した上で承認を受け，取締役会設置会社では，取引後遅滞なく重要な事実を取締役会に報告しなければならない（365条2項）。

直接取引の場合，事前の承認を受けるべき取引の相手方となる取締役であり，間接取引の場合，会社を代表した取締役を意味すると解されており，多くの場合，この者が承認時に重要な事実を開示し，事後的に報告することになる。

(e) 取引の効力　取締役会の承認を得ないで利益相反取引が行われた場合，当該取引の効力がどうなるかにつき，会社法は規定を設けていないため，解釈問題となる。一般に，当該取引は無効であるが（ただし追認されれば効力が生ずる），会社の利益を保護する趣旨であるため，取締役の側からの無効主張はできないと解されている（最大判昭46・10・13民集25・7・900）。

また，会社が第三者に対して無効を主張するには，その者の悪意（取締役会の承認を得ていないことを知っていること）を立証しなければならないと解されている（相対的無効。最判昭48・12・11民集27・11・1529）。

利益相反取引により会社に損害が生じたときは，任務を怠った取締役は会社に対して損害賠償責任を負う（423条1項）。承認を受けないで取引をした場合だけでなく，承認を受けた場合も同様である。利益相反取引により会社に損害が生じたときは，利益が相反する取締役等一定の者はその任務を怠ったものと推定される（423条3項。ただし，監査等委員会設置会社において監査等委員以外の取締役が事前に監査等委員会の承認を受けた場合は別。同条4項）。

直接取引（356条1項2号）を自己のためにした取締役の責任は，任務を怠ったことがその取締役の責めに帰することができない事由によるものであることをもって免れることはできない（428条1項）。さらに，直接取引を自己のためにした取締役の責任については，責任軽減制度は適用されない（同条2項）。

(3) 報酬規制　(a) 総説　会社と取締役との関係は委任に関する規定が適用され（330条），民法上の委任契約は無償が原則である（民648条1項）。同様に，役務提供型の契約である雇用（民623条）や請負（民632条）とは異なり，報酬の

合意は要件とはならない。現実に，取引先会社の社外取締役への就任，親会社の取締役や従業員が子会社の取締役に就任する場合など，名目的な取締役ではなくても，無報酬の取締役も少なくない。とはいえ，委任者・受任者間の特約により報酬の支払を委任契約の内容とすることもでき（民648条1項），会社の取締役に関しては，報酬を受けるのが事実上の原則になっており，実際，特約を締結して報酬を支給されいる取締役が一般的である。会社法もそのことを前提に報酬規制を設けている。

　(b)　規制　　取締役に報酬を支給することは，業務執行に関する事項であるから取締役会が決定するという制度設計もありうるが，会社法では，定款で定めるか株主総会の決議で決めることを要求している（361条1項柱書）。これは取締役が自らの報酬を決定すれば，各取締役間のなれ合いにより，不当に報酬額がつり上げられ，いわゆるお手盛りになりかねず，明らかに会社と取締役との利益が衝突するからである。その意味で，この規定は取締役の忠実義務から生じた政策的規定と解される。会社法361条1項は，取締役の報酬，賞与その他の職務執行の対価として会社から受ける財産上の利益（報酬等）については，定款または株主総会の決議により，次の事項を定めなければならないとする。

　すなわち，①金額が確定している報酬等についてはその額（同項1号），②金額が確定していない報酬等についてはその具体的な算定方法（同項2号），③金銭でない報酬等についてはその具体的内容(同項3号。たとえば，社宅や福利厚生サービスの提供）をそれぞれ定めなければならない。同項2号・3号の決議をする場合，株主が報酬等の妥当性を適切に判断できるようにするため，株主総会において当該事項が相当であることの理由を説明しなければならない（同条4項）。なお，会社から何らかの利益を受ける場合に，それが「報酬等」に該当するかどうかは職務との対価性・利益性・会社の出捐といった要素に着目して判断される。取締役の職務執行のための費用として相当な額（出張の日当等の諸経費）については，報酬規制によらず支給できる。

　実務的には，定款で報酬の額を決めることはしていない。これは，一度決めると，後の変更が容易ではないからであり，多くの場合，株主総会において取

締役全員の1年（あるいは1月）当たりの総額を決定し，取締役会（または取締役会から委任を受けた代表取締役）が具体的な額を決めている。お手盛り防止の趣旨からは，最高限度だけをおさえておけば，勝手な大盤振る舞いで株主利益が害されるおそれもなく，こうした取扱いも認められると解されている（最判昭60・3・26判時1159・150）。

定款と株主総会決議のいずれの定めもないのに取締役に報酬等が支払われても無効である。こうした場合，取締役から会社に対して支払を求めることもできない（最判平15・2・21金判1180・29）。他方，当初はこのように無効な報酬等の支払であっても，事後的に株主総会で追認することは可能である（最判平17・2・15判時1890・143）。定款または株主総会決議（および一任を受けた取締役会決議）によって取締役の報酬を具体的に定めた場合，その報酬額は，会社と取締役間の契約内容となり，契約当事者である会社と取締役の両者を拘束するため，その後に株主総会がその取締役の報酬を無報酬とする旨の決議をしても，取締役がこれに同意しない限り，報酬請求権を失わないと解されている。取締役の職務内容に著しい変更があり，変更前の職務内容を前提に株主総会決議がされた場合であっても異ならない（最判平4・12・18民集46・9・3006）。

(c) 報酬等の決定方針　　令和元年改正により，上場会社等の大規模会社は，取締役の報酬等（361条1項）について，取締役の個人別の報酬等の内容を定款または株主総会決議で定めた場合を除き，報酬等の決定方針を取締役会で定めなければならないとされた（同条7項）。多くの会社における実務慣行のように，株主総会決議により，取締役全員の報酬等の総額につき上限を定めた場合には，取締役の個人別の報酬等の内容に関する決定指針を取締役会決議で定めることが必要となる。これは，上限を定めた上で代表取締役に一任する会社が多く，こうした実務慣行では，個別の取締役の報酬の決定プロセスが株主サイドからはブラックボックスに近く，取締役が自己の報酬の決定プロセスにタッチする仕組みがないため，取締役のインセンティブを高める上で再考すべきとの立場からも肯定される。

決定方針の具体的内容は会社法施行規則98条の5に定められている。なお，

指名委員会等設置会社においては，会社法409条により既に報酬委員会が取締役・執行役等の個人別の報酬等の内容に関する方針を定めることになっているため，本改正の適用はない。

　(d)　使用人兼取締役の報酬　　使用人兼取締役（たとえば，取締役兼秘書部長）には，取締役としての報酬に加えて，使用人としての給与が会社から支払われる。このような場合，使用人として受け取る給与の体系が明確に確立されている場合には，使用人分の給与は決議する総額の上限には含まなくてもよいとされる（最判昭60・3・26判時1159・150）。もっとも，日本では，使用人兼取締役については，支払われる金銭の多くが使用人部分の給与として支払われることは少なくない。こうした実務を踏まえ，株主総会決議の際に，決議する総額の上限には，使用人兼取締役における使用人部分としての職務執行の対価分を含まないことを明示することも必要との見解もある。

　(e)　退職慰労金　　取締役が退職した場合，退職慰労金を支給（死亡退職の場合は遺族に死亡弔慰金を支給）する慣行がある（もっとも，近年の上場会社では，退職慰労金を廃止する傾向にある）。これについては，会社法上の規制はない。退職慰労金については，支給を受けるのは退任した取締役であるため，取締役会の決議で決めてもお手盛りの弊害はなさそうであるが，退任した者が依然として取締役会で支配的な勢力を有していることもありうるほか，かつての仲間が決めるとなると，お手盛りの弊害もありうる以上，報酬規制を及ぼすことには十分な理由が認められる。

　退職慰労金は，在職中の職務執行の対価という性質を持つ限り「報酬等」に該当し，定款で定めるか株主総会の決議で決めなければならない（最判昭39・12・11民集18・10・2143）。ただ，一度の株主総会で退任する取締役は1人しかないこともあり，株主総会において総額の上限額を決定してしまうと，退任する取締役が受ける退職慰労金の額が広く世の中に開示されてしまうことにもなりかねない。そこで，実務上，取締役のプライバシーを保護するするため，株主総会で総額の上限額を定めず，「当社が定める支給基準に従って，その具体的金額・支給期日・支給方法を取締役会の決定に一任する」旨の決議が行われ

ることが少なくない。判例も，株主総会において明示または黙示に一定の支給
基準を示し，当該基準に従って退職慰労金が支払われるのであれば，その決定
を取締役会に委ねることも認められると解している（最判昭39・12・11民集18・
10・2143）。それゆえ，退職慰労金につき，一定の支給基準による趣旨で取締役
会に決定させることはできるが，株主がその基準を知ることができる状況を設
ける必要があることになる。

　（f）　ストック・オプション　　近年，業績連動型報酬として，取締役に対
して新株予約権を付与する会社が増えている。そのような目的で付与される新
株予約権をストック・オプションという。ストック・オプションは，それを付
与された者が，会社の業績向上により実現される株価上昇の利益を株主と分か
ち合えるようにすることで，両者の利益を一致させることを狙ったインセン
ティブ報酬である。取締役に対してストック・オプションが付与された場合，
あらかじめ定められた将来の一定の価格（行使価額）を支払うことで，取締役
は株式の交付が受けられる。新株予約権の付与それ自体に財産的価値がある以
上，ストック・オプションの付与も，取締役が職務執行の対価として会社から
財産上の利益を受けることに変わりはなく，会社法361条の報酬規制が適用さ
れる。ストック・オプションの付与は，その公正価値をもって「額が確定して
いる報酬」（361条1項1号［・3号］）に該当すると解されている。

　しかし，ストック・オプションの経済的実質からすれば，それを保有する者
は株価が将来上昇した場合に新株予約権を行使して利益を得るため，報酬規制
の本来の趣旨からすると，こうしたメカニズム全体からは「額が確定していな
い報酬」（361条1項2号・3号）として定款または株主総会の決議で定めること
が望ましいとの見解もある。

　（g）　開示　　公開会社では，取締役その他の会社役員（会社則2条3項4号
参照）の報酬等は，事業報告による開示を要する（435条2項，会社則119条2号・
121条4号～6号）。ただ，取締役，監査役といった役職ごとにその総額を員数と
ともに開示すれば足り（同条4号イ），個人別の報酬額を開示する義務はない（同
号ロハ参照）。社外役員（会社則2条3項5号）がいる場合，役職ごとの開示に加え，

社外役員の報酬総額および員数の開示が必要である（会社則124条1項5号）。また，金融商品取引法に基づく有価証券報告書においては，総額1億円以上の連結報酬等を受けた取締役は個別に開示する義務がある（企業内容等の開示に関する内閣府令15条1号第二号様式記載上の注意（57）a（d））。なお，非公開会社には，報酬等の開示につき会社法上の規制はない。

4 ❖ 監査役（会）・会計監査人・会計参与・検査役

Ⅰ　監査役（会）

1　総　　説

　監査役は，取締役（および会計参与）の職務執行を監査する機関である。監査とは，職務執行が適正に行われているかを調査し，必要があれば是正を行うことをいう。取締役の職務には，使用人に対する指揮・命令・監督も含まれるため，原則として，会計監査を含めた業務監査（使用人によって担われる部分も含めた会社の業務全般を監査すること）を行うが，非公開会社では定款規定により監査役の監査範囲を会計に関するものに限定できる（389条1項）。監査等委員会設置会社・指名委員会等設置会社以外の大会社で公開会社である会社は監査役会を置かなければならない（328条1項）。株式会社が監査役設置会社（会計監査限定監査役を置く会社も含む）であること，および監査役の氏名は登記事項である（911条3項17号）。

　なお，わが国の株式会社制度においては，伝統的に監査役が監査の中核を担ってきた。上場会社を中心としたコーポレート・ガバナンスの強化のため，取締役・取締役会に対する監査役の独立性の確保と地位の強化が必要とされ，繰り返しその権限強化のための法改正が行われてきたが，度重なる監査役制度の法改正につき，期待と失望の繰り返しであったと総括する見解もある。

2　監　査　役

　(1)　選任・解任　　監査役は，会社法上，取締役と会計参与と同様に株式会社の役員として位置づけられており，株主総会により選任される（329条1項）。

選任決議は，普通決議であるが，定足数は総株主の議決権の3分の1までしか下げられない（341条）。

　取締役からの独立性を確保するため，取締役が監査役の選任に関する議案を株主総会に提出するには，監査役（複数ある場合はその過半数，監査役会設置会社では監査役会）の同意が必要である（同意権。343条1項・3項）。また，監査役（監査役会設置会社では監査役会）は，取締役に対し，監査役の選任を株主総会の目的（議題）とすることや，監査役の選任に関する議案（候補者）を株主総会に提出することを請求できる（提案権。343条2項・3項）。

　それゆえ，実質的には，監査役は，誰を後任として株主総会に諮るかを決定する権限を持っているといえる。これは，監査役を選任するプロセスを経営陣が支配することを防ぎ，監査役の独立性を確保するためのものである。

　種類株主総会により監査役を選任できる株式（108条1項9号・2項9号）が発行されている場合，定款に定められた数の監査役を，その種類の株主の総会において（他の種類の株主と共同して選任するときは共同して）選任する（347条2項。設立時について41条3項・90条2項）。

　監査役の地位の強化および独立性の確保のため，監査役の解任は，他の役員や会計監査人と異なり，株主総会の特別決議による（339条1項・309条2項7号）。正当な事由なくして解任された監査役は会社に対して損害賠償を請求できる（339条2項）。監査役の解任の訴え，種類株主総会により監査役を選任できる株式の種類株主により選任された監査役の解任については，取締役に準じる（854条・347条2項）。なお，取締役が監査役の解任を議題とすることについては，監査役に同意権・提案権は与えられていない（343条対比）。これは，これらの権利を与えると，監査役に解任すべき理由がある場合も解任が困難となり，責任ある監査が期待できなくなるからである。独立性を保障しすぎると，会社の利益が害されるおそれがあると解されている。

　監査役は，株主総会において，監査役の選任・解任・辞任について意見を述べることができ，監査役を辞任した者は，その旨および理由を述べることができる（345条4項）。

　監査役設置会社では，監査役の員数に関する会社法上の規定はなく，定款に別段の定めがない限り，1人以上であればよい。監査役会設置会社では，監査役が3人以上でなければならない（335条3項）。監査役が欠けた場合または会社法もしくは定款に定める監査役の員数が欠けた場合の措置については，取締役と同様である（346条）。

　(2)　資格　　監査役の資格は取締役の場合と同様であり（335条1項・331条1項），非公開会社を除き，会社は定款で監査役が株主でなければならない旨を定めることはできない（335条1項・331条2項）。監査役の職務の実効性を確保するために，監査役は，当該会社またはその子会社の取締役・支配人その他の使用人を兼任することはできず，また，当該子会社の会計参与または執行役を兼ねることができない（335条2項）。

　なお，弁護士の資格を有する監査役が特定の訴訟事件について会社から委任を受けて訴訟代理人となることは禁止されないと解されているが（最判昭61・2・18民集40・1・32），監査役の独立性に疑いが生じることもあり得る。そのため，代表取締役等に対する継続的な従属関係が生じるかどうかにより判断すべき場合もあろう。

　(3)　任期　　監査役が経営陣から独立した立場で実効性のある監査を実現するため，監査役の取締役に対する地位の強化および独立性の確保が図られ，取締役の任期（332条）よりも長く，4年（選任後4年以内に終了する事業年度のうち最終のものに関する定時株主総会の終結の時まで）である（336条1項）。独立性を確保するために長期の任期を法定したものであり，定款によっても任期を短縮できない。他方，株主による定期的な信任を受けさせることも重要であるため，任期を伸長することもできないのが原則である。任期満了した監査役を株主総会で再任は可能である。非公開会社では，取締役についてと同様に（332条2項），定款により監査役の任期を10年まで伸長できる（336条2項）。

　(4)　監査役と会社との関係　　監査役と会社との関係は，他の役員と同様に，委任の関係である（330条）。それゆえ，監査役は会社に対して善管注意義務を負い（民644条），任務懈怠により会社に損害を被らせた場合には，会社に対し

て損害賠償責任を負うことになる（423条1項）。もっとも，監査役は取締役と異なり業務執行に関与せず，会社との間に利害衝突の問題は生じない関係にあるため，会社との利害対立を前提にする忠実義務（355条）の適用はない。競業取引（356条1項1号）や会社との利益相反取引に関する規制（同条1項2号）もない。

(5) 報酬等　監査役の報酬等（361条1項参照）は，定款でその額を定めていない場合，株主総会の決議で定める（387条1項）。取締役の報酬等（361条）と別の規定になっているのは，監査役の報酬を取締役の報酬との合計として定めることが許されないことを示している。監査役が2人以上ある場合，定款・株主総会決議が各自の金額を定めていないときは，定款・株主総会決議で報酬等の総額（上限）を定め，その範囲内で，監査役の協議で各人の報酬を定める（387条2項）。これは，お手盛り防止を目的とした取締役の報酬規制とは異なり，報酬の決定権が監査対象である経営陣にあると監査役の職務執行に影響を及ぼすおそれがあり，監査役が適正に職務を果たすことも期待できなくなるため（最判平17・2・15判時1890・143），監査役の独立性を確保する目的で設けられた規定である。監査役が株主総会で監査役の報酬等について意見を述べることができるのも（同条3項），この目的による。

(6) 職務権限　(a) 総説　監査役の職務は取締役の職務の執行の監査であるが（381条1項），その対象としては業務監査と会計監査が期待される。そこで，監査役は取締役から独立していなければならない。監査役には各種の権限が与えられているが，監査役はそれらの権限を会社のために善良な管理者の注意をもって行使しなければならない（330条，民644条）。そのため単に「権限」とせず，「職務権限」といわれることが多い。

監査役による監査とは，取締役の職務の執行が法令・定款に適合しているかどうかをチェックし，指摘することである（違法性監査）。それゆえ，取締役による業務執行が妥当かどうか（妥当性監査）にまで及ぶのかという点に関しては議論が分かれている。誰が見ても不当と認められる場合は著しく不当（382条参照）として監査対象となるが，そうした場合以外では，業務執行の裁量を監

査することが適切であるとまではいえず，こうした意味で，妥当性監査は監査役の権限に属さないと解されている（多数説）。

　ただ，取締役に善管注意義務違反があれば違法であり，監査役はその点についても監査すると考えられている以上，実際問題としては，妥当性に関する事項についても監査権限を有していることと大きなズレは生じない。たとえば，取締役会が重要な業務執行を決定する際には（362条4項），十分な判断材料に基づき，十分な討議を行った上で決定を行うことが取締役の善管注意義務から要請され，判断材料・討議が不十分な状態で取締役が拙速な決定を行おうとしているときには，監査役は妥当とは考えられない決定手続に対して反対意見を述べる権限（383条1項。取締役会への出席・意見陳述の義務）がある。

　くわえて，違法な業務執行を早い段階で防止することは必要であるから，監査役が業務執行の妥当性について取締役会で発言することが制約されてはならないとされる。それゆえ，監査役の権限は違法性監査に限定されず，妥当性監査にも及ぶが，それは監査役の職務の性質上，一定事項が不当か否かという消極的・防止的な意見表明程度であると解すべきであろう。

　(b)　独任制　　2人以上の監査役がいる場合，それぞれの監査役が職務権限を単独で行使することができ，それぞれが独自に監査報告をなすものとされている。これを監査役の独任制という。たとえば，他の監査役が反対であっても，1人の監査役が会社の業務・財産を調査したり（381条2項），取締役の責任を追及する訴えを提起したり（386条），取締役の違法行為の差止めの請求（385条）を行うことができる。これは，監査役の多数派が経営陣となれ合い，他の監査役の権限行使を阻止する事態を防ぐためであり，監査役の監査権限の強化および取締役に対する独立性に資するものである。監査役の独任制は，監査役会制度の下でも維持されている（390条2項参照）。

　(c)　職務権限　　監査役の職務権限は，①会社の業務について調査すること，②必要があれば是正すること，③行った監査について報告すること，である。

　　(ア)　調査権限　　監査役は，いつでも，取締役，会計参与，支配人その

他の使用人に対して事業の報告を求め，また会社の業務および財産の状況を調査することができる（事業報告請求権・業務財産状況調査権。381条2項）。この権限は，必要があれば子会社に対しても及ぶ（同条3項・4項）。監査役の監査範囲を会計監査に限定する定款の定めがある会社では，会計に関する調査に限られる（389条4項）。なお，取締役は，会社に著しい損害を及ぼすおそれのある事実があることを発見したときは，監査役の報告請求を待つことなく，直ちにその事実を監査役に報告しなければならない（357条1項）。

　(イ)　報告義務・取締役会招集請求権　　監査役は，取締役が不正の行為をし，もしくは当該行為をするおそれがあると認めるとき，または法令・定款違反の事実もしくは著しく不当な事実があると認めるときは，遅滞なく，その旨を取締役（取締役会設置会社では取締役会）に報告しなければならない（382条）。取締役による是正を促す趣旨であるが，取締役（会）が適切な対応をとらない場合には，違法行為差止請求などの是正措置を自らとることが必要になる。

　監査役は，必要があれば，監査役は取締役に対して取締役会の招集を請求することができ，請求の日から5日以内に，請求の日から2週間以内の日を会日とする取締役会の招集通知が発せられないときは，請求をした監査役は，自ら取締役会を招集できる（383条2項・3項）。監査役の監査範囲を会計監査に限定する定款の定めがある会社の監査役には，この職務権限はない（389条7項）。

　(ウ)　取締役会出席義務　　監査役は，取締役会に出席し，議決権はないものの，議事に参加し，必要があると認めるときは意見を述べなければならない（383条1項）。業務執行取締役の職務の執行状況は3ヵ月に1回以上取締役会に報告されるので（363条2項），これによっても監査役は調査権限等を行使する機会を得る。監査役の監査範囲を会計監査に限定する定款の定めがある会社の監査役には，この職務権限はない（389条7項）。

　(エ)　株主総会に対する報告義務　　監査役は，株主総会の提出議案等を調査し，法令・定款違反などの事項があれば調査結果を株主総会に報告しなければならない（384条）。監査役の監査範囲を会計監査に限定する定款の定めがある会社では，会計に関する調査に限られる（389条4項）。これは，監査役の

株主総会に対する一般的な調査・報告義務であり，決算監査については，監査報告の作成義務がある（436条以下）。

　　(ｵ)　違法行為等差止請求権　　監査役は，取締役が法令・定款に違反する行為をし，またはするおそれがある場合で会社に著しい損害が生じるおそれがあるときは，取締役に対し，当該行為をやめるように請求できる（監査役の違法行為等差止請求権。385条1項）。監査役の監査範囲を会計監査に限定する定款の定めがある会社の監査役には，この職務権限はない（389条7項）。

　監査役の差止請求によっても取締役の違法行為等を阻止できないときは，監査役は訴えを提起し，また仮処分を申請することができる（民保23条。東京地決平20・11・26資料版商事法務299・330）。監査役は，会社の機関としての地位において仮処分を求めるものであるから，裁判所は監査役に担保を立てさせない（385条2項）。

　　(ｶ)　会社・取締役間の訴訟における会社代表　　監査役設置会社においては，会社が取締役に対し，または取締役が会社に対して訴えを提起するなどの場合，取締役と会社との間における利害衝突を防止するため，また，監査役に業務監査権限が与えられていることから，監査役は，取締役と監査役設置会社との間の訴えにおいて，会社を代表する（386条1項1号）。監査役の監査範囲を会計監査に限定する定款の定めがある会社の監査役には，この職務権限はない（389条7項）。

　取締役に対して訴えを提起するかどうか，弁護士の誰を代理人にするかなど，訴えに関する意思決定も監査役が行う。

　　(ｷ)　各種訴訟の提起権　　監査役（監査役の監査範囲を会計監査に限定する定款の定めがある会社の監査役を除く）はまた，会社の組織に関する行為の無効の訴え（828条2項），株主総会決議取消しの訴え（831条1項）の提起権を有する。

　　(ｸ)　監査報告　　監査役は，事業年度ごとに，監査の結果をまとめた監査報告を作成する（381条1項後段）。監査役の監査範囲を会計監査に限定する定款の定めがある会社では，監査報告も会計に関するものに限られる（389条2項）。監査報告は，定時株主総会の招集に際して株主に提供される（437条）。また，

会社に備え置かれ，株主・債権者等の閲覧に供される（442条）。

　(d)　監査費用　　監査役がその職務執行のための費用の前払や償還等を会社に対して請求する場合，会社は当該費用または債務が職務執行に必要でないことを証明した場合を除き，請求を拒むことはできない（388条）。委任の原則によれば，委任事務の処理に必要であることは受任者の側が証明する必要があるが（民650条），費用の請求を容易にすることで，監査役の独立性の強化・保障を図り，監査の実効性を確保しようとする趣旨である。監査費用には，監査に必要な一切の費用が含まれ，実地調査に要する費用，補助者として弁護士・公認会計士等を依頼する費用，監査役スタッフ（サポートスタッフ）を雇用する費用なども含まれる。

3　監　査　役　会

　(1)　総説　　監査役会は，すべての監査役で組織する会議体である（390条1項）。会社は，定款の定めにより，監査役会を置くことができる（326条2項）。ただし，取締役会設置会社であり，かつ監査役設置会社であることが前提である（327条1項2号）。公開大会社は，委員会型の会社を除き，監査役会を置かなければならない（328条1項）。監査役会設置会社は，非公開会社であっても，その監査役の監査の範囲を会計に関するものに限定することはできない（389条1項・2条9号）。

　(2)　構成　　監査役会設置会社（2条10号）の監査役は，3人以上で，そのうち半数以上は，社外監査役でなければならない（335条3項）。社外監査役の要件は，平成26年会社法改正により社外取締役についてと同様に規制が強化された（2条16号）。特に，親会社の監査役は，子会社の社外監査役にはなれないものとされた（同号ハ）。親会社の監査役は，監査において親会社の利益を子会社またはその少数派株主の利益の犠牲の下で優先するおそれがあるからである。もっとも，親会社の監査役が，子会社の社外監査役ではない監査役を兼ねること自体に問題はなく，親会社による子会社管理という面から，そうした監査役がいることが望ましい場合も少なくない。規制内容は，10年間の冷却期間を置くなど，社外取締役とほぼ同様である。

　すなわち，①監査役に就任する前10年間，その会社または子会社で取締役・会計参与・執行役・支配人その他の使用人であったことがないこと，②社外監査役に就任する前10年間のいずれかの時点で，その会社または子会社で取締役・会計参与・執行役・支配人その他の使用人であったことがないこと，③現在その会社の大株主（自然人），親会社の取締役・監査役・執行役・支配人その他の使用人でないこと，④現在その会社の兄弟会社の業務執行取締役等でないこと，⑤その会社の取締役・支配人その他の重要な使用人・大株主（自然人）の配偶者・2親等内の親族でないこと，である。

　いずれも，会社との過去の関係（しがらみ）や近親関係，あるいは親会社等との関係に左右されない，独立性の高いものを監査役に加えることで，監査機能を向上させようとする規制内容である。

　監査役会は，監査報告の作成，常勤監査役の選定・解職の方針等に関する事項の決定を行う（390条2項）。実効的な監査のためには会社業務に精通した者が必要であり，監査役会は，監査役の中から1人以上の常勤監査役を置くことが必要であるが（同条3項），会社法は常勤監査役の定義規定を置いていない。一般には，会社の営業時間中，監査役の職務に専念する者と解されているが，その半数以上が社外監査役から構成される監査役会において，社内の情報をしっかりと収集し，社外監査役へ伝達する役割を担う者として常勤監査役が期待される。他方で，監査役会設置会社でなければ，その監査役全員が非常勤であってもよい。

　(3)　運営　　監査役の独任制の趣旨に基づき，監査役会は，各監査役が招集できる（391条。招集手続につき392条）。監査役会の決議は，出席監査役ではなく，全監査役の過半数で決定する（393条1項）。一人一議決権であり，他人を代理人とすることが認められない点は取締役会と同様である。議事録に関しても，取締役会と同様である（同条2項〜4項・394条）。監査役会に対する報告（357条1項2項・390条4項）は各監査役への通知をもって代えることができるが（395条），取締役会のような決議の省略は認められていない（370条対比）。監査役会報告の作成については，情報の送受信により同時に意見交換ができる方法により監

査役会を開催することが認められる（会社則130条3項）。

Ⅱ　会計監査人

　会計監査人は会計（計算）の適正さを監査する機関である（396条1項）。会計監査人制度は，会計に関する専門的識見を有する者を関与させることで企業の会計の適正性・正確性を確保することを目的とするが，その職務は取締役により作成された計算書類の事後的なチェックである。会計監査人を置いたとしても監査役の会計監査に関わる権限がなくなるわけでもない。

　大会社では設置が強制されており（328条），その他の会社も任意で設置できる。ただし，監査等委員会設置会社と指名委員会等設置会社では必ず会計監査人を置かなければならない。

　的確な会計監査の実施により計算書類の適正性・正確性を確保するためには，監査役等の場合と同様に，経営陣に対する関係において会計監査人の地位の独立性が確保されていなければならない。そこで，監査役等に会計監査人の独立性を担保する役割を担わせるメカニズムがとられている。

1　資　　格

　会社法は，会計監査人を役員には含んでいない（329条）。外部性を重視しているからであろう。しかし，積極的な資格として会計知識を有する専門家であることが要求される。すなわち，会計監査人は公認会計士または監査法人でなければならない（337条1項）。監査法人の場合，職務執行を行う自然人を選定し，会社に通知しなければならない（同条2項）。的確な会計監査をする上で，会計監査人が監査対象の会社やその経営陣から独立している必要があるため，会社法・公認会計士法に一定の欠格事由が定められている（同条3項，公認会計士法4条・24条〜24条の3）。そのため，公認会計士またはその配偶者が，会社またはその子会社から監査業務以外の業務（たとえば，コンサルタント業務）により継続的な報酬を受けている場合，その会社の会計監査人にはなれない（337条3項2号，公認会計士法24条の2）。当該報酬を得るために監査において手心を加えるおそれがあるからである。欠格事由に該当する者が株主総会で選任された場合，決議

は無効となる。

　会計監査人は株主総会において選任に関する意見を述べることができる（345条5項・1項）。

2　選　任　等

　(1)　選任　会計監査人の選任は，代表取締役・代表執行役に対する独立性を確保するため，取締役会等ではなく，役員と同様に株主総会の決議によって行われる（329条1項。341条の適用はなく普通決議による）。会計監査人はいつでも株主総会の決議により解任することができる（339条1項）。株主総会に提出する会計監査人の選任議案は，取締役・取締役会ではなく，監査役（監査役会設置会社では監査役会，監査等委員会設置会社では監査等委員会，指名委員会等設置会社では監査委員会：以下，本節では，これらの機関を総称して「監査機関」という）が決定する（344条・399条の2第3項2号・404条2項2号）。会計監査人の解任議案および会計監査人を再任しない旨の議案についても同様である（同条）。会計監査人を誰にすべきかの判断を取締役・取締役会に任せると癒着のおそれが生じ，会計監査人の独立性が脅かされかねないので，取締役等の関与をできるだけ排除し，実効的な監査を実現できるようにする趣旨である。

　株主総会で選任された会計監査人と会社との関係は委任に関する規定に従い（330条），その職務を執行するにつき善管注意義務を負う（民644条）。このため，会計監査人も，「通常実施すべき監査手続」に従って監査を実施しなければならない（大阪地判平20・4・18判時2007・104）。会計監査人の任務懈怠責任およびその追及方法は取締役の場合と同様であり，対第三者責任規定（429条1項）も同様に適用され，計算書類や会計監査報告に虚偽記載があった場合の責任も規定されている（同条2項4号）。

　(2)　任期　会計監査人の員数は特に定められていない。任期は選任後1年以内に終了する事業年度のうち最終のものに関する定時株主総会の終結の時までである（338条1項）。任期は1年と短いが，会計監査人特有の定めとして，自動更新制度が法定されている。すなわち，任期満了となる定時株主総会時に別段の定めがない限り，当然再任されたとみなすこととされている（同条2項）。

会計監査人の地位の安定を図るとともに，監査の継続性が重視されるからである。もっとも，会計監査人設置会社が会計監査人を置く旨の定款の定めを廃止する定款変更をした場合，会計監査人の任期はその定款変更の効力発生時に自動的に満了する（同条3項）。

会計監査人の終任（任期満了・辞任・解任等）については，330条（委任の準用），339条（株主総会の普通決議による解任）が取締役の場合と同様である（欠員の措置については346条の1項ではなく4項が適用され一時会計監査人を選任する。854条［解任の訴え］は適用されない）。上場会社等では，会計監査人への信頼を失わせる不祥事が発生してもその解任をするための臨時株主総会の招集が困難な場合が少なくない。そこで，会計監査人に職務上の義務違反等の一定の事由がある場合には，監査機関が会計監査人を解任することができる（全員の同意が必要。340条1項〜2項・4項〜6項）。この場合，解任後最初に開催される株主総会で，解任の旨およびその理由を説明しなければならない（同条3項）。

選任の場合と同様に，解任や辞任についても，会計監査人は株主総会における意見陳述権がある（345条5項・1項〜3項）。

(3)　報酬　会計監査人の報酬等（361条1項参照）は，定款・株主総会決議により定める必要はなく，基本的は経営に関する事項として取締役等が決定してよいことになっている。ただし，取締役が報酬等を決定する場合，監査機関の同意が必要とされている（399条）。

(4)　職務権限　会計監査人は，会社の計算書類およびその附属明細書などを監査し，会計監査報告を作成しなければならない（396条1項）。会計監査人の会計監査は，監査機関による会計監査とは別個になされるいわゆる外部監査である。会計監査人はいつでも会計帳簿等の閲覧権を有するほか，取締役等に対して会計に関する報告を求めることができる（同条2項）。必要に応じて子会社に対しても会計に関する報告を求め，また，会社または子会社の業務および財産の状況を調査することができる（同条3項）。

会計監査人は監査機関と連携してその職務を行うことが期待されている。会計監査人は，取締役の職務の執行に関し不正の行為または法令・定款違反の重

大な事実を発見した場合，直ちに監査機関に報告しなければならない（397条1項・3項〜5項）。監査機関の側から報告を請求することもできる（同条2項・4項・5項）。会計監査人自身は違法行為等を是正させる手段を持たず，監査機関にその対応を任せることになるが，これは会社外部の専門家である会計監査人の負担が重くなりすぎないようにバランスをとり，会計監査に集中させるための規定である。

Ⅲ 会 計 参 与

1 趣 旨

取締役は日々の経営の成果や財産状況を定期的に把握し，事業年度ごとに計算書類（435条2項）を作成し，株主をはじめとする関係者に情報提供しなければならない。しかし，企業会計は複雑で，ときに会計知識を有する者の助けを必要とする。会計参与は平成17年会社法制定時に新設された専門的資格が要求される株式会社の役員で，取締役と共同して計算関係書類（計算書類およびその附属明細書・臨時計算書類・連結計算書類）を作成する権限を有する者である（374条1項）。

株式会社は会計参与を置くことができる。会計参与は，公認会計士または税理士という会計知識を有する専門家という資格要件が定められている（333条1項）。株式会社であっても，必ずしも企業会計に精通した従業員等を雇用しているとは限らない中小企業を対象に，その健全な会計処理を制度的にアシストすることが主たる目的である。

取締役会設置会社は監査役を置く必要があるが，非公開会社で会計参与を置く場合，監査役を置かなくてよいため（327条2項），取締役会設置会社である非公開会社で監査役を置かない会社は，会計参与を置かなければならないことになる。会計参与を置く株式会社を会計参与設置会社という（2条8号）。会計参与は役員に該当するので（329条1項），会計参与と会社との関係は委任に関する規定に従い（330条），会社に対して善管注意義務を負う（民644条）。会計参与が任務を怠ったときは，それにより会社に生じた損害を賠償しなければなら

ない（任務懈怠責任。423条1項）。

2 選任等

　会計参与は，取締役と同様に株主総会決議により選任される（329条・341条）。員数については規定はなく，任期は取締役と同様である（334条1項・332条［4項・5項を除く]）。終了事由には，任期満了，辞任，資格喪失（333条）があり，株主総会における解任（339条），および訴えによる解任の制度（854条）も取締役と同様に適用される。他方，会計参与にはその選任，解任または辞任についての株主総会における意見陳述権，辞任した者につき，辞任後最初に招集される株主総会に出席し，辞任した旨および理由の陳述権が認められている（345条1項～3項）。こうした点は，監査役と同様であり，会計参与も職務の執行の過程で取締役と意見を異にする可能性があり，取締役が会計参与の地位に不当な影響を及ぼすことのないよう牽制しながら株主に情報を提供することを目的とする。

　会計参与の報酬等は，定款または株主総会の決議により定めなければならない（379条1項。2項も参照）。

3 職務権限

　会計参与の職務の中心は，取締役と共同して，計算関係書類を作成することである（374条1項前段）。この職務を適切に遂行できるようにするため，会計参与には会計帳簿またはこれに関する資料の閲覧・謄写および会計に関する報告徴求の権限が与えられている（同条2項）。必要に応じて，この権限は子会社にも及ぶ（同条3項・4項）。

　会計参与が職務を行うに際して，取締役（指名委員会等設置会社では執行役も）の職務の執行に関し不正の行為または法令・定款に違反する重大な事実があることを発見したときは，遅滞なく，これを株主（監査機関がある場合は監査機関）に報告しなければならない（375条）。取締役会設置会社の会計参与は，計算関係書類を承認する取締役会（436条3項・444条5項）の決議に出席し，必要があれば意見を述べなければならない（376条1項）。計算関係書類の作成につき，会計参与が取締役（指名委員会等設置会社では，執行役）と意見を異にするときは，会計参与は株主総会において意見を述べることができる（377条）。

会計参与は，事業年度ごとに会計参与報告を作成しなければならない（374条
1項後段。記載内容につき会社則102条）。会計参与報告は，計算書類等とともに，
会計参与の事務所の中から会計参与が定めた場所（会社則103条）に一定期間備
置し，株主・債権者・親会社社員は閲覧・謄写等請求をすることができる（378
条。当該場所は登記事項である［911条3項16号］）。

Ⅳ　検　査　役

機関に類似するものとして，臨時に設置される各種の検査役がある。たとえ
ば，①変態設立事項についての検査役（33条），②株主総会検査役（306条），③
業務・財産状況調査のための検査役（358条），④募集株式の発行で現物出資財
産の価額調査を行う検査役（207条）など，である。検査役は株式会社の臨時の
機関である。

検査役は，法律に定められた場合（33条・207条・284条・306条・358条）に裁判
所により選任される。検査役の職務内容は選任の根拠となる各規定に定められ
た事項に限定される。検査役の目的は，役員等と無関係な会社の部外者により，
内部監査の穴を補正することにある。旧商法下では，同様の趣旨で法定事項を
調査する株主総会・創立総会において選任された者も検査役とされていたが，
平成17年に制定された会社法では，裁判所により選任される者を検査役とし，
株主総会等で選任される者（94条・316条）と区別した。

検査役の資格につき，会社法上の規定はないが，職務の性質上，取締役・監
査役・会計監査人・会計参与・執行役・支配人その他の使用人は，検査役にな
ることはできない。通常，検査役は弁護士の中から選任される。検査役と会社
との関係は，準委任の関係にあり，委任の規定（民656条・643条以下）が適用さ
れる。検査役の解任権と報酬決定権は裁判所が有する。検査の費用および検査
役の報酬は会社が負担する。

5 ⧓ 委員会型会社制度

　上場会社の機関設計のほとんどが監査役会設置会社であり，指名委員会等設置会社を採用している会社は非常に少ない。これは，3つの委員会を強制的に設置しなければならないことに対する負担感や各委員会の委員の過半数を社外取締役とし，多くの権限を各委員会に委ねることへの抵抗感，とりわけ，取締役会決議でも覆せない強大な決定権限を持つ指名委員会や報酬委員会に対する抵抗感などによるものとされる。

　しかしながら，社外取締役の役割を積極的に評価し，できるだけ多くの社外取締役を取締役会に入れることが望ましいと考える立場（社外取締役にガバナンス機能を期待する法制は近年の諸外国の大きな流れである）から，指名委員会等設置会社と同様に，社外取締役を中心として監督機能に重きを置いた取締役会を目指しつつ，使い勝手の良い機関設計の創設を望む意見も現れるようになった。くわえて，上場会社のメインストリームである監査役会設置会社は，取締役会の外にある監査役会が取締役の職務執行を監督する仕組みであるが，この仕組みは取締役が監査を担う欧米流と異なっており，従来から海外の投資家等にとって理解されづらいものでもあった。

　そこで，平成26年会社法改正により，監査等委員会設置会社という新しいタイプの機関設計が創設された。上場企業の場合，コーポレートガバナンス・コードにおいて社外取締役の設置が求められていることも，この新たな機関設計の積極的な活用を促進するものといえる。

I　監査等委員会設置会社

1　総　　説

　監査等委員会設置会社は，従来の監査役会設置会社の監査役会の代わりに，社外取締役がその委員の過半数を占める監査等委員会を取締役会に設置する会社である。このとき監査役は置かれず（327条4項），それゆえ社外監査役を重

複して置く必要もない。取締役会と会計監査人を置く会社は，定款に定めることで監査等委員会設置会社となることを選択できる（なお，こうした会社は指名委員会等設置会社を選択することもできる）。監査等委員会設置会社になることで，監査役設置会社・監査役会設置会社における監査役・監査役会の役割である監査のすべてと取締役会の役割である監督の一部を監査等委員会に一元化できる。他方，取締役会の過半数が社外取締役である場合，業務の決定権限を取締役会から取締役に大幅に委譲することが認められ，執行と監督を分離することでいわゆるモニタリング・モデルの機関設計が実現できる。

　監査等委員会設置会社を選択するかどうかは会社の任意である。大会社で公開会社でもある会社は，監査役会設置会社・監査等委員会設置会社・指名委員会等設置会社の3つの選択肢があることになる。会社法がこうした機関設計の選択制を認めたのは，コーポレート・ガバナンスの仕組みとして何がベストであるかは必ずしも明らかではなく，複数の仕組みのいずれもが制度としての合理性をもっていると考え，その選択を各社の判断に委ねたからである。

2 監査等委員会

　監査等委員会の委員は取締役であるが，監査等委員である取締役は，それ以外の取締役とは多くの点で区別されており，選任も他の取締役と区別して株主総会の決議により選任される（329条2項）。こうした仕組みは，業務執行機関である取締役会からの監査等委員の独立性を確保する趣旨である。監査等委員である取締役の解任は，株主総会の特別決議による（309条2項7号）など，他の取締役と異なる扱いを受ける。監査等委員である取締役は，3人以上で，その過半数は適格な社外取締役（2条15号）でなければならない（331条6項）。これは同様に社外取締役の監督機能に期待する指名委員会等設置会社にならうものである。監査等委員である取締役は，会社または子会社の業務執行取締役，支配人その他の使用人，子会社の会計参与・執行役を兼ねることができない（同条3項）。取締役の任期については，監査等委員である取締役は選任後2年以内，そうでない取締役は選任後1年以内に終了する事業年度のうち最終のものに関する定時株主総会終結時までである（332条3項・4項）。監査等委員である取締

役の任期は，その独立性を確保する目的から他の者より長く，かつ，この任期は定款または株主総会の決議により短縮することはできない（同条4項）。会社が株主総会に監査等委員である取締役の選任議案を提出するには，監査等委員の独立性の確保の目的から，監査等委員会の同意が必要である（344条の2第1項）。監査等委員会は，監査等委員である取締役の選任を株主総会の議題とすることまたは選任議案を株主総会に提出することを請求できる（同条2項）。

監査役の場合と同様に，監査等委員である取締役の選任，解任，辞任，報酬のいずれにおいても，監査等委員である取締役は意見を述べることができる（342条の2第1項・361条5項）。辞任をした者は，辞任後最初の株主総会で辞任の理由を述べることができる（342条の2第1項～3項）。さらに，監査等委員会が選定する監査等委員は，株主総会において，監査等委員である取締役以外の取締役の選任，解任，辞任，報酬のいずれにおいても，意見を述べることができる（342条の2第4項・361条6項）。これは，社外取締役の経営評価機能の表れであり，監査等委員会は，指名委員会等設置会社の指名委員会の有する権限（404条1項）とは異なるが，それに類似した権限も有することになる。

監査等委員である取締役の独立性の確保のため，株主総会における取締役の報酬等にかかる決議に関し，監査等委員の報酬等は，それ以外の取締役の報酬等と区別して定める（361条2項・3項・5項）。

3　監査等委員会の権限

監査等委員会はすべての監査等委員から構成され，監査等委員はすべて取締役である（399条の2第1項・2項）。最大の職務は，取締役の職務執行の監査と監査報告の作成であるが，そのほか，株主総会に提出する会計監査人の選任・解任，会計監査人を再任しないことに関する議案の内容の決定や監査等委員以外の取締役の選任・解任，報酬についての意見を決定することもその職務である（同条3項）。監査等委員会の権限を取締役会の権限とすることはできない。

監査等委員会で選定された監査等委員は調査を行う権限を持つこと，各監査等委員は取締役会や株主総会への報告義務があること，および取締役の行為を差し止める権限があること，監査等委員会で選定された監査等委員は（監査等

委員が訴訟当事者である場合を除き) 会社・取締役間の訴訟で会社を代表する権限があることが定められている (399条の 3〜399条の 7)。監査等委員会の運営は, 指名委員会等設置会社の監査委員会の運営と同様である (399条の 8〜399条の12)。

　監査等委員会の監査は, 指名委員会等設置会社の監査委員会と同様に, 内部統制システムを利用して経営の妥当性まで踏み込んだ監査を委員会として行うことが期待されている (大会社でなくても内部統制システムの整備に関する決定が義務づけられている [399条の13第 1 項 1 号ハ])。

4　取締役会の権限

　監査等委員会設置会社における取締役会の権限は, 業務執行の決定と監督および代表取締役の選定・解職である。代表取締役は, 監査等委員である取締役以外の取締役の中から選定しなければならない (399条の13第 3 項)。監査等委員会設置会社において業務を執行するのは, 代表取締役または代表取締役以外の取締役であって取締役会の決議により当該会社の業務を執行する取締役として選定されたもの (363条 1 項) である。

　監査等委員会設置会社の取締役会の権限に関しては, 一般の取締役会 (362条) と異なり, 監視・監督の職務が重視され, 必ずしも細目的な事項を決定するのが適切ではないと考えられている。それゆえ, ほかに必ず決定しなければならない事項としては, 経営の基本方針と監査等委員会の職務執行についての省令事項, 内部統制システムの整備が定められている (399条の13第 1 項・ 2 項)。通常, 会社の取締役会の法定決議事項 (362条 4 項) や重要な業務執行の決定については, 取締役に委任できないことを原則とするが (399条の13第 4 項), 一定の要件を満たす場合, 指名委員会等設置会社の執行役への委任と同様に, 取締役への委任も認められている。すなわち, 取締役の過半数が社外取締役である場合には, 取締役会決議で重要な業務執行 (指名委員会等設置会社で執行役に委任できない事項である416条 4 項各号の事項に対応する事項を除く) の決定を取締役に委任することができる (399条の13第 5 項)。また, このような社外取締役要件を満たさなくても, 定款で定めれば, 重要な業務執行 (同様の委任できない事項を除く) を取締役に委任できる (同条 6 項)。これらは, 監査等委員である社外取締

役等が業務執行者の監督に専念できるようにすることが望ましいとの考えから，取締役会で決定すべき業務執行の範囲をできるだけ狭くできるようにして，業務執行者に対し，業務執行の委任を広く認めている。取締役会の招集権者が定められている場合でも，監査等委員会の選定する監査等委員は取締役会を招集することができる（399条の14）。

　監査等委員会設置会社における特則として，監査等委員以外の取締役と会社との間の利益相反取引（356条1項2号3号）につき，当該取引につき事前に監査等委員会の承認を受けた場合，当該取引により会社に損害が生じたときの取締役の任務懈怠の推定規定（423条3項）を適用しないとされている（同条4項）。これは，監査等委員会設置会社限定で認められる定めであるが，こうした権限は，監査等委員会が監査機能のみならず，監督機能も担っていることの表れとされる。しかしながら，監査等委員会が単なる監査機関を越え，監督機能を持っていることは，利益相反取引の任務懈怠推定を外す（司法審査の基準を緩和する）理由としては説得的ではない。それゆえ，むしろ，理論的な整合性から離れ，監査等委員会設置会社制度の利用を促す（甘味剤［スィートナー］としての）政策的配慮によるものと解する立場もある。

II　指名委員会等設置会社

1　総　　説

　指名委員会等設置会社制度は，米国の上場会社に典型的なコーポレート・ガバナンスの構造（いわゆるモニタリング・モデル）を参考に，平成14年会社法改正により創設された。当初は委員会等設置会社と呼ばれ，平成17年会社法制定により，委員会設置会社と改称された。平成26年会社法改正で，監査等委員会設置会社が新設されたのに伴い，これと区別するために，指名委員会等設置会社に改められた。取締役会と会計監査人を置く会社は，定款に定めることで指名委員会等設置会社を選択できる。指名委員会等設置会社では，業務執行と監督の分離を推し進めるため，それ以外の会社と大きく異なるガバナンス規整が置かれている。すなわち，①取締役会の役割は，基本事項の決定と委員会メン

バーおよび執行役の選定・選任等の監督機能が中心で，指名委員会・監査委員会・報酬委員会の３つの委員会（社外取締役が過半数）が監査・監督の役割を果たす，②監督と執行が制度的に分離され，業務執行は執行役が担い（取締役は原則として業務執行できない），会社を代表する者も代表執行役となるほか，業務の意思決定も執行役にその多くが委ねられる（取締役が執行役を兼ねることは可能）。こうした指名委員会等設置会社を選択するかどうかは，会社の任意である。

2 特 徴

指名委員会等設置会社の最大の特徴は，業務執行と監督の分離が強化されていることである。業務執行と監督を分離した結果として，業務執行を行う者によるスピーディーな経営が可能となる。指名委員会等設置会社では，執行役が業務執行に関する意思決定と執行をする（418条）。監査役会設置会社でも，取締役会が業務執行に関する意思決定や執行権限を代表取締役に委ねることはできたが，重要な業務執行については取締役会が決定しなければならない（362条４項）。

他方，指名委員会等設置会社では，業務執行の意思決定を大幅に執行役に委ねることが可能である（416条４項）。指名委員会等設置会社は，３つの委員会，取締役会，（代表）執行役，会計監査人（代表取締役・監査役（会）の不設置）がワンセットとなっており，任意に設置できる機関は会計参与のみである。

3 取締役会

指名委員会等設置会社の取締役は原則として会社の業務執行をすることができない（415条）。これは，通常，取締役会設置会社では代表取締役などの業務執行取締役が取締役の中から選定され，これらの者が会社の業務執行を担当することと対照的である（363条１項対比）。取締役会は執行役の監督に特化する。取締役会は執行役を選任するとともに，３つの委員会（指名委員会・報酬委員会・監査委員会）の各委員を選定する。取締役会は，経営の基本方針などを決定するほか，執行役・取締役の職務を監督する（416条１項）。取締役会に設置される３つの委員会の委員は取締役の中から選ばれ（400条２項），各委員会の過半

数を社外取締役としなければならない（同条3項）。指名委員会等設置会社は，社外取締役によるチェック機能が果たす役割に期待するところが大きい。くわえて，社外取締役による監督機能の強化のため，社外取締役が中心となる委員会の権限はきわめて強く，指名委員会および報酬委員会の決定については取締役会が決議によりこれを覆すこともできない。

　同一の取締役が複数の委員会のメンバーを兼ねることは可能である。また，監査委員会の委員を除き，執行役等を兼ねることもできる（400条4項）。指名委員会等設置会社においては，3つの委員会の中でも，監査委員会が中心的な役割を果たすことが期待されている。指名委員会等設置会社の取締役の任期は，選任後1年以内に終了する事業年度のうち最終のものに関する定時株主総会の終結時までであり，非公開会社であっても定款により延長できない（332条2項・6項）。指名委員会等設置会社では，監督に特化した役員（監査役）がいない（監査担当の役員である監査委員は，同時に取締役としての業務執行の決定も行う）ことを考慮し，株主総会での選任を通じた株主による直接の監督を受ける機会をなるべく多く持たせるためである。

4　3つの委員会

　指名委員会等設置会社に設置される3つの委員会（2条12号）は，委員である取締役3人以上で組織され，委員は取締役会において選定される（400条1項・2項）。各委員会の委員の過半数は社外取締役でなければならない（同条3項）。従来，指名委員会等設置会社ではない取締役会設置会社では，特定の取締役が社内権力を事実上把握し，取締役会の監督機能には期待できない例も見受けられた。そこで，社内の序列に縛られず特定の取締役に支配されない社外取締役に各委員会の過半数を占めさせることで，特定の取締役に支配されない各委員会を確立させることで，取締役会の監督機能の強化が期待されている。

　各委員会の委員には別の取締役を充てなければならないわけではないので，指名委員会等設置会社では，最低2人の社外取締役を置く必要がある（各委員会の委員を3人として，社外取締役がすべての委員会の委員を兼任する場合であるが，最小の構成は各委員会の委員の職責の重さを考えると望ましい選択ではない）。

　なお，監査委員は，その会社・子会社の執行役・業務執行取締役，または子会社の会計参与・支配人その他の使用人を兼ねることができない（400条 4 項）。

　各委員会の運営については，招集や決議・議事録につき，取締役会と類似のルールが定められている（410条～413条）。各委員会の活動をバックアップするため，費用の償還請求などの権利も定められている（404条 4 項）。

　委員はいつでも取締役会の決議で解職できる（401条 1 項）。欠員の場合の権利義務の継続・一時委員の選任等につき，同条 2 項～ 4 項参照。

　(1)　指名委員会　　株主総会に提出する取締役（および会計参与）の選任・解任に関する議案の内容を決定する（404条 1 項）。監督機関としての取締役会の執行役に対する独立性を高めるため，取締役会の構成員の人事権を社外取締役を中心とする指名委員会に委ねた。

　(2)　監査委員会　　①執行役等（執行役・取締役・会計参与）の職務の執行の監査および監査報告の作成，②株主総会に提出する会計監査人の選任・解任および会計監査人を再任しないことに関する議案の内容を決定，する（404条 2 項）。監査委員会は，監査機関の権限に相当する権限を有するほか，いわゆる妥当性監査の権限も有し，会社法は詳細な規定を定める（405条～407条・408条）。なお，計算書類の監査につき，監査委員会が決算監査を行う（436条以下）。

　(3)　報酬委員会　　執行役等の個人別の報酬等の内容を決定し（361条 1 項，379条 1 項・ 2 項の適用はなく，定款または株主総会の決議も不要），執行役が支配人その他の使用人を兼ねているときは，その支配人その他の使用人の報酬等の内容についても決定する（404条 3 項）。取締役や会計参与の報酬等の決定に執行役が事実上関与することを防ぐことで，執行役からの取締役・会計参与の独立性を確保するとともに，執行役報酬に関するお手盛りを防止し，執行役の業績に相応した報酬等にすることが報酬委員会を設置する趣旨である。

　報酬委員会は，執行役等が受ける個人別の報酬の内容の決定に関する方針を定めたうえで，それに基づき各報酬を決定する（409条）。

5　執　行　役

　(1)　意義　　執行役は，指名委員会等設置会社の業務を執行する者である

（418条2号）。執行役の中で，指名委員会等設置会社を代表する権限を持つ者を，代表執行役という（420条1項）。

(2) 執行役　指名委員会等設置会社は，業務執行を担う機関として1人以上の執行役を置かなければならない（402条1項）。執行役は取締役会決議により選任され（同条2項），任期は1年（選任後1年以内に終了する事業年度のうち最終のものに関する定時株主総会終結後最初に招集される取締役会の終結時まで［同条7項］）である。執行役の選任権限が取締役会にあり，取締役の任期が1年であることと平仄を合わせている。資格に関しては取締役の規定が準用され，一定の欠格事由がある（同条4項・331条1項）。取締役との兼任は可能であり（402条6項），使用人との兼任も特に禁じられていない。会社との関係は，委任の関係であり（402条3項），職務執行につき善管注意義務を負う（民644条）。

また，取締役の忠実義務や，競業取引・利益相反取引に関する規定の準用がある（419条2項・355条・356条・365条）。必要な承認のない競業取引による損害に関する推定規定(423条2項)や利益相反取引における任務懈怠責任の推定規定(同条3項)，自己のためになした直接取引の場合の特則（428条）も適用される。

執行役の終任は任期満了，資格喪失，辞任によるほか，取締役会決議によりいつでも解任できるが（403条1項），正当な理由なく解任された場合，損害賠償を請求することができる（同条2項）。執行役が欠けた場合の対応につき，取締役と同様の規律による（403条3項・401条2項～4項参照）。

(3) 職務権限　執行役の権限は，取締役会決議により委任を受けた指名委員会等設置会社に業務の執行の決定（416条4項参照）および指名委員会等設置会社の業務の執行である（418条）。執行役が会社に著しい損害を及ぼすおそれのある事実を発見したときは，ただちに，当該事実を監査委員に報告しなければならない（419条1項）。これは，監査委員会による監査権限の適切な行使のために必要な情報を提供する趣旨である。

執行役が2人以上いる場合における執行役の職務の分掌および指揮命令の関係その他執行役相互の関係に関する事項は，取締役会が決定する（416条1項1号ハ）。業務執行の統一性を確保する上では，1人の代表執行役の指揮命令に

他の執行役は服すべき旨を定めることが多いとされる。しかし，各執行役は相互に指揮命令関係には立たず，自己の担当職務を独立して執行するような制度設計とすることも可能である。

(4) 代表執行役　取締役会は，執行役の中から代表執行役を選定しなければならないが，執行役が1名のときは，その者が代表執行役に選定されたものとされる（420条1項）。代表執行役の解職は取締役会によりいつでも可能である（同条2項）。代表執行役の権限は，会社の業務に関する一切の裁判上または裁判外の行為をする権限である（420条3項・349条4項）。また，表見代表執行役の規定がある（421条）。

6 役員等の損害賠償責任

会社の業務が適正に行われることを確保するため，会社法は，役員等に任務懈怠責任（423条1項）を課す一方で，その責任の免除や制限につき一定の定めを設けている。また，株主が会社に代わり，任務懈怠責任などの役員等の会社に対する責任を追及すること（株主代表訴訟。847条以下）などの株主が会社の業務の適正化を図ることを目的とする権利も定めている。

くわえて，役員等が悪意または重大な過失により任務を怠った場合など一定の場合には，会社以外の第三者も役員等の責任を追及できるものとしている。

I　会社に対する責任

1　任務懈怠責任

(1) 総説　会社法423条1項は，取締役・会計参与・監査役・執行役・会計監査人を合わせて役員等と呼び，これら会社との関係で委任関係にある者が，その任務を怠った場合，会社に対して，任務懈怠により生じた損害を賠償する責任を負わせている（330条参照）。これは，会社に対する損害賠償責任の一般的な根拠規定である。そして，役員等の任務懈怠とは，委任契約上の受任者が負う義務である善管注意義務（民644条）に違反することを意味する。したがって，

善管注意義務違反は任務懈怠に該当し，判例上も，会社や役員等を名宛人とする具体的な法令に違反する行為は，直ちに任務懈怠を構成するものとされる。他方で，予想することが困難な法令違反の可能性も否定できない。こうした場合，取締役に過酷な結果とならないように過失の判断で対応するのが判例の立場であるとされる。なお，任務懈怠に基づく会社に対する損害賠償責任は，役員等だけでなく，発起人・設立時取締役および設立時監査役（53条1項），そして精算人（486条1項）についても会社法で定められている。

　取締役会設置会社における取締役には善管注意義務の一内容として，相互に他の取締役の職務を監視・監督することが期待されている。監視・監督義務に違反した取締役は，任務懈怠責任を追及される可能性がある。ただ，上場会社等の大規模な会社では，業務の多くが各業務担当取締役の下で階層的に従業員に委ねられている。それゆえ，個々の取締役が他の取締役の職務の執行や従業員を直接監視することは現実的でない。

　そこで，大会社である取締役会設置会社では，業務執行の決定として内部統制システムを整備する義務があると考えられており，内部統制システムが適切に機能している会社では，何らかの不正行為の結果，会社に損害が生じたとしても直ちに取締役の任務懈怠責任が追及されるわけではない。

　そして，取締役の任務懈怠の有無を判断する上で，従業員の不正行為が極めて巧妙な手段で行われていたことが認められる場合，当該行為を発見できなかった取締役は会社に対する任務懈怠責任は否定されると解されている（最判平21・7・9判時2055・147）。なお，監査役は取締役の職務の執行を監査する（381条1項前段）以上，取締役会による内部統制システムの整備についても監査しなければならず，監査役は，そうした職務を行う際に善管注意義務を負い，それに違反すれば任務懈怠責任が生じうる。

　会社は，役員等の任務懈怠責任を追及するためには，役員等の任務懈怠，損害の発生，損害と任務懈怠との間の因果関係，損害額（，そして役員等の故意・過失の存在）を立証しなければならない。ただ，これらの立証は常に容易であるとは限らない。そこで，取締役・執行役が違法な競業取引をした場合（たと

えば，取締役会の承認を経ていない場合）は，当該取引により取締役が得た利益を損害額と推定する旨を定めている（423条2項）。

(2) 利益相反取引の特則　取締役・執行役が利益相反取引（356条1項2号・3号）をした場合，（356条1項・419条2項違反の有無を問わず）以下の取締役・執行役につき任務懈怠が推定される（423条3項）。すなわち，①356条1項（419条2項準用）の取締役・執行役（423条3項1号），②会社が利益相反取引をすることを決定した取締役・執行役（同項2号），③利益相反に関する取締役会の承認決議に賛成した取締役（指名委員会等設置会社においては取締役の利益相反取引の場合に限る）（同項3号・369条5項），である。なお，監査等委員会設置会社では，監査等委員以外の取締役が利益相反取引をする場合，当該取引につき監査等委員会の承認を受けたときは，任務懈怠は推定されない（423条4項）。

また，自己のために利益相反取引の直接取引をした取締役・執行役の責任は，無過失責任である（428条1項）。

2　利益供与

利益供与の場合，利益供与に関与した取締役（執行役）は，会社に連帯して，供与した額に相当する額を支払う義務を負い，利益供与行為をした取締役（執行役）は無過失責任である（120条4項）。

会社法は，株主および適格旧株主（120条1項第1かっこ書）ならびに最終完全親会社等（847条の3第1項）の株主（以下，「株主等」）の権利行使に関して会社が財産上の利益を供与することを禁止している（120条）。これに違反して行われた利益供与は，会社の基本秩序に対する違反として無効である。利益供与が取締役・執行役・会社の使用人等により行われたとき，それらの者には重い刑事罰が科せられる（970条1項。会社自体は罰せられない）。株主等の権利行使に関するものであるという会社の意図を知りつつ利益の供与を受けた者，または第三者を受領者として利益を許与させた者も同罪である（同条2項）。利益供与を会社に要求する行為も同じく罰せられる（同条3項）。さらに，利益供与に関する罪を犯した者がそのことを理由として会社関係者に威迫を加える行為も罰せられる（同条4項）。

供与される利益は，供与者の名義のいかんを問わず，会社またはその子会社の計算において支出されたことが必要である。相手方に対する債務免除といった会社からの財産移転がない場合も含まれる。しかし，取締役や使用人等の会社関係者による利益供与であっても，株主の権利の行使に関してこれらの関係者が自己のポケットマネーを提供するといった会社・子会社の負担とならない利益供与は規定対象から外れる。もっとも，実質的に見て，総会屋対策費などに充てる目的での手当が会社から支給されている場合は，規制違反となる。

会社法120条1項の「株主の権利の行使に関し」とは，実質的な供与相手方が株主等としての地位に基づき行使することのできるすべての権利の行使・不行使に関するものを含む。それゆえ，株主等の権利行使に関するものである限り，株主等でない者に対する利益供与も違法となりうる。株主の議決権等の権利の行使を回避する目的で，当該株主から株式を取得するための費用を会社が第三者に供与する行為は，株主等の権利の行使に関する利益供与にあたる（最判平18・4・10民集60・4・1273）。なお，「権利の行使に関し」とは，会社側の主観的要件に過ぎず，供与の相手方において会社側の意図を認識していないことや，会社の意に沿う行為を現実に行うことはその要件ではない。

3　剰余金分配

分配可能額を超えて剰余金分配がされた場合，業務執行者（取締役等）は，分配された額を会社に支払義務を負うが，無過失を立証したときは，この責任を免れる（462条1項・2項）。

4　責任を負う者

会社に対して責任を負う者は，任務懈怠の作為（不作為）をした取締役ら役員等であるが，こうした行為が取締役会等の決議に基づいてされた場合，その決議に賛成した者も，それが任務懈怠に該当するときは，同一の責任を負う。決議に参加した取締役は，議事録に異議をとどめておかないと決議に賛成したものと推定される（369条5項）。

任務懈怠につき責任を負う取締役等が複数いる場合には連帯責任となり（430条），各取締役等が負担する損害賠償額は同じであることが原則である。ただ，

上場会社等においては損害賠償額が極めて高額になる場合もあり，任務懈怠に関与した程度や責任を負うべき期間の長短等，取締役等の責任原因の関与に応じて取締役等が負うべき損害賠償額を個別に算定すべきであろう。個々の取締役等の寄与度に応じて損害賠償額を別個に算出する判例もみられる（大阪地判平12・9・20判時1721・3）。

II　役員等の責任追及と免責・軽減

1　総　　説

　会社の業務が適正に行われることを確保するため，会社法は，役員等に任務懈怠責任（423条1項）を課すとともに，株主が会社に代わり，任務懈怠責任を含む役員等の会社に対する責任を追及する株主代表訴訟（847条）等の，株主が会社の業務の適正化を図るための権利も定めている。他方で，役員等の責任の免除・軽減につき一定の規制を定めている。

2　株主代表訴訟

　会社が取締役等に対して有する権利を，一定の場合，株主が会社に代わって行使することが認められる。米国法を参考に昭和25年改正で導入された制度である。この場合，株主は会社の機関として行動することになる。これまでに，実際に提訴されたケースはそれほど多くはないが，政治献金事件・証券損失補塡事件・銀行の内部統制に関する事件等，世間の注目を集めた事件が少なくない。

　取締役等の責任は本来，会社が原告となって訴えを提起すべきものであるが，取締役間の仲間意識などから，会社が必要な責任追及を怠ったり，真摯に訴訟追行をしなかったりする，いわゆるなれ合いが生じ，その結果，会社ひいては株主の利益が害されるおそれがある。そこで，株主自らが役員等に対し，会社に代わって責任追及する訴えを提起することが認められている。このような株主による訴訟追行の可能性が認められた訴えを，会社法では「責任追及等の訴え」と呼んでいる（会社自身が原告となる場合も「責任追及等の訴え」に含まれる[847条1項]）。そして，このうち株主が原告となって提起する責任追及等の訴えを，一般に株主代表訴訟と呼ぶ。原則として，6ヵ月前から引き続き株式を

有する株主に対して，会社を代表して会社の有する請求権を代位して役員等に対する責任追及を行う機会が与えられている。株主代表訴訟の対象となるのは，発起人・設立時取締役・設立時監査役・役員等・清算人（同項第4かっこ書），そして，株主の権利行使に関して利益供与を受けた者（120条3項），不公正な払込金額で募集株式また募集新株予約権を引き受けた者（212条1項・285条1項）と，出資履行を仮装した者（102条の2第1項・213条の2第1項・286条の2第1項）である（847条1項本文）。なお，会社が取締役等を訴える場合も，株主が代表訴訟で取締役等を訴える場合も，なれ合い訴訟となる弊害に備えるため，訴訟告知（849条4項・5項）・再審（853条）の特則を定めている。

提訴要件を充足する株主は，まず，会社に対して上記相手方に対する責任追及の訴えを提起するよう請求しなければならず，請求の日から60日以内に会社が訴えを提起しないときに，自ら訴えを提起することができる（847条1項～3項）。ただし，上記期間を待っていると，時効完成や財産の隠匿などにより会社に回復不能な損害が生じるおそれがあるときには，会社に対する提訴請求なしに直ちに訴えを提起することができる（同条5項本文）。

株主代表訴訟は，地方自治法における住民訴訟（地自242条の2）と同様の発想によるものであるが，会社の権利の実現という直接的な意義だけでなく，会社の諸機関またはその構成員に対する強力な規律付けという効果も期待されている。原告となる株主への給付を請求する訴訟ではないことから，提訴費用が請求額のいかんに関わらず低額（13,000円）に固定されていることも（847条の4第1項・民訴費4条2項），活発な訴訟提起に大きく寄与している。株主代表訴訟は，提訴株主に対する経済的見返りが必ずしも明確でないため，役員等の責任が追及されるために効果的に利用されるように保障しつつ，他方で，会社・株主全体の利益を真に確保する目的でこの制度が利用されるようにする工夫が求められる。会社法は，前者の保障として，訴額の定額制（847条の4第1項）のほか，費用償還請求（852条1項）などを法定するとともに，後者の工夫として，担保提供（847条の4第2項），不提訴理由書（847条4項），役員サイドへの会社の補助参加（849条1項）などの制度を規定している。

　株主代表訴訟の制度は法定されているため，役員等の任務懈怠責任は，総株主の同意がないと免除することはできない（424条）。なお，訴訟上の和解をすることは認められ，この場合，責任免除に総株主の同意は不要となる（850条4項）。会社が和解の当事者でないときは，会社の承認が必要である（同条1項）。裁判所は，会社に対して和解内容を通知し，かつ，その和解に異議があれば2週間以内に述べるべき旨を催告し（同条2項），会社がその期間内に書面で異議を述べなかったときは，上記による通知の内容で和解することを承認したものとみなされる（同条3項）。

3　多重代表訴訟

　多重代表訴訟とは，親子会社や持株会社をトップに有するグループ企業において，親会社や持株会社の株主が子会社の取締役等の子会社に対する責任を追及する訴えである。子会社の取締役等に子会社に対する責任がある場合，本来，株主である親会社や持株会社が子会社の取締役等の責任を追及すべきである。しかし，親会社と子会社取締役等との密接な関係などから責任追及がなされないおそれがあるため，平成26年会社法改正により，親会社株主の保護のため，多重代表訴訟制度を創設した。

　孫会社を含む多重構造を有することもあるので，多重代表訴訟と呼ばれ，「最終完全親会社等の株主の特定責任追及の訴え」（847条の3）と規定されいる。この「最終完全親会社等」とは，たとえば，X社はY社にすべての株式を保有され，Z社がY社のすべての株式を保有する場合におけるZ社を指し（同条1項），「完全親会社等」には，完全子会社等と合算で完全子会社のすべての株式を保有する場合も含まれる（同条2項）。特定責任は，小規模な子会社の取締役は完全親会社の使用人的な地位にあるため，親会社株主による責任追及の対象とすることは酷な結果にもなりかねないので，子会社の株式の帳簿価額が親会社の純資産額の5分の1を超える場合に限り，認められるものである（同条4項・会社則218条の6）。この20%ルールは，子会社の取締役等の責任の原因となった事実が生じた日において満たされている必要がある。また，「原告適格」として，親会社の株主の持株要件は，100分の1以上を6ヵ月前から保有していなけれ

ばならない（847条の3第1項本文・6項）。会社に最終完全親会社等がある場合，特定責任を総株主の同意で免除するには（55条・103条3項・120条5項・424条［486条4項で準用する場合を含む］・462条3項ただし書・464条2項・465条2項），対象会社の総株主の同意のほか対象会社の最終完全親会社等の総株主の同意も必要である（847条の3第10項）。一部免除や責任限定契約についても，対象会社だけでなく，対象会社の最終完全親会社等においての手続きが必要である（425条・427条参照）。

4 違法行為等差止請求権

株主代表訴訟は，すでに行われた違法行為等につき，会社内部の機関が責任追及等の訴えを提起せず，会社の請求権を放置するという不適切な状態を解消するため，一定の手続きにより，株主が会社のために役員等に対する責任追及の訴えを提起することを認めるものである。これに対して，違法行為等差止請求権は，現に行われ，または，行われようとしている違法行為等について，株主が会社に代わってこれを差し止めることを認めるものである。株主代表訴訟と同様に，法定訴訟担当の一種と解されている。

取締役が法令もしくは定款に違反する行為をし，または，するおそれがある場合，当該行為により会社に著しい損害が生じるおそれがあるときは，6ヵ月前（定款で短縮可）から引き続き株式を有する者は，当該取締役に対して，当該行為をやめることを請求することを認めている（360条1項）。監査役設置会社または委員会型会社では，会社に回復不能な損害が生じるおそれがあるときに限り，株主は違法行為等差止請求をすることができる（同条3項）。指名委員会等設置会社では，執行役が会社の業務執行を行うことから，株主は，執行役の違法行為等の差止請求権も与えられている（422条）。

5 責任免除・軽減

会社法423条1項の任務懈怠を原因とする役員等の会社に対する責任を免除するためには，総株主の同意が必要である（424条）。もっとも，多数の株主がいる上場会社等では，すべての株主の同意を得ることは現実的ではない。また，会社が一定のリスクを負って事業を行う以上，取締役等が萎縮することなく適切な経営判断を行うためには，取締役等の責任を一定の範囲内で軽減すること

には合理性がある。そこで，会社法は，役員の責任の一部を軽減する規定を定めている。

　軽減対象となるものは，423条 1 項の任務懈怠責任に限定され，その任務懈怠につき，役員等に悪意・重大な過失がないことを条件に，①株主総会の特別決議，②定款の授権に基づく取締役会決議，③会社との間で締結される責任限定契約（ただし，業務執行に従事しない取締役［427条 1 項第 1 かっこ書］，会計参与，監査役，会計監査人に限る。以上の者を「非業務執行取締役等」という）のいずれかにより，役員等の損害賠償額を一定範囲に限定することが可能となる（425条〜427条・309条 2 項 8 号）。

　損害賠償責任のうち，免除することができない額（最低責任限度額）は，①代表取締役および代表執行役の場合： 6 年分の報酬に相当する額，②前記以外の取締役（業務執行取締役等である者に限る）： 4 年分の報酬に相当する額，③非業務執行取締役等（業務執行取締役等以外の取締役・会計参与・監査役・会計監査人）の場合： 2 年分の報酬に相当する額，である（425条 1 項）。それゆえ，損害賠償額のうち，上記の最低責任限度額を超える部分の全部または一部の免除が可能となる。

Ⅲ　第三者に対する責任

1　法定の特別責任

　役員等がその任務に違反した場合，本来的には，会社に対する関係で責任を負うのみであるが，その結果，株主や会社債権者が損害を受ける場合もあり，会社法は，役員等に会社以外の第三者に対する特別の責任を定めている。すなわち，役員等がその職務を行うについて悪意または重過失があったときは，当該役員等は，これによって第三者に生じた損害を賠償する責任を負う（429条 1 項）。ただ，取締役が職務を執行する過程で第三者に損害を発生させた場合，当該取締役と契約関係にない第三者が損害賠償を請求できるかどうかは，取締役の不法行為責任（民709条）の成否の問題である。にも関わらず，なぜ，会社法は429条の規定を定めているのであろうか。本規定の趣旨については，議論

が分かれているが，判例は，株式会社が経済社会において重要な地位を占めており，しかも，株式会社の活動はその機関である役員等の職務執行に大きく依存していることから，役員等に法定の特別責任を課して第三者の保護を図ったと解している（最大判昭44・11・26民集23・11・2150）。

判例の立場によれば，本規定による責任は，不法行為責任（民709条）とは別個の責任であり，役員等が第三者に対して不法行為責任を負わない場合でも，本規定による責任を負う場合がある。また，役員等が会社に対する任務を怠ったこと（任務懈怠）につき悪意または重大な過失があれば，たとえ第三者に対する加害行為につき悪意または重大な過失がなくても，本規定の適用がある。さらに，役員等の悪意または重大な過失による任務懈怠と第三者の損害との間に相当因果関係がある限り，任務懈怠により会社に損害が生じ，その結果，第三者に損害が生じた場合（すなわち，間接損害の場合）であろうと，任務懈怠により直接第三者に損害が生じた場合（すなわち，直接損害の場合）であるかを問わず，役員等は本規定による責任を追及されることになる。

判例の立場（法定責任説：多数説）によると，429条1項は，第三者保護のため取締役の責任を加重したものとなるのに対し，本規定を不法行為責任の特則であると解する見解（不法行為責任説：少数説）もある。不法行為責任説は，取締役の職務内容の複雑性から取締役が第三者に対して負うことになる不法行為責任（民709条）の主観的要件を「悪意または重大な過失」に限定したのが429条1項であり，同項は取締役の責任を軽減するものであると構成する。不法行為責任説によると，悪意または重大な過失は第三者に対する加害行為について必要であり，損害賠償の範囲は直接損害の場合に限定され，当然，一般不法行為の責任は排除されるこことになる。

任務懈怠に基づいて役員等が会社に対して損害賠償責任を負う場合と同様に，第三者の損害につき複数の役員等が損害賠償責任を負うとき，これらの役員等は連帯債務者となる（430条）。役員等の第三者に対する責任の消滅時効期間は民法166条1項2号所定の10年間であり，遅延損害金の利率は民法404条所定の（3年ごとに法務省令で定められる）変動利率である。

2　虚偽記載等による責任

役員等が，会社法429条 2 項各号所定の書類に虚偽の記載（電磁的記録により作成された場合は，虚偽の記録）をした場合，そのことによって第三者に生じた損害を賠償しなければない。ただし，その者が当該行為をすることで注意を怠らなかったことを証明したときは，この責任を免れる（429条 2 項柱書ただし書）。不実の情報開示を信頼した第三者を保護するために，立証責任が転換された過失責任となっている。なお，役員等が虚偽記載した場合であっても，当該虚偽記載と第三者の損害との間に相当因果関係が認められなければ，責任は追及されない（東京地判平17・6・27判時1923・139）。

3　会社補償・D&O保険

令和元年改正により，補償契約を会社と役員等との間で締結し，それに基づいて補償がされる会社補償の制度を新設した。くわえて，役員等賠償責任保険（D&O保険）も同時に新設した。いずれも，会社役員が職務に関連して民事責任・刑事責任・行政上の責任等を問われうるのであり，こうした責任追及に対して適切な形で役員等の金銭的なバックアップを図ろうとするものである。

(1)　会社補償　役員等が職務執行にあたり，任務懈怠として会社に対して責任を負う場合，あるいは，第三者から損害賠償を請求されたり，刑事事件における被告人になる場合もある。そうした状況において役員等に生じる弁護士費用等（防御費用）を会社が負担する内容の契約を補償契約という（430条の 2 第 1 項 1 号）。とはいえ，通常の合理的な範囲を超える費用の補償は認められない（同条 2 項 1 号）。そして，職務執行にあたり，第三者に対する民事責任を負う場合において，役員等が善意・無重過失であるときは，損害賠償金や和解金を会社が負担する契約を結ぶこともできる（同条 1 項 2 号）。ただ，会社と役員等が第三者に対して連帯責任を負う場合は，当該役員に負担部分につき会社が補償することは認められない（同条 2 項 2 号）。

役員等が職務執行にあたり，会社に対する損害を賠償する責任を負う場合における損害賠償金や和解金は会社補償の対象外である。これを，仮に対象内としてしまうと，役員等の会社に対する損害賠償責任の免除と実質的に同じに

なってしまう。免除の手続きによることなく，会社に対する損害賠償金や和解金を補償することは不適切とされたために対象外とされたのであろう。

　補償契約に基づく会社補償が取締役に対して行われた場合，補償をした取締役・補償を受けた取締役は，遅滞なく，補償についての重要な事実を取締役会に報告しなければならない（430条の2第4項）。

　(2)　D&O保険　　役員等の任務懈怠責任は会社に対する責任であるため，株主の意思により減免（軽減・免除）できるが，第三者に対する民事責任は株主総会の決議で減免することは不可能である。そこで，会社が損害保険会社等と契約を結び，役員等が第三者に対する賠償責任を負った場合に損害賠償金が保険金として支払われる，といった内容の保険契約を役員等賠償責任保険（D&O保険）という。忠実義務違反や法令違反を故意に行った場合は除かれている。D&O保険の主な支払対象は，確定判決による損害賠償金と和解により合意された和解金が想定される。一般的な保険約款と同様，税金・罰金・科料・過料・課徴金などは損害賠償金に含まれず，保険金の支払対象外である。

　会社補償の場合とは異なり，取締役会に対する事後報告の規定はないが，事業報告において，被保険者・保険の概要を開示しなければならない（会社則119条2号の2・121条の2）。保険料・保険金額・保険金支払事象の有無・実際に支払われた額等は開示対象ではない。開示項目を広げることで，濫訴や訴額・和解金のつり上げなどのリスクが高まるとみるむきもあるが，開示事項が少ないとの意見もある。

～ Column ～

社外取締役

　令和元年7月時点において，東京証券取引所の全上場会社における社外取締役の選任比率は約98%であり，市場第1部に限れば，ほぼ100%であった。こうした状況の下，令和元年12月の会社法改正により，上場会社の社外取締役の設置義務が規定された（327条の2）。ただ，改正法の対象会社の大半では設置が進んでおり，実務的な影響は小さい。令和5年7月時点では，プライム市場（旧市場第1部）上場会社で，取締役の3分の1以上が社外取締役である会社は

約95%であり，東証全上場会社でも約70%である。そのため，令和の時代では，社外取締役の数は大きな問題とはならず，社外取締役の質，すなわち，社外取締役の働き・機能に大きな期待・課題が寄せられている。

　日本の社外取締役制度の母法でもある米国の域には遥かに及んではいないものの，日本でも「数」は当然とされ，次のステージである「質」，具体的には，社外取締役のスキル，さらには具体的な働きが強く期待され，時に，厳しくその中身が問われうる時代にほぼ突入している。

第6章

資金調達

1 ▶ 総　　説

　会社がその企業活動に必要な資金を調達する方法には様々なものがあるが，それらは大きく分けると内部資金の調達と外部資金の調達に分類される。このうち，内部資金の調達とは，本来，株主に配当すべき財産を会社内に留保する形で実現される資金調達をいう。具体的には，任意積立金の計上などの内部留保をいい，減価償却も，取得原価で資産評価する原則をもとに，期間損益計算に基づく費用計上により剰余金額が圧縮されることから，株主への配当額を減らす効果を有する。これに対して，外部資金の調達は，株式発行などを中心とした自己資本の調達と，社債の発行・銀行借入れなどを中心とする他人資本の調達に分けられる。

　自己資本の調達（株式発行など）は，株主への返還が不要なため長期に活用できる資金が得られ，投資者（株主）に対するリターンも業績に応じて柔軟に対応できる。すなわち，分配可能額規制があるため，業績が悪い場合や次期以降の会社資産を十分に残しておきたい時には，配当額を減少させたり，無配当とすることもできる。これに対して，株主に配当の形で経済的なリターンを与える必要がある場合には，その際の法人所得について法人税の負担がかかるというデメリットもある。

　これに対して，他人資本の調達（社債の発行・銀行借入れ等）は，迅速かつ低コストでの資金調達が可能であり，短期の資金調達手段として適しており，支払利息は費用として計上され，法人税の節約効果が得られる。その反面，償還

期限が来れば返済しなければならず，予め定められた利息の支払いが必要となり，赤字の場合でもその支払義務は免れない。

　2022年度における東京証券取引所上場会社の資金調達の状況は，株主割当ての新株発行が1件・6700万円，公募による新株発行が85件・1292億6400万円（うち新規公開IPO＝77件・737億6300万円），第三者割当てによる新株発行が440件・2733億800万円，優先株式等の発行が18件・629億5800万円である。また，普通社債の発行が393件・8兆7501億円，転換社債型新株予約権付社債の発行が20件・765億9500万円となっている。このように，現在の上場会社では，普通社債の発行が主要な資金調達方法となっている（日本取引所グループH.P.「上場会社資金調達額（年間）」参照。https://www.jpx.co.jp/markets/statistics-equities/misc/06.html）。

　株式会社制度の最大の特徴は，証券市場を利用した幅広い資金調達の実現を図ることが可能な点にある。すなわち，株式・新株予約権の発行を中心としたエクイティ・ファイナンス，および社債の発行を中心としたデット・ファイナンスにより，世界の投資者から幅広く多額の資金を調達して，巨大な事業展開を可能にする制度が置かれている。以下では，このような株式会社に特徴的な資金調達方法として，募集株式の発行，新株予約権の発行，および社債の発行に関する会社法上の規律を取扱う。

2　募集株式の発行

I　募集株式の発行の意義

　株式会社が，その設立後に新たに株式を発行することにより資金調達を実現すること，すなわち，株主となる者に新たに金銭の払込みまたは現物出資をさせて株式を発行する場合を「通常の新株発行」という。これに対して，株式分割，株式無償割当て，および吸収合併・吸収分割・株式交換などの組織再編行為に伴う新株発行は，資金調達を目的としないことから「特殊の新株発行」と言われる。会社法は，このうち通常の新株発行について，自己株式の処分を含

めて,「募集株式」の発行等という一元化な規律を設けている (199条1項参照)。すなわち,自己株式の処分とは,株式会社が分配可能額を用いて株主から回収して保有している自己株式を投資家に売却する点において,既存株式のリサイクル利用による資金調達の実現という点で,通常の新株発行の場合とは株式が古いか新しいかの違いがあるだけで実質的には同じであることから,その規律を統一化している (「募集株式の発行等」=「新株発行」+「自己株式の処分」。以下,本章では,自己株式の処分を含めて「募集株式の発行」と表現する。)。

II　募集株式の発行の性質

　募集株式の発行を会社法上どのように位置づけるかについては,2つの異なる立場が考えられる。第1に,募集株式の発行によって,新たに株主となる者が出現し,その払込みなどの出資の履行により,通常,株式会社の資本金・資本準備金,および資産額が増加する。これは,株式会社組織の人的・物的拡大であり,その決定は組織に関する重要な事項と位置づけることができる。他方,第2に,募集株式の発行は,株式会社の資金調達を実現するために行われることからすれば,資金調達手段の1つにすぎず,株式会社にどのような資金需要があり,その実現のための多種多様な資金調達手段の中でどれを選択するかは,高度な経営判断事項であると位置づけることもできる。

　ところで,会社法は,株式会社について所有と経営の分離を前提にした制度設計をしており,公開会社をはじめとする取締役会設置会社においては,会社組織の重要な事項は株主総会の決議事項とし (295条2項・309条2項など参照),会社の業務執行に関する重要な事項は取締役会の決定事項とする (362条2項1号・362条4項など参照) 権限分配を基本としている。

　それでは,募集株式の発行に関する決定権限をどのように帰属させるべきか。この点,定款による株式譲渡制限の定めを置く非公開会社については,既存株主の持株比率維持の利益が重視され,他方,資金調達のために募集株式を発行するニーズはそれほど高くない。また,非公開会社における募集株式の発行は,会社支配権の確立を目的に行われることが多いことから,募集株式の発行は会

社組織に関する重要な事項であると位置づけられ，原則として株主総会の特別決議事項とされている（199条2項・309条2項5号）。これに対して，公開会社（2条5号）の場合には，株式の自由譲渡性が保障され（127条），一般投資家の参加が予定されているため，株主の持株比率維持よりもむしろ投資の利益が優先される。そこで，株式の経済的価値を高めるためには，迅速・機動的な資金調達の実現という会社経営上の利益を優先すべきことから，募集株式の発行を資金調達の一手段として捉え，いわゆる授権株式（資本）制度が採用され，発行可能株式総数の枠内において，その決定は取締役会に委ねられている（201条1項）。

　募集株式の発行に関する重要事項としての募集事項（199条1項各号）の決定が株主総会の特別決議事項とされている非公開会社においては，適切な総会運営に基づく決議が行われたかどうか等をもとに，当該発行をめぐる利害調整を実現すれば足りる。これに対して，公開会社においては，既存株主が関与することなく，取締役会の判断のみで募集株式の発行が行われることから，既存株主の利益確保を踏まえた適切な利害調整を実現することが必要となる。そこで，以下では，主に公開会社における募集株式の発行の手続きを概観する。

Ⅲ　授権株式（資本）制度

　株式会社は，その成立の時までに，会社が発行することができる株式の総数（＝「発行可能株式総数」）を定款に定めなければならず（37条1項・2項），公開会社においては，その設立時に，発行可能株式総数の4分の1以上の数の株式を発行しなければならない（37条3項）。また，既存株主の持株比率低下の不利益に限界を設けるため，発行可能株式総数は発行済株式の総数の4倍を超えてはならないとされている（＝4倍ルール。113条3項参照）。これに対して，非公開会社では，発行可能株式総数を制限する規律は設けられていない（37条3項ただし書）。非公開会社では，株式の発行に株主総会決議が必要であり，既存株主の利益は総会決議の手続きにおいて図ることができるためである。

　公開会社の取締役会は，発行可能株式総数から設立時発行株式の総数を引いた数（設立時発行株式の総数を最小限に定めている場合には，発行可能株式総数の

4分の3が上限となる。）の範囲内で（自己株式の処分の場合にはこのような制限はない。），募集事項を決定することができ（201条1項・199条2項），これは，株主から取締役会に株式発行（もしくは資本増加）に関する権限が授与されていることを意味するため，授権株式（資本）制度と言われる。

また，募集株式の発行は，その割当先，つまり株式を誰に発行するのかという視点から，株主割当て，公募，第三者割当ての3つの方法に分類することができる。株主割当ては，すべての株主（＝基準日における名簿上の株主等）に対して，その持株割合に応じて株式を割り当てる方法である。公募は，不特定多数の投資者に株式引受の勧誘をしてこれを割り当てる場合であるが，上場会社の公募は，実務上，証券会社が株式の総数を引き受けてから投資家に販売する「買取引受」（205条）などの方法が採られることが多い。また，第三者割当ては，資本提携先の企業など，特定の第三者に対して株式を割り当てる場合をいう。

公開会社においては，募集株式発行の割当先については，機動的・合理的な資金調達を実現する観点から，取締役会が決定することができるものとされている（割当自由の原則）。

ただし，募集株式発行によって発行会社が他の会社の子会社になるなど，支配株主の異動を伴う場合には，その発行会社である公開会社の経営に重大な影響が及ぶことがあり得る。そのため，新たな支配株主が現れることとなるような募集株式の割当てについては，既存株主に対する情報開示を充実させ，その意思を問うための手続きを設けることが相当である。そこで，平成26年会社法改正により，募集株式の割当てまたは総数引受契約の締結により募集株式の引受人となった者（206条）が，当該募集株式の発行などの結果として公開会社の総株主の議決権の過半数を有することとなる場合を支配株主の異動と位置づけ，有価証券届出書を提出していない公開会社は，払込期日などの2週間前までに株主に対して当該引受人（「特定引受人」という。）に関する情報を知らせなければならない（206条の2第1項～3項）。また，通知の日から2週間以内に，総株主の議決権の10分の1以上の議決権を有する株主から反対の通知があった場合には，当該引受人に対する募集株式の割当てなどについて，株主総会の普通

決議による承認を要する（206条の２第４項・５項）。

　これに対して，当該公開会社の財産の状況が著しく悪化している場合におい
て，当該公開会社の事業の継続のため緊急の必要があるときは株主総会の承認
は不要とされる（206条の２第４項ただし書）。これは，倒産の危機が迫っている場
合など，株主総会を開催していては公開会社の存立自体が危ぶまれるような緊
急の事態が生じている場合を想定したものである。

Ⅳ　募集株式の発行の手続き

1　募集事項の決定

　株式会社が募集株式の発行をする場合，募集事項として次の各事項を募集ご
とに均等に定めなければならない（199条１項・５項）。募集事項は，公開会社の
場合には，有利発行の場合を除き，取締役会の決議によって決定され（201条１
項），非公開会社の場合には，株主総会の特別決議によって決定される（199条
２項・309条２項５号）。募集事項（199条１項各号）には，①募集株式の数（＝発行
可能株式総数［37条１項］の範囲内で定めなければならない。），②募集株式の払込
金額またはその算定方法，③現物出資に関する事項，④払込み・給付の期日ま
たは期間（＝出資の履行時期），⑤資本金・資本準備金に関する事項がある。こ
のうち，③は現物出資を行う場合にのみ定めれば足り，⑤は自己株式の処分の
場合には定める必要がない。また，株主総会決議に基づき，取締役（取締役会
設置会社においては取締役会）に募集事項の決定を委任することができる（200条
１項）。

　これらの募集事項のうち，②の払込金額とは，募集株式１株と引換えに払い
込む金銭または現物出資財産の額をいう。払込金額として，ⓐ確定金額として
定める方法，またはその算定方法として，ⓑ算式表示方式として，新株の効力
発生日の前日の終値に一定率（たとえば97％）を掛けた値を定める方法，ⓒブッ
ク・ビルディング方式として，機関投資家の意見をもとにした仮条件を投資家
に提示し，投資家の需要を積み上げて得られた値をもとに払込金額を定める決
定方法（201条２項）などがある。

③の現物出資を募集事項として定めた場合には，目的物の過大評価の危険を除去するため，原則として裁判所の選任する検査役の調査を受けなければならない（207条1項〜8項）。ただし，⑧割当株式数が発行済株式総数の10分の1を超えない場合，⑥総額が500万円を超えない場合，ⓒ市場価格のある有価証券で相場を超えない場合，ⓓ弁護士などの専門家の証明を受けた場合（不動産の場合には，不動産鑑定士の鑑定評価も必要），ⓔ現物出資財産が弁済期の到来した会社に対する債権であり，負債の帳簿価額を超えない場合（いわゆるデット・エクイティ・スワップ）には，検査役の調査は不要である（同条9項）。

⑤については，株式の発行により，出資された財産の額の2分の1以上は資本金として計上しなければならず，資本金として計上しない残額は資本準備金としての計上が義務づけられる規律（445条1〜3項）に基づいて，資本金・資本準備金の増加額が定められる。これに対して，自己株式の処分の場合には，資本金・資本準備金は増加せず，処分差益が生じた場合には，純資産の部のその他資本剰余金に計上するなどの会計処理が行われる。

2　募集事項の公示・開示

公開会社における募集株式の発行は，原則として取締役会の決定に基づいて行われ，株主がこれに関与する余地はない。そこで，株主に違法または不公正な募集株式の発行を事前に差し止める機会を与えるためには，募集株式の発行前に，募集事項を株主に知らせる必要がある。そこで，公開会社は，募集事項を，払込期日（または払込期間の初日）の2週間前までに，①各株主に通知（201条3項），②公告（同条4項），または③有価証券届出書の提出などによる金融商品取引法上の開示（同条5項，会社則40条）をしなければならない。ただし，株主割当ての方法による場合には，割当通知（202条4項）が行われるため，募集事項の公示は必要とされない（202条5項）。有利発行（199条3項）の場合も，株主総会の招集通知・参考書類を通して株主は募集事項の内容を知ることができるため，公示は不要である。

3　募集株式の申込みと割当て

株式会社は，募集株式の引受けの申込みをしようとする者に，法定事項を通

知するか（203条1項），または金融商品取引法の定める目論見書の交付などの方法による情報開示をしなければならない（同条4項）。募集株式の引受けの申込みをする者は，法定事項を記載した書面または電磁的方法により情報提供しなければならない（同条2項・3項）。株式会社は，申込者の中から募集株式の割当てを受ける者，およびその数を定め（204条1項＝割当事項の決定），申込者に通知する（同条3項）。この割当てにより，申込者は，割り当てられた募集株式の数について，その引受人となる（206条1号）。

　また，株式会社は，募集株式を引き受けようとする者がその総数の引受けを行う契約（総額引受契約）を締結することができ，その場合，申込み・割当てに関する規定は適用されない（205条1項）。上場会社などが公募により募集株式を発行する際に，未引受け分が生じて満額の資金調達が実現されないリスクを回避するために，証券会社が買取引受けを実施する場合，または第三者割当てによる発行の場合がこれに当たる。

　以上の申込み，割当て，総額引受契約に係る意思表示については，法律関係の安定性を確保する観点から，民法の心裡留保（民93条1項ただし書）および虚偽表示（民94条1項）の規定は適用されず（211条1項），募集株式の引受人は，出資の履行により株主となり1年を経過した後，またはその株式につき権利行使をした後は，錯誤，詐欺または強迫による募集株式の引受けを取り消すことができない（同条2項）。

4　出資の履行（＝金銭の払込みまたは現物出資財産の給付）＝募集株式の効力発生

　募集株式の引受人は，金銭出資の場合には，払込期日（または払込期間内）に，払込取扱場所（＝株式会社が定めた銀行等の金融機関）において，払込金額の全額を払い込まなければならない（208条1項。全額払込制度）。現物出資の場合には，同期日に，払込金額の全額に相当する現物出資財産を会社に対して給付しなければならない（同条2項）。募集株式の引受人は，払込期日に出資の履行をした募集株式の株主となり（209条1項1号），払込期間が定められた場合には，出資の履行をした日に株主となる（同2号）。

また，募集株式の発行における出資の履行債務は現実的に行われなければならず，会社に対する債権との間の相殺は禁止される（208条3項）。また，出資の履行により株主となる権利（＝権利株）の譲渡は，会社に対抗することができない（同条4項）。引受人が出資の履行をしないときは，その出資の履行により募集株式の株主となる権利を失う（同条5項。当然失権）。

V　募集株式の発行と既存株主の利益保護

1　有利発行規制

募集株式の発行は，発行済株式総数を増加させるため，その発行方法によっては，株式の価値が稀釈化することとなり，既存株主は，その保有する株式の経済的価値が下落するという不利益を受けるおそれがある（このことは，既存株主から新株主への利益移転と表現されることもある）。これには2つの要素があり，1つは，上場会社の場合には，大量の株式が新規に発行されることにより，証券市場における需給バランスの変動に伴う株価の下落である。これは一時的な現象に伴う不利益にすぎないため，会社法上の保護は与えられていない。もう1つは，募集株式を時価を中心とした公正な価額よりも低い価額で発行することにより，既存株主の保有する旧株の経済的価値が下落することが考えられる。たとえば，発行済株式総数＝100万株，純資産額＝1000億円の株式会社において，理論的にみて株式価値（＝1株当たりの純資産額）＝10万円であると仮定する。この会社が，払込金額＝5万円で100万株を新株発行すれば，払込総額＝500億円で，発行後の純資産額＝1000億＋500億円＝1500億円，発行済株式総数＝200万株となる。株式価値は，1株＝75000円まで下落する。これは，株式価値の稀釈化であり，既存株主から新株主への利益移転が生じているとみることもできる。

そこで，既存株主の保有する株式の経済的価値を維持するため，株主割当て以外の方法によって，株式引受人に特に有利な金額で募集株式を発行する場合には，株主総会の特別決議を経なければならない。また，この場合，取締役は，株主総会において，そのような募集をすることを必要とする理由を説明しなけ

ればならない（＝有利発行規制。199条 3 項・201条 1 項。なお，202条 5 項参照。）。

　ここでいう「特に有利な金額」とは，公正な金額よりも著しく低い金額を意味し，公正な金額は，市場価格のある株式については，募集株式発行の効力発生時における市場価格を基準として判断される。上場会社においては，募集株式の発行により供給量が増加し，証券市場において株価を押し下げる要因となるため，株式引受人に不利益を生じさせることなく満額の資金調達を実現するためには，若干の割引を認める必要がある。

　そこで，時価を中心に，株価の騰落習性，売買出来高の実績，会社の資産状態，収益状態，配当状況，発行済株式数，新たに発行される株式数，株式市況の動向，これらから予測される新株の消化可能性等の諸事情を総合して払込金額を決定することが認められている（最判昭50・4・8民集29・4・350）。実務では，募集事項決定直前の株価または直近 6 ヵ月間の平均株価から，10％程度の割引までは許容されており，この限度を超えて低い金額が特に有利な金額であると判断される。他方，市場価格のない未上場株式については，客観的資料に基づきDCF法などの合理的な算定方法によって払込金額が決定された場合には，特に有利な金額には当たらないとされている（最判平27・2・19民集69・1・51）。

　上場会社の株価が高騰している場合においては，その高騰が相当長期間続いている場合には，その株価を公正な価額の算定基礎から排除することは許されないが（東京地決平 1・7・25判時1317・28），異常な投機により株価が企業の客観的な価値よりはるかに高騰している場合には，高騰した株価を払込金額を算定する基礎から排除することを認める裁判例があり（東京高判昭48・7・27判時715・100），資本提携によって生じるシナジー（相乗効果）の公平な分配という趣旨に基づく例外として位置づけられている。

2　募集株式の発行の差止め

　株主は，株式会社が違法または不公正な募集株式の発行をすることによって，自己の保有する旧株式の経済的価値の下落もしくは持株比率の低下といった不利益を受けるおそれがある。しかし，募集株式が発行された後では，株式取引の安全を図り発行後の法律関係を安定化させる必要から，その無効主張が制限

される。そのため，既存株主の利益を保護するためには，募集株式の発行が効力を生ずる前に，その発行を差し止める機会を与えることが合理的である。そこで，募集株式の発行が①法令・定款に違反する（210条1号），または②著しく不公正な方法によるものであること（210条2号）によって，株主が不利益（＝株式価値または持株比率の低下）を受けるおそれがあるときは，株主は，その募集株式の発行をやめるよう請求することができる（株式発行の差止請求権。210条）。株式発行の効力発生までの時間が限られているため，被保全権利（差止請求権）と保全の必要性を主張して，裁判所に発行差止の仮処分を申し立てる（民保23条2項）のが一般的である。

会社法210条2号の差止事由である「著しく不公正な方法」とは，不当な目的を達成する手段として募集株式が発行されている場合をいうが，複数の発行目的を有している場合の判断が問題となる。そこで，裁判例においては，資金調達などの正当な目的と，特定の株主の持株比率を低下させて支配権の維持・強化を図るといった不当な目的のどちらが「主要な目的」であるかという基準により判断される（主要目的ルール。東京高決平16・8・4金判1201・4，東京地決平20・6・23金判1296・10，東京高決平29・7・19金判1532・57等参照）。

3　募集株式の発行に関する責任

(1)　不公正な払込金額で株式を引き受けた者等の責任　　公正な払込金額よりも低い金額で募集株式の発行がされた場合には，株式価値の稀釈化が生じ，既存株主から新株主に利益が移転している事態となる。そこで，株主間の不公平を是正するため，取締役と通謀して，著しく不公正な払込金額で株式を引き受けた者は，会社に対し，払込金額と公正価額との差額を支払う義務を負う（212条1項1号）。また，当該引受に関与した取締役等は，423条1項・429条1項による責任を負う。ここでいう「著しく不公正な払込金額」とは，有利発行規制における「特に有利な金額」（199条3項）と同じ意味であると考えられている。有利発行として株主総会の特別決議により決定されている場合には，この責任を負わない。

(2)　現物出資における財産価額填補責任　　現物出資財産の価額が募集事項

で定めた価額に著しく不足する場合，引受人は，会社に対し，その不足額を支払う義務を負う（212条1項2号）。ただし，当該引受人が善意・無重過失のときは引受けの申込み・総額引受契約を取り消すことができる（212条2項）。また，当該募集に関する職務を行った業務執行取締役（＋証明者＝207条9項4号）は，株式引受人と連帯して，不足額の支払義務を負う（213条3項・4項）。ただし，検査役の調査を経た場合（213条2項1号），または無過失を証明したとき（同2号）は責任を免れる。これらの義務の履行については，株主代表訴訟の対象となる（847条1項）。

(3) 出資の履行を仮装した者等の責任　　形式的な出資の履行はなされているものの，実質的には会社に出資財産が拠出されているとはいえない場合（たとえば実質的にみて会社資金を用いた「見せ金」などの手段が考えられる。仮装の払込みという。），仮装の払込みをした引受人に対して既存株主や他の引受人から利益移転が生じるため，公平の見地からその利益調整を図る必要がある。そこで，募集株式の引受人が，出資の履行を仮装した場合，株式会社に対し，仮装した出資額の支払または給付をする義務を負う（213条の2第1項。無過失責任。）。また，出資の履行の仮装に関与した取締役等も同様の義務を負うが，無過失を証明した場合には責任を免れる（213条の3）ものとされている。これらの責任は，株主代表訴訟の対象とされる（847条1項）。

出資の履行が仮装された場合，募集株式の引受人は，213条の2第1項または213条の3第1項の支払いなどがされた後でなければ，株主の権利を行使することができない（209条2項）。他方，株式取引の安全を確保するため，出資の履行が仮装された募集株式を善意・無重過失で譲り受けた者は，当該募集株式についての株主の権利を行使することができる（209条3項）。なお，仮装払込みにより発行された株式の効力をめぐっては議論があるものの，形式的な払込みが認められる以上は，当然失権（208条5項）の対象とはならないと理解されている。

4 募集株式の発行の無効と不存在

違法な募集株式の発行によって利益を侵害された株主等は，当該違法行為の

関係者に対する責任追及をするだけでは，その利益の回復が十分に図られないため，事後的にその発行の効力を争うことが必要となる。しかし他方，募集株式の発行がいったん効力を生じた以上，会社は拡大された規模で活動をはじめ，株式の取得者や会社債権者などは有効に株式が発行されたことをもとに新たな利害関係を有しているため，取引の安全や法律関係の安定性を確保すべき要請も高い。

　そこで，株式発行手続の一体性から，発行された株式全部についてその効力が問題となるような共通の瑕疵がある場合，その効力を否定したい者は，「新株発行無効の訴え」（828条1項2号，「自己株式処分の無効」は同3号。以後，この2つを併せて「新株発行の無効」という），または「新株発行不存在確認の訴え」（829条1号。「自己株式処分の不存在」は同2号。以後，この2つを併せて「新株発行の不存在」という）を提起しなければならない（＝瑕疵の主張方法が訴訟の提起に限られる）。新株発行の無効判決（＝形成判決）が確定してはじめてその募集株式の発行が無効とされる。

　また，新株発行の無効・不存在判決が確定した場合，その判決は第三者に対しても効力を有する（片面的対世効。838条）。一般に，民事訴訟における確定判決の効力は，原告・被告およびその承継人にのみ及ぶのが原則である（民訴115条1項）が，団体である会社における法律関係を画一的に確定させるために，請求認容判決に限って既判力の及ぶ主観的範囲が拡大されている。さらに，新株発行の無効判決が確定したときは，その新株の発行は将来に向かってその効力を失い（遡及効の制限＝将来効。839条），会社は，判決確定時の株主に対して払込みを受けた金銭を返還するなど（840条・841条）の措置が採られる。

　(1)　新株発行無効の訴え　(a)　訴訟要件・管轄　募集株式の発行に関する法律関係の早期安定化を図るため，新株発行の無効主張をできるだけ抑制する見地から，新株発行無効の訴えの提訴権者は，株主，取締役，監査役，執行役または清算人に限定される（828条2項2号・3号）。また，提訴期間は，株式発行（または自己株式の処分）の効力が生じた日から6ヵ月以内（非公開会社では1年以内）に限定される（828条1項2号・3号）。この訴訟の被告は，株式の発

行をした会社であり（834条2号・3号），会社の本店所在地を管轄する地方裁判所の専属管轄とされる（835条1項）。

　　(b)　無効事由　　会社法は，新株発行の無効事由を定めた条文を置いていないが，その発行をめぐる法律関係の安定性を確保するために，有効性を維持すべき要請が強いことから，重大な法令・定款違反の場合に限って無効事由となるものと理解されている。そこで，一般的に，①発行可能株式総数を超える発行（東京地判昭31・6・13下民集7・6・1550），または②定款に定めのない種類株式の発行は無効事由とされている。

　　(ア)　公開会社の場合　　公開会社における③取締役会の決議を欠く株式発行（最判昭36・3・31民集15・3・645），④株主総会の特別決議を欠く株式の有利発行（最判昭46・7・16判時641・97）など，法定の手続きを欠く募集株式発行の効力について，判例・多数説は，株式発行が会社の業務執行に準じて取り扱われるものであり，当該決議は会社内部の意思決定・手続にすぎないことから，これを欠いたとしても無効事由にはならないとしている。他方，悪意者である当初の引受人のもとに新株がとどまっているときは，取引安全を考慮する必要がないので無効と解する立場（相対的無効説）も主張されていたが，判例（最判平6・7・14判時1512・178）は，株式の発行が会社と取引関係に立つ第三者を含めて広い範囲の法律関係に影響を及ぼす可能性があり，その効力を画一的に判断する必要があるとして相対的無効の立場を否定している。また，既存株主の利益保護は差止請求によって実現すべきという見地から，⑤著しく不公正な方法による発行の場合にも無効事由とはならない（前掲最判平6・7・14）。

　　これに対して，⑥募集事項の公示（201条3〜5項）を欠くときは，差止請求の機会が奪われ，株主の利益を大きく侵害することとなるため，他の差止事由がないため差止請求をしたとしてもそれが認められない場合を除き，無効原因となる（最判平9・1・28民集51・1・71。公示義務違反＋他の差止事由の存在＝無効事由）。また，⑦募集株式発行差止の仮処分命令を無視した株式の発行は，無効原因となる（最判平5・12・16民集47・10・5423）。さらに，⑧支配株主の異動を伴う発行における特定引受人に関する公示義務（206条の2）違反の場合につい

ても原則として無効原因になると解するのが多数説である。

　　(イ)　非公開会社の場合　　非公開会社においては，会社の支配権に関わる持株比率の維持に係る既存株主の利益を保護するため，授権株式制度は採用されていない。また，法令・定款違反または著しく不公正な方法により発行された株式が，当初の引受人または悪意の譲受人の下にとどまっていることが多く，株式の流通性がなく取引安全に対する配慮が不要ともいえるので，あえてその有効性を維持する必要はない。そこで，⑨非公開会社において，株主総会の特別決議を経ないまま株主割当て以外の方法による募集株式の発行がされた場合，その発行手続には重大な法令違反があり，株式発行の無効原因になると解されている（最判平24・4・24民集66・6・2908）。

　(2)　新株発行の不存在　　株式の発行における手続違反の状態が顕著であるため，株式会社の業務執行としての株式発行行為が実体として存在していると法的に評価できない場合には，その不存在を主張することができるのは当然である。他方，会社の団体性からその発行の不存在をすべての利害関係者との間で画一的に確定させておく必要性もある。そこで，新株発行不存在確認の訴えの制度が置かれている（829条1号・2号）。

　この訴訟には，提訴期間・原告適格の制限はなく，確認の利益があれば提訴できる。被告は会社であり（834条13号・14号），不存在を確認する判決の効力は第三者にも及び（838条，対世効），その効果は遡及する（834条13号14号・839条の適用除外）。

　新株発行の不存在が認められる具体的な場合としては，発行の手続きが全くなされていないのに登記がされている場合，代表権限のない者が独断で発行した場合，新株発行に係る株主総会決議が不存在と評価される場合（大阪高判平25・4・12金判1454・47）などが挙げられている。

3 ◆ 新株予約権の発行

I　新株予約権の意義

　新株予約権とは，会社法上，新株予約権者が会社に対してその権利を行使することにより，会社から株式の交付を受ける権利をいう（2条21号）。これは，あらかじめ定められた価額で株式を買うことができる選択権（会社によって付与された株式のコール・オプション）であり，平成9年商法改正によって認められた業績連動型インセンティブ報酬としてのストック・オプションをもとに，発行規制の大幅な緩和により一般化された制度である。新株予約権の行使は，通常，あらかじめ定められた権利行使期間内に，あらかじめ定められた権利行使価額の払込みをすることにより行われる。会社は，有償または無償で新株予約権を発行することができる。

　新株予約権の発行は，その権利行使により株式が発行されると，その結果として既存株主の不利益が現実化する点において，潜在的な株式の発行として募集株式の発行の場合と同様の利益調整を図る必要がある。そこで，会社法は，詳細な規定を設けてその利害を調整している。なお，株式会社が保有する自己新株予約権を処分する場合には，募集株式の発行等における自己株式の処分の場合と異なり，会社法上の規制は及ばない。

II　新株予約権の発行目的

　新株予約権が発行される主要な目的として，①ストック・オプションの付与＝業績連動型インセンティブ報酬として役員・従業員に向けて発行する場合がある。たとえば，現在の株価が1株10,000円の株式会社が，その会社の経営者に対して，権利行使期間を1年後，権利行使価額を1株11,000円とする新株予約権を付与する。この権利を与えられた経営者の経営努力により，1年後にこの会社の株価が12,000円まで上昇すれば，経営者はこの権利を行使することで1株当たり1,000円安い価格で株式を買うことができ，株価と権利行使価額の

差額×株式数分の経済的利益を獲得できることから，経営者に業績向上による株価上昇を目指す機運（インセンティブ）を高める効果がある。

また，新株予約権は，②資金調達を実現するために発行されることがある。これには，ⓐライツ・オファリング（ライツ・イシュー）を目的とする発行＝大規模な公募増資により株式市場における需給のバランスが崩れて株価が下落するという既存株主の損害を補償する目的で，新株予約権を株主に無償で割り当てる場合，またはⓑ新株予約権付社債の発行によるファイナンス＝株式会社が低利での社債発行を実現するため，社債権者に新株予約権という投資リターンを得る甘味料（＝株価の値上がり益）を与える場合などがある。

さらに，ⓒ敵対的な企業買収からの防衛策としての発行＝敵対的買収者が出現した場合，買収者以外の株主に大量の新株予約権を発行するなどにより，敵対的買収者の持株比率を低下させることを目的として発行される場合がある。

このうち，上場会社の公募増資に代わる手段として近時用いられている「ライツ・オファリング」は，会社法上の新株予約権無償割当て（277条）の方法を用いた増資であり，既存株主に新株予約権を無償で付与した上で，その売買を可能とするという手法である。既存株主に対して，その保有株式数に応じた新株予約権が無償で交付されるため，増資に応じたいと考える株主は，交付された新株予約権について権利を行使し，その権利行使価額を払い込むことで，優先的に（その保有株式数に応じた）新株を取得することができる。

他方，増資に応じたくない（増資に応じる手元資金がない）既存株主は，新株予約権を証券会社に売却するなどの方法により容易に換金できる。また，既存株主以外の投資者は，既存株主が売却した新株予約権を購入して権利行使することにより，新株を取得することができる。その意味では，ライツ・オファリングは，直接的には既存株主に新株予約権を割り当てながら，新株予約権の換金を可能とすることを通じて，間接的に市場から資金調達を行うスキームであり，株主割当てと公募の折衷的な形態と位置づけられる（英国では「ライツ・イシュー［rights issue］」と言われる。）。大量の株式発行によって既存株主に経済的な不利益を与えないようにするため，新株予約権の譲渡益により株式価値

の下落分の埋め合わせを図る制度設計である。

Ⅲ　新株予約権の発行手続

　株式会社が新株予約権を発行する手続としては，募集株式の発行の場合と同様に，その引受人を「募集」する方法と，募集によらない方法（…①新株予約権無償割当てによる発行，②会社が特定の株式［取得請求権付株式・取得条項付株式等］を取得する対価としての発行，③組織再編の際の対価としての発行等）がある。募集新株予約権の発行においては，新株予約権の権利行使により株式が発行され，既存株主には保有株式の経済的価値・持株比率の下落といった不利益が生じ得ることから，募集株式の発行の場合と同様の手続規制が設けられている。すなわち，新株予約権の内容を含めた募集事項（238条1項）は，株主総会の特別決議によって決定しなければならない（同条2項）のが原則であるが，公開会社においては，有利発行（同条3項）に当たる場合を除いて，取締役会において決定される（240条1項）。ただし，支配権の異動を伴う新株予約権の割当ての場合にはその特定引受人に関する事項を公示し，議決権の10％以上を有する株主から反対の通知があったときは，株主総会決議により当該割当て等の承認を受けなければならない（244条の2）。募集事項は募集ごとに均等でなければならない（238条5項）。

　新株予約権の募集事項として，まず①新株予約権の内容（236条1項）および数を決定する必要がある（238条1項1号）。具体的には，ⓐ新株予約権の目的である株式の数等（同条1項1号…権利1個当たり何株が割り当てられるか），ⓑ権利行使価額（同2号），ⓒ権利行使期間（同4号），ⓓ譲渡制限（同6号）の有無，ⓔ取得条項（同7号）の有無等である（236条1項各号）。

　次に，新株予約権の内容以外の募集事項として，②無償で発行する時はその旨，③新株予約権の払込金額またはその算定方法，④割当日などを決定する。新株予約権の理解においては，その権利行使価額（新株予約権の行使によって株式が発行される際の1株当たりの払込金額）と，新株予約権の払込金額（新株予約権が発行される際の権利1個当たりの払込金額）を区別することが重要である。

また，１円ストック・オプションの実務（権利行使価額を１円とする）への配慮から，上場会社において新株予約権をストック・オプションとして交付する場合，株式の場合と同様，新株予約権の行使に際して財産の出資を要しないものとされている（236条3項）。

　公開会社では，既存株主による発行差止の機会を確保するため，原則として割当日の２週間前までに募集事項を通知・公示しなければならない（240条2項〜4項）。また，株主割当ての場合（241条），その他の手続きについては基本的には募集株式の発行の場合と同様の法規制が設けられている（242条〜246条）。

　募集新株予約権の募集事項が決定されると，募集株式の発行の場合と同様，総額引受契約（244条1項）の場合を除き，その引受けに係る申込み（242条），割当て（243条）の手続きを経て，その引受けが確定される。新株予約権の引受けが確定すると，申込者または総額引受者は，その新株予約権の払込みの有無にかかわらず，割当日において新株予約権者となる（245条1項）。新株予約権の払込みは，会社に対する出資として位置づけられていないため，厳格な払込規制が設けられていないためである。

　新株予約権を有償で発行する場合，新株予約権者は，払込期日（236条1項4号または238条1項5号）までに，それぞれの募集新株予約権の払込金額の全額を払い込まなければならない（246条1項）。払込期日までに払込みをしないときは，新株予約権を行使することができず（同条3項），その新株予約権は消滅する（287条）。

Ⅳ　新株予約権の有利発行規制

　新株予約権は，将来の権利行使期間内における権利行使価額の払込みにより株式の交付を受ける権利であり，それ自体として一定の経済的な価値を有している。そのため，新株予約権がその客観的な経済的価値を著しく下回る条件・金額で発行される場合，募集株式の有利発行と同様に，既存株主に株式価値の稀釈化に伴う不利益が生じ得る。そこで，株式会社が新株予約権を，①無償で発行し，それが引受人にとって特に有利な条件であるとき，または②払込金額

の下限が引受人にとって特に有利な金額であるときは，募集を必要とする理由を説明したうえ，株主総会の特別決議を得なければならない（238条3項・240条1項・309条2項6号・239条2項）。

　新株予約権の有利発行に当たるか否かは，現在の株価，行使価額，行使期間，金利，株価変動率などの要素をもとにオプション評価理論（ブラック・ショールズ・モデル，二項モデル，もしくはモンテカルロ・シミュレーションなどがある）に基づき算出された「公正なオプション価額」を基準に判断される。取締役会において決定された払込金額が公正なオプション価額を大きく下回るときは，原則として，募集新株予約権の有利発行に該当する（東京地決平18・6・30判タ1220・110）。

V　新株予約権の株主無償割当て

　株式会社は，募集の手続きによらない新株予約権の発行として，株主に対し，払込みをさせずに当該会社の新株予約権を割り当てる方法を採ることができ，これを新株予約権の株主無償割当てという（277条）。上場会社の大規模公募による新株発行の手段として行われるライツ・オファリング，または買収防衛の目的で行われる場合がこれに当たる。

　新株予約権の株主無償割当ては，株主総会（取締役会設置会社では取締役会）の決議により法定事項が決定される（278条1項・3項）。この場合，新株予約権が既存株主の持株数に応じて比例的に割り当てられ，株主に不利益が生ずるおそれがないため，公開会社では，取締役会の決議により割当てを実施することができる。

　新株予約権の割当てを受けた株主は，個別の申込みなどの手続きを経ることなく効力発生日に新株予約権者になる（279条1項）。株式会社は，株主・登録株式質権者に対する割当通知（＝効力発生日後「遅滞なく」，かつ，当該新株予約権の「行使期間の末日の2週間前まで」に行うことが必要。）をしなければならない（279条2項）が，株主が申込みをする必要はない。また，新株予約権の行使期間の末日が割当通知日から2週間の経過前に到来する場合，その行使期間は

割当通知日から2週間前を経過する日まで延長されたものとみなされる（279条3項）。

VI　新株予約権の管理・譲渡・行使

　新株予約権・新株予約権付社債を発行した株式会社は，発行後，遅滞なく新株予約権原簿に法定事項を記載・記録しなければならず（249条），新株予約権者の管理は新株予約権原簿を通じて行われる。新株予約権原簿については，株主名簿と同様の規律が置かれている（250〜253条）。

　新株予約権者は，その有する新株予約権を自由に譲渡することができるのが原則である（254条1項）が，株式会社は，募集事項の決定の際に譲渡制限を定めることができる（236条1項6号）。譲渡承認手続については，譲渡制限株式の場合と同様（265条）であるが，譲渡が承認されなかった場合における買取人指定請求権（140条以下）は認められておらず，新株予約権者における投下資本回収の利益は法的には保護されていないということができる。また，新株予約権付社債に付された新株予約権のみ，または社債のみを譲渡することはできない（254条2項・3項＝非分離型の原則）。

　新株予約権の譲渡方法は，株式の場合と同様，原則は当事者の意思表示のみででき，新株予約権原簿の記載・記録が会社および第三者への対抗要件となる（257条1項）。他方，証券発行新株予約権の譲渡は，新株予約権証券の交付を要する（255条1項・2項）。記名式新株予約権証券の譲渡は，新株予約権原簿の記載・記録が会社への対抗要件となり（257条2項），無記名新株予約権証券の場合，証券の占有が会社および第三者への対抗要件となる（同条3項参照）。

　新株予約権者は，権利行使期間内に，会社に対して，権利行使する新株予約権の内容，数，および行使日を明らかにして権利行使する（280条1項）ことができる。新株予約権証券が発行されている場合には，当該証券の会社への提出が必要となる（同条2項）。新株予約権の行使に際して金銭が出資の目的と定められている場合には，払込取扱場所において，権利行使価額の全額の払込みをしなければならず（281条1項），新株予約権の行使に伴う出資の履行については，

募集株式の発行の場合と同様の規律に服する（281〜284条参照）。新株予約権を行使した新株予約権者は，その権利を行使した日に当該新株予約権の目的である株式の株主となる（282条1項）。

Ⅶ　新株予約権発行の瑕疵

1　新株予約権発行の差止請求

　法令・定款に違反する新株予約権の発行，または著しく不公正な方法による発行がなされた場合において，株主が不利益を受けるおそればあるときは，募集株式の発行の場合と同様，株主はその差止めを請求することができる（247条。同条は，新株予約権無償割当ての場合にも類推適用される余地がある。最決平19・8・7民集61・5・2215）。このうち，差止事由としての「著しく不公正な方法」による発行は，会社の支配権争いが生じている場合に，特定の株主の持株比率を低下させる等，会社支配の維持を図る場合をいい，その判断は新株予約権発行の主要な目的の審査により行われる。その際，通常の募集株式の発行の場合と異なり，資金調達の必要性は考慮要素として要求されないことが多く，企業価値の維持・向上の観点から企業防衛手段としての必要性・相当性の有無が主要な判断要素となる。

　すなわち，敵対的買収者が真摯に合理的な経営を目指す者ではなく，会社を食い物にしようとする濫用的買収者であるなど，買収を放置すれば他の株主の利益（＝株主共同の利益）が損なわれることが明らかな場合には，その対抗手段として必要性や相当性が認められる限り，経営支配権の維持・確保を主要な目的とする新株予約権の発行が正当なものとして許容される（東京高決平17・3・23判時1899・56）。また，その対抗手段について株主総会で多数の株主が承認している場合には，その必要性の存在は推認されるという判断枠組が採用されている（最決平19・8・7民集61・5・2215）。

2　新株予約権発行の無効・違法な新株予約権発行に関する責任

　違法な手続きに基づき新株予約権が発行された場合における既存株主の事後的な救済手段として，新株予約権発行無効の訴（828条1項4号），および新株予

約権発行不存在の訴え（829条3号）の制度が設けられている。その基本的な制度設計は，募集株式の発行の無効・不存在の訴えの場合と同様である。

　また，募集株式の発行の場合と類似の責任として，①不公正な払込金額で新株予約権を引き受けた者等の責任（285条1項1号・2号），②新株予約権の行使における現物出資に係る財産価額填補責任（285条1項3号・286条），③新株予約権に係る払込み等を仮装した者等の責任（286条の2第1項1号・286条の3），および④新株予約権の権利行使に際しての払込み等を仮装した者等の責任（286条の2第1項2号・3号・286条の3）が定められており，いずれも株主代表訴訟による責任追及が可能である（847条1項）。さらに，違法な新株予約権の発行に関与した役員等は，⑤会社に対する任務懈怠責任（423条1項）および⑥第三者に対する損害賠償責任（429条1項・2項）を負う余地がある。

4 ◈ 社 債 の 発 行

I　社 債 の 意 義

　社債とは，会社法の規定により会社が行う割当てにより発生する当該会社を債務者とする金銭債権であって，会社法676条各号に掲げる事項についての定めに従い償還されるものをいう（2条23号）。従来，社債は，一般公衆に対する起債によって生じた債権であり，これにつき有価証券としての社債券（現在は，振替法によりペーパーレス化されている。）が発行されるものと位置づけられていた。これは，本来，消費貸借契約上の純粋な金銭債権であるが，一般的に，大量的・集団的・長期的かつ一般投資家向けに発行されるもの（社債の大量性・集団性・公衆性）であることから，同種類の社債権者は会社に対して，継続的に共通の利害関係に立っている。そこで，会社法は，社債に投資する一般投資家の利益を保護する観点から，社債権者の団体的な取扱いを中心とした法規制を設けている。ただし，現実の社債発行においては，金融機関や投資ファンドなどの機関投資家向けに発行されることが多いことから，多様な発行内容に即した利害調整が図られている。

　社債は，それを引き受ける投資者のニーズに合わせて制度設計され，様々な種類のものが存在する。一般投資家などの不特定多数の者に申込みの勧誘をする公募債は，金融商品取引法の適用を受けるとともに，その流動性を確保するために振替制度の適用対象とされることが多い。また，社債原簿に社債権者の氏名・名称及び住所が記載される記名社債（681条4号）か，それらの記載のない無記名社債（＝無記名式の社債券が発行される社債）かという区分がある。さらに，担保付社債信託法が適用され，信託銀行等が受益者である社債権者のために会社財産上に担保権を取得して管理する担保付社債と，無担保社債に区分される。

　社債を発行する場合，投資家が直接に会社の発行した社債を購入し，資金を拠出するため，社債発行会社の信用リスクを直接的に投資家が引き受けることになる（直接金融）。そのため，個人投資家を中心とした社債権者が，社債発行会社の信用リスクを的確に判断することは難しく，情報の非対称性が生じることから，信用リスクが低い会社に対しても高い利回りを要求する，エージェンシー・コストが発生することがある。そのために，信用リスクについての意見を提供する信用格付けは市場において重要なものである。

　社債の格付けとは，社債の元利金支払の確実性を「格付会社」が評価し，その度合いをランク付けしたものであり，一般的に，格付けの高い社債ほど利回りは低く，格付けの低い社債ほど利回りは高くなる。格付けは社債の信用度をチェックする際の目安となるが，あくまでも第三者による意見にすぎず，絶対的な投資尺度ではない。同じ社債でも格付会社によって格付けに差がある場合もあり，発行会社の経営状態の変化などにより短期間に何段階も見直されるケースもある。格付情報は証券会社への問合せまたはインターネットによって入手することができる。主要な格付会社には，格付投資情報センター（R&I），日本格付研究所（JCR），ムーディーズ・インベスターズ・サービス（Moody's），スタンダード・アンド・プアーズ（S&P）などがある。一般に，BBB以上の格付けには投資適格水準が認められるが，BB以下では投資不適格とされている。

Ⅱ　新株予約権付社債

　新株予約権付社債とは，新株予約権を付した社債をいい（2条22号），株式会社は新株予約権付社債を発行することにより合理的・効率的な資金調達を行うことが可能となる。すなわち，新株予約権付社債を引き受けた者は，社債の利息および元本の償還で安定的な資金運用を図ることができるとともに，新株予約権を有していることから，株価が上昇してその権利行使価額を超えた場合には，新株予約権を行使してキャピタルゲイン（＝売買差益）を得ることができる。このような経済的な利益が付与されており，しかも新株予約権を保有している段階においては，通常の株式投資と比べて株価の下落による損失を回避できるため，その新株予約権の内容に投資の魅力があれば，社債としての利率が低くても引き受けられるため，株式会社は低利で社債による資金調達を実現することができることとなる。

　新株予約権付社債は，会社法上，社債と新株予約権を分離することができない仕組みとして設計されている。社債と新株予約権の一体性は，その発行段階において，募集新株予約権の権利者となる日に社債権者になる（245条2項）とする定め，およびその流通段階において，社債の譲渡に際して，社債のみ，または新株予約権のみを譲渡の対象とすることができない（254条2項・3項）とする規律に現れている。また，新株予約権付社債の発行手続については，募集社債の発行に関する規定（676条～680条）は適用されず（248条），募集新株予約権の発行手続に関する規定が適用される（236条2項・238条1項6号7号・242条6項など）。

Ⅲ　募集社債の発行手続

　会社の資金調達手段としての社債は，社債を引き受ける者の募集をすることにより発行することができる（676条～680条。募集社債の発行）。これに対して，資金調達を直接の目的としない特殊な社債発行として，取得請求権付株式・取得条項付株式の対価が社債とされている場合（107条2項2号ロ・ニ等），または

合併などの組織再編の対価が社債とされている場合（749条1項2号ロ・ニ等）がある。

　会社が募集社債を発行するには，その都度，①社債の総額，②各社債の金額，③利率，④償還・利息支払の方法・期限，⑤各社債の払込金額・払込期日などの法定事項を決定しなければならない（676条1項）。これらの募集事項を決定するのは，取締役会設置会社においては取締役会であり（362条4項5号），指名委員会等設置会社においては，取締役会の決議によりその決定を執行役に委任することができる（416条4項）。監査等委員会設置会社においても，定款の定めなどにより，募集事項の決定を取締役に委任することができる（399条の13第5項・6項）。取締役会を設置しない会社では，定款の定めによる留保がない限り，業務執行行為として取締役が募集事項を決定することができる（348条1項・2項）。

　募集社債の引受けの申込み（677条），割当て（678条）の手続き，および総額引受契約（679条）については，概ね募集株式の発行の場合と同様の規律が設けられている。割当ての決定により，払込みをしたか否かにかかわらず，割当てを受けた申込者または総額引受人は，当該募集社債の社債権者となる（680条）。

Ⅳ　社債の譲渡

　社債の譲渡方法については，株式譲渡の場合と同様の制度設計がされている。すなわち，①社債券が発行される場合，社債の譲渡は，社債券の交付によって効力が生じ（687条），記名式社債の場合は，社債原簿への記載・記録が社債発行会社への対抗要件となる（688条2項）。社債券の占有者は権利者と推定され（689条1項），社債券の善意取得制度（689条2項）が設けられている。②振替社債の場合，社債の譲渡は，譲受人の振替口座における保有社債の金額の増加記録によって効力が生じる（振替73条）。③社債券が発行されず，かつ振替社債でもない場合，社債の譲渡は，譲渡当事者の意思表示のみによって効力が生じ，社債原簿の記載・記録が，会社および第三者に対する対抗要件となる（688条1項）。

V 社債の管理

1 社債の管理実務

会社は，社債の発行日以後遅滞なく，社債原簿を作成し，社債権者の氏名・住所などの法定事項を記載・記録しなければならない（681条）。社債原簿については，株主名簿の場合に準じた制度が設けられている（682〜685条）。社債は金銭債権であり，元利金（＝元本＋利息）の支払いを確保するために採られるべき手段・措置を総称して社債の管理という。

社債の償還期間は中長期にわたることが多く，その間に，発行会社の財務状況が悪化するおそれに備えて，発行会社の財務状況等を監視し，事態の悪化に備える必要がある（期中管理）。実務上は，社債要項上，発行会社の財務・事業に一定の制約を課し，その違反に対して期限の利益喪失などの救済手段を定める契約条項（＝コベナンツという。）を設けるのが一般的である。

次に，発行会社が財務的な危機に陥り，約定通りに元利金を支払うことができない場合には，社債権者側で何らかの対応を採る必要がある（危機管理）。ここではまず，発行会社が，財務危機にはあるものの，事業自体は健全でその再生を図ることが合理的な場合には，支払猶予・支払条件の変更などにより発行会社の支払能力を回復させることが社債権者全体の利益になる。これに対して，発行会社の危機が深刻で，支払猶予・再交渉によって企業再生を図ることが困難な場合には，法的手続によって支払いを強制したり（強制執行の申立て等），法的倒産手続が開始された後は，債権の届出を行って当該手続に参加したりすることが必要となる。

このような社債の管理には，債権保全のための高度に専門的な能力を必要とし，また多大な費用がかかることから，社債権者の合理的無関心の問題が生じ，社債権者全体の利益を損なう。そこで会社法は，社債権者の利益を保護する観点から，社債管理者の制度を設けている。

2 社債管理者

(1) 社債管理者の設置　　社債を募集する会社は，社債権者の利益保護のた

めに，原則として社債管理者を設置しなければならない（702条）。社債管理者
になることができるのは，銀行，信託会社およびこれらに準ずる者として法務
省令で定める者（＝信用組合・信用金庫・農林中央金庫・労働金庫などの金融機関）
に限られる（703条）。これに対して，例外として，①各社債の金額が1億円以
上である場合，または②社債の総額を各社債の金額の最低額で除した数が50を
下る場合（＝全部で50口未満の場合）には，社債管理者を設置する必要はない（702
条ただし書）。これは，大口の社債を取得するものは機関投資家であり，元利金
の支払遅延に対処する能力を有しており，また少数者を相手とする私募では容
易に社債権者集会を開催して，危機管理に対処することができると考えられた
ためである。

　また，担保付社債を発行する場合には，信託会社が社債権者のために社債の
管理を行い（担信2条2項），無担保社債を発行する場合に設置が強制される社
債管理者は，担保付社債の発行にあっては不要とされる（担信2条3項）。

　(2)　社債管理者の権限　　社債管理者は，社債権者のために弁済の受領，債
権の保全，その他の社債の管理を行い，社債権者のために弁済を受けまたは債
権の実現を保全するために必要な一切の裁判上・裁判外の行為をする権限を有
する（705条1項＝強行規定。社債管理者の法定権限を制約する特約は無効）。その
具体的権限は，社債の元利金の請求，弁済金の受領，支払請求の訴提起，時効
中断の措置などである。

　ただし，社債管理者は，社債権者の不利益になる行為を自らの決定によって
行うことはできない。すなわち，支払猶予・不履行の責任免除・和解・総社債
につき行う訴訟行為・破産手続・和議手続・更生手続・整理・特別清算に関す
る手続きに属する一切の行為については，原則として社債権者集会の特別決議
を経なければならない（706条1項・724条2項・会更190条1項2号）。

　また，社債管理者がこれらの行為をするために必要な場合には，裁判所の許
可を得て，社債発行会社の業務・財産の状況を調査することができる（706条4
項）。

　その他，社債権者集会の招集権限（717条2項），社債権者集会の出席・意見

陳述権（729条1項本文），社債権者集会決議の執行権（737条1項1号），社債発行会社の弁済等の取消しの訴えの提起権（865条1項），合併等の組織再編行為における会社債権者保護手続で異議を述べる権限（740条2項）などの諸権限を有している。

(3) 社債管理者の義務　社債管理者は，社債権者のために公平かつ誠実に社債を管理する義務を負い（704条1項），また社債権者に対し，善良な管理者の注意をもって社債の管理をする義務を負う（同条2項）。

ここでいう誠実義務とは，社債権者の利益と社債管理者または第三者の利益が対立する場合には，もっぱら社債権者の利益のために行動しなければならないことを意味する。社債管理者となるのは，銀行などの金融機関であるが，同時に社債発行会社の主要取引銀行として，社債発行会社に対して貸金債権等を有する債権者という立場を兼ねており，社債発行会社の支払能力の有無や債権保全・回収の必要性に関する情報をいち早く知ることができる立場にあることも多い。このような場合，社債発行会社の経営状況が悪化した際に，自己の有する債権の保全・回収を優先させて，社債権者の利益が犠牲にされることのないよう，社債管理者に，債権保全・回収の専門家として，一般投資家である社債権者に対する厳格な義務を課したものであり，信認関係に基づく忠実義務を具体化したものと位置づけることができる。

(4) 社債管理者の責任　社債管理者は，会社法または社債権者集会の決議に違反する行為をしたことにより生じた社債権者の損害を賠償する責任を負う（710条1項）。また，特別の責任として，発行会社が社債の償還・利息の支払いを怠り，もしくは発行会社について支払いの停止があった後またはその前3ヵ月以内に，社債管理者が発行会社に対して有する債権につき，弁済・担保提供等の利益相反行為がなされた場合には，社債管理者は社債権者に対して損害賠償責任を負う（710条2項）。ただし，社債管理者が誠実にすべき社債の管理を怠らなかったこと，または当該損害が当該行為によって生じたものでないことを証明したときは責任を負わない（同条2項ただし書）。この責任は，社債管理者と社債権者との間に実質的な利益相反関係が生ずることを前提に，社債管理者

が社債権者の利益を犠牲にして，自己または第三者の利益を不当に図ってはならないという誠実義務に違反する場合を想定して規定されたものである。

3　社債管理補助者

機関投資家向けの募集社債の発行として，社債管理者を定めない場合（702条ただし書）に，社債の債務不履行が発生すれば，各社債権者が自ら倒産手続において債権届出等をしなければならなくなり，煩雑になる。そこで，社債の管理に係る最低限の事務を第三者に委託できるようにするため，令和元年の会社法改正において，社債管理補助者制度が新設された。

会社は，無担保社債で，各社債の金額が1億円以上である場合，その他社債権者の保護に欠けるおそれがないものとして法務省令で定める場合，社債管理補助者を定め，社債権者のために，社債の管理の補助を行うことを委託することができる（714条の2）。社債管理補助者の資格は，銀行・信託会社などの金融機関，または弁護士・弁護士法人に限られる（714条の3，会社則171条の2）。

社債管理補助者の権限等（714条の4・724条2項）は，①破産手続，再生手続参加または更生手続への参加，②強制執行・担保権の実行の手続きにおける配当要求，③清算手続における債権の申出に限定される（714条の4第1項）。他方，社債管理の補助委託契約または社債権者集会の決議に基づいてその権限を拡大することができる（714条の4第2項・3項）。その他については，社債管理者に関する規定が準用されている（714条の7）。

4　社債権者集会

社債発行会社が社債についての債務不履行に陥った場合には，法定の倒産手続に入るよりも私的整理により，支払猶予・債権放棄等の措置を採った方が社債権者の利益に適うことがあるが，これには個々の社債権者の同意が必要であるため，それを得ることが困難であるという問題が生ずる。そこで，会社法は，社債権者を団体的に取り扱い，社債権者集会における多数決をもってこれらの措置を採ることができるようにしている。

社債権者集会は，社債の種類（681条1号）ごとに組織され（715条），会社法に規定する事項および社債権者の利害に関する事項について決議することができ

る会議体である（716条）。その決議事項は，当該社債全部についての支払猶予，責任免除・和解（706条1項1号），当該社債の全部についてする訴訟行為または破産手続等に関する行為（706条1項2号）などである。

　社債権者集会は，社債発行会社・社債管理者（717条2項）・社債管理補助者（717条3項）・少数社債権者（718条＝裁判所の許可を要する）が招集し，会日の2週間前までに，知れている社債権者・社債発行会社・社債管理者等に対し書面または電磁的方法により招集通知を発送しなければならない（720条1項・2項）。また，無記名社債を発行している場合には，法定事項を公告しなければならない（同条4項・5項）。

　社債権者集会の議事運営手続については，株主総会の場合と同様の規律が設けられており（725～728条），その議決権は，当該種類の社債の金額（残存元本額）に比例して行使される（723条1項）。その普通決議は，出席者の議決権の総額の2分の1を超える議決権を有する者の同意（724条1項）による。これに対して，社債の全部にかかる支払猶予・訴訟行為・倒産手続に関する行為は，いずれも社債権者の利益に重大な影響を及ぼすことから，特別決議事項とされており，議決権者の議決権の総額の5分の1以上で，かつ，出席者の議決権の総額の3分の2以上の議決権を有する者の同意を要する（724条2項）。また，議決権者全員の同意があれば，決議の省略が認められる（735条の2）。

　社債権者集会の決議は，社債内容の変更など，社債権者の利益に大きな影響を及ぼすことから，その決議手続の公正さを確保する必要が大きい。そこで，社債権者集会の決議は，裁判所の認可を受けなければ，その効力を生じない（734条1項）ものとされ，裁判所の後見的な監督に服するものとされている。裁判所の認可を受けた社債権者集会の決議は，当該種類の社債を有するすべての社債権者に対してその効力を有する（同条2項）。社債権者集会の決議は，社債管理者，社債管理補助者，代表社債権者または当該決議によって定められた執行者によって執行される（737条1項）。

~~ *Column* ~~~~~~~~~~~~~~~~~~~~~~~~~~~~~~~

敵対的企業買収の防衛策としての新株予約権の利用

　買収防衛策として新株予約権の発行が利用される場合として，買収者が一定割合以上の株式を買い占めた場合には，買収者の新株予約権は消却され，かつ買収者以外の株主には自動的に株式が発行されるような新株予約権を株主割当ての形式で発行するといったスキームが用いられることが多い。2005年5月「企業価値・株主共同の利益の確保又は向上のための買収防衛策に関する指針」では，①企業価値・株主共同の利益の確保・向上の原則…買収防衛策の目的は，企業価値（株主利益に資する会社の財産，収益力，安定性，成長力などを指す）ひいては株主共同の利益（株主全体に共通する利益）の維持・向上とする。②事前開示・株主意思の原則…買収防衛策は，事前にその内容などを開示し，株主の予見可能性を高め，株主の合理的意思に依拠したものとする（株主総会の承認を得て導入する，取締役会で導入する場合には株主の意思で廃止できる措置を採用するなど）。③必要性・相当性の原則…買収防衛策は過剰なものとしない（株主の財産権保護，経営者の濫用防止を図る措置が必要）の3原則に従った運用が求められている。

第 7 章

計　　　算

1 目的と概要

　会社法第2編第5章は「計算等」と題し，株式会社に関わる会計の原則（第1節），会計帳簿等（第2節），資本金の額等（第3節），剰余金の配当（第4節），剰余金の配当等を決定する機関の特則（第5節），剰余金の配当等に関する責任（第6節）について規定する。このほか，会社法施行規則（同116条〜133条を参照）や会社計算規則などの法務省令にも計算に関わる定めが置かれている。こうした会社の計算に関わる規制の内容は，①計算書類の作成と開示，②剰余金の分配規制である。

　①は，株主や会社債権者に対する情報開示の必要性から規制されている。株主は会社の出資者である。そして，会社はその財務状況や経営成績などを株主に報告しなければならない。株主はそうした報告に基づき，会社を経営する取締役等の選任・解任，株式譲渡による投下資本の回収などを検討することになる。また，株式会社は払込額を責任の上限とする有限責任社員（株主）から構成されており，債権者が自己の債権を回収することができるのは会社財産だけに限られている。このため，債権者にとっても会社の財務状況などを知ることは取引を行う上でとても重要である。

　②は，剰余金の分配可能額を計算するための規制である。会社は剰余金の一部を株主に配当するが，これは会社財産の減少を招くことになる。有限責任社員から構成される株式会社において，会社財産の減少は債権者にとって不利となる。しかし，会社が債権者の利益のため株主に剰余金の配当をしないとなる

と，株主には大きな不満となろう。このように，株主と債権者は剰余金の分配
をめぐり対立関係にある。そこで，会社法では，株主の利益と債権者の利益を
調整し，資本制度を用いることで債権者保護を図りつつ，剰余金の分配を可能
とする制度を置いている。これが分配可能額の計算である。

　以下では，会社の計算に関わる制度の仕組みについて説明することとする。

2　計算書類と決算手続

Ｉ　計　算　書　類

1　会　計　帳　簿

　計算書類の作成にあたり，会社はその基礎となる会計帳簿を作成する必要が
ある（432条1項）。この会計帳簿は，日記帳，元帳，仕訳帳などから構成される。
そして，会社は会計帳簿につき，帳簿閉鎖の時から10年間保存しておくことが
義務づけられている（432条2項）。なお，会計帳簿の作成にあたり会社は，「一
般に公正妥当と認められる企業会計の慣行」に従うことが要求される（431条。
会社の行った会計処理が公正な会計慣行に反したか否かが争われた事例として，最
判平20・7・18刑集62・7・2101を参照）。この「公正妥当と認められる企業会
計の慣行」とは，企業会計審議会が定めた「企業会計原則」やその他の会計基
準，および企業会計基準委員会が定めた各種の会計基準が主たるものとされて
いる。

2　計算書類等の作成義務

　株式会社は，毎事業年度終了後に計算書類を作成しなければならない。計算
書類の作成は，代表取締役（指名委員会等設置会社では取締役会の選定した執行役）
の職務である。会計参与を設置している会社では，会計参与と共同して作成し
なくてはならない（374条1項）。

　会社は，その成立の日における貸借対照表を作成しなければならない（435条
1項）。これは，会計帳簿に基づき作成する。また，会社は，①貸借対照表，
②損益計算書，③株主資本等変動計算書，④個別注記表といった各事業年度に

係る計算書類のほか, ⑤事業報告, ⑥これら書類に係る附属明細書を作成（電磁的記録も可）しなくてはならない（435条2項・3項, 会社則116条2号, 会社計算59条）。計算書類等は, 作成時から10年間保存する義務がある（435条4項）。計算書類等の具体的な内容は, 後述する。

Ⅱ 決 算 手 続

1 「決算」とは何か

先述のように, 会社は計算書類等を各事業年度について作成するが, こうした計算書類等は会社の機関の監査・承認を受け, 株主や債権者などの利害関係者に公開される。こうした一連の手続き・過程を一般に「決算」と呼ぶ。

2 計算書類等の監査

(1) 監査機関を有する会社の監査　　株式会社のうち監査機関を有する会社については, 以下のような方法により計算書類等に対する監査がなされる。

まず, 会計監査人設置会社を除く監査役設置会社では, 計算書類・事業報告・附属明細書について, 監査役の監査を受けなくてはならない（436条1項）。ただし, 監査役の監査の範囲を会計に関するものに限定する旨の定款の定めを置く会社では, 当該監査役に事業報告を監査する権限はないと解されている（会社則129条2項）。

次に, 会計監査人設置会社では, 計算書類とその附属明細書については, 監査役（監査等委員会設置会社では監査等委員会, 指名委員会等設置会社では監査委員会）と会計監査人の監査を受けなくてはならない（436条2項1号）。また, 事業報告とその附属明細書については, 監査役（監査等委員会設置会社では監査等委員会, 指名委員会等設置会社では監査委員会）の監査を受ける必要がある（436条2項2号）。

(2) 取締役会設置会社における計算書類の承認　　取締役会設置会社においては, 計算書類・事業報告・附属明細書について取締役会の承認が必要とされている（436条3項。会計参与設置会社につき376条を参照）。

さらに, 取締役会設置会社では, 取締役は定時株主総会の招集の通知に際し

て，取締役会の承認を受けた計算書類・事業報告，監査報告・会計監査報告を
株主に提供する必要がある（437条）。

　ここで会社は，定時株主総会の会日の1週間前（取締役会設置会社では2週間
前）から，計算書類・事業報告・附属明細書を会社の本店に5年間，その写し
を支店に3年間，それぞれ備え置き（442条1項・2項），株主や債権者の閲覧・
謄写に供する（442条3項）。親会社社員についても，裁判所の許可を得て閲覧
などができる（442条4項）。

3　株主総会への報告・承認

　取締役は，監査等の手続きを経た計算書類および事業報告を定時株主総会に
提出（電磁的記録についてはその提供を）しなくてはならない（438条1項）。さらに，
定時株主総会に提出された計算書類は承認を受けなければならず，取締役は事
業報告の内容を報告する（438条2項・3項）。

　なお，会計監査人設置会社については，計算書類の承認に関わる特則がある。
この特則によれば，取締役会の承認を受けた計算書類が，会計監査人の無限定
適正意見と監査役（または監査役会・監査等委員会・監査委員会）の適法意見が
あるなどの要件を満たす場合，株主総会の承認を受ける必要はなく，取締役は
計算書類の内容を報告すればよいとされる（439条，会社計算135条）。実際に上場
会社などでは，この特則により株主総会の場では計算書類の報告のみがなされ
ているという。

4　臨時計算書類と連結計算書類

　(1)　臨時計算書類　　株式会社は，事業年度中の一定の日を臨時決算日とし
て決算をすることができる（441条1項）。この臨時決算により，臨時決算日ま
での損益を剰余金配当等の分配可能額に含めることができる（461条2項2号イ）。
この臨時決算で作成される貸借対照表と損益計算書を臨時計算書類という。そ
の監査・承認の手続きなどについては，各事業年度に係る計算書類と同様であ
る（441条2項〜4項，会社計算121条以下等）。

　(2)　連結計算書類　　大規模な株式会社の中には，多数の子会社や関連会社
を有し，企業グループ（企業集団）として事業を行っているところがある。そ

の場合，企業グループ全体の財務状況や経営成績を知っておくことで，対象とする会社の実際の財務状況などを把握することができる。そうしたある会社とその子会社から成る企業グループ全体について作成されるのが連結計算書類である。連結貸借対照表・連結損益計算書・連結株主資本等変動計算書・連結注記表がこれに該当する（会社計算61条。同62条〜69条も参照）。ただし，剰余金配当規制については，単体の貸借対照表が基準となる。

　会計監査人設置会社は，各事業年度に係る連結計算書類を作成（電磁的記録も可）することができる（444条1項・2項，会社計算61条以下）。ただし，会計監査人設置会社のうち，事業年度の末日において大会社で，かつ金融商品取引法上の有価証券報告書提出会社は，連結計算書類の作成が強制される（444条3項）。

　連結計算書類は，監査役（監査等委員会設置会社では監査等委員会，指名委員会等設置会社では監査委員会）と会計監査人の監査を受け，取締役会の承認後，定時株主総会の招集通知により株主に提供され，株主総会において監査の結果が報告される（444条4項〜7項，会社計算134条）。

3 ▶ 計算書類の内容と記載方法

Ⅰ　貸 借 対 照 表

1　総　　　説

　会社の財務状況を表す書類の1つに貸借対照表（Balance Sheet［BS］と呼ばれる）がある。貸借対照表は，決算期という一定の時期における会社の財務・財産状態を表したものであり，会社がどのように資金を調達し，その資金がどのように運用されているのかが分かるようになっている。つまり，会社財務の安定性・健全性を示しているといえよう。

　貸借対照表は，左側（「借方」と呼ばれる）に資産の部，右側（「貸方」と呼ばれる）に負債の部と純資産の部を掲げる方式で作成される（会社計算73条1項）。様式としては，左右に対照表示される勘定式と，縦に順に表示する報告式とがある。勘定式の場合，右側に資金の調達源，左側に資産が示される。貸借対照

表を見ることで，会社の資産のうち，どれだけの額が会社債権者に帰属し（負債），どれだけの額が株主に帰属する（純資産）かが分かる。左側の合計額と右側の合計額は一致する（資産から負債を差し引くと「純資産」の額が明らかになるが，仮に負債の方が多いと「債務超過」となる）。

2　記　載　方　法

　貸借対照表の資産の部は，①流動資産，②固定資産，③繰延資産に分かれる（会社計算74条1項）。①には，現金，預金，売掛金，在庫資産などの事業取引に関わる資産や1年内といった短期間で入れ替わる性質の資産が入る。②は，長期間使用される有形固定資産（土地，建物，機械等）や無形固定資産（特許権等），投資その他の資産（投資している金融商品や子会社等の株式等）に区分される。③は，すでに支出された費用を将来の収益に対応させるために資産として計上されたもの（開業費，研究費等）である。

　負債の部は，①流動負債，②固定負債に分かれる（会社計算75条1項）。①は，短期借入金，買掛金，支払手形などの事業取引から生じた負債や1年内に履行期が到来する負債である。②は，社債や長期借入金などの長期の負債である。

　純資産の部は，①株主資本，②評価・換算差額等，③新株予約権に分かれる（会社計算76条1項1号）。①は，資本金や資本剰余金，利益剰余金などに区別される。資本金や資本剰余金は，会社の設立や株式発行の際に株主が会社に払い込んだ金額（払込資本）に相当する。利益剰余金は，会社の利益から構成される。なお，会社の保有する自己株式は，控除項目として株主資本の部に表示される。

3　資産と負債の評価

　貸借対照表の資産の部には，会計帳簿上に付されている資産が記載される。ここにいう資産については，原価主義により，取得価額（物品等を取得するために要した金額）が付されるのが原則とされている（会社計算5条1項）。そして，償却すべき財産については，事業年度末日（事業年度末日以外の日において評価すべき場合にはその日）に相当の償却をしなければならない（会社計算5条2項）。減価償却費の計上である。

　事業年度末日における時価が著しく低い資産（当該資産の時価がその時の取得

貸 借 対 照 表

令和　年　月　日

科　　目	金　　額	科　　目	金　　額
（資産の部）		**（負債の部）**	
Ⅰ　流動資産	××	Ⅰ　流動負債	××
現金預金	××	支払手形	××
受取手形	××	買掛金	××
売掛金	××	1年内返済長期借入金	××
有価証券	××	未払金	××
商品	××	未払費用	××
前渡金	××	未払法人税等	××
前払費用	××	未払消費税等	××
未収収益	××	賞与引当金	××
繰延税金資産	××	Ⅱ　固定負債	××
その他	××	社債	××
△貸倒引当金	△××	長期借入金	××
Ⅱ　固定資産	××	退職給付引当金	××
1　有形固定資産	××	負ののれん	××
建物	××	**負債の部合計**	××
△減価償却累計額	△×× ××	**（純資産の部）**	
工具器具備品	××	Ⅰ　**株主資本**	××
△減価償却累計額	△×× ××	**資本金**	××
土地	××	新株式申込証拠金	××
△減価償却累計額	△×× ××	**資本剰余金**	
2　無形固定資産	××	資本準備金	××
借地権	××	その他資本剰余金	×× ××
のれん	××	利益剰余金	
その他	××	利益準備金	××
3　投資その他の資産	××	その他利益剰余金	×× ××
関係会社株式	××	自己株式	××
出資金	××	自己株式申込証拠金	××
長期貸付金	××	Ⅱ　**評価・換算差額等**	××
繰延税金資産	××	その他有価証券評価差額金	××
その他	××	繰延ヘッジ損益	××
△貸倒引当金	△××	土地再評価差額金	××
Ⅲ　繰延資産	××	Ⅲ　**新株予約権**	××
開業費	××	**純資産の部合計**	××
資産の部合計	××	**負債・純資産の部合計**	××

原価まで回復すると認められるものを除く）は，時価を付さなければならず，予測できない減損が生じた資産などは相当の減額をすることになっている（会社計算5条3項）。

　取立不能のおそれのある債権については，事業年度末日において取立てができないと見込まれる額を控除する必要がある（会社計算5条4項）。貸倒引当金である。債権については，その取得価額が債権金額と異なる場合その他相当の理由がある場合には適正な価格を付すことができる（会社計算5条5項）。

　事業年度末日における時価が取得原価より低い資産や，上場会社の株式などの市場価格のある資産（子会社・関連会社の株式と満期保有目的の債券を除く）その他事業年度末日においてその時の時価または適正な価格を付すことが適当な資産については，時価や適正な価格を付すことができる（会社計算5条6項）。

　負債については，原則として，債務額を付すのが原則とされている（会社計算6条1項）。債務額を付すことが適当でない負債については，時価または適正な価格を付すことができる（会社計算6条2項以下）。これは，将来の費用または損失の発生に備えた準備額で，当期に負担するのが合理的なもの，具体的には，退職給付引当金，返品調整引当金，製品保証引当金，売上割戻引当金などがある。

Ⅱ　損 益 計 算 書

　損益計算書（Profit and Loss Statement［PL］と呼ばれる）は，会社の経営成績を明らかにするため，一定の期間（事業年度）における収益とそれに対応する費用を記載する書類である。

　会社の本来の事業活動によって生じた収益を売上高として記載し，そこから収益を生み出すための費用である売上原価（商品の製造に要した費用等）を差し引いたのが，売上総損益である（会社計算89条）。さらに，販売費と一般管理費（広告宣伝費等）を差し引き，営業損益を算出する（会社計算90条）。これが，本来の事業活動によって会社が上げた利益とされる。これに，営業外収益（受取利息，有価証券売買益等）を加算し，営業外費用（支払利息，有価証券売却損等）を差

[損 益 計 算 書]
自　　年　月　日
至　　年　月　日

科　　目	金　　額
売　　上　　高	×××
売　上　原　価	×××
売　上　総　損　益	×××
販売費及び一般管理費	×××
営　業　損　益	×××
営　業　外　収　益	×××
営　業　外　費　用	×××
経　常　損　益	×××
特　別　利　益	×××
特　別　損　失	×××
税引前当期純損益	×××
法　人　税　等	×××
法人税等調整額	×××
当　期　純　損　益	×××

し引いたものが，経常損益である（会社計算91条）。さらに，これに臨時に発生
した収益・費用である特別利益（固定資産売却益等）・特別損失（固定資産売却
損等）を加味したものが，税引前当期純損益である（会社計算92条）。ここから，
法人税を減じるなどして，当期純損益が計算される（会社計算93条・94条）。実務
では，経常損益が重視される。

Ⅲ　その他の書類

1　株主資本等変動計算書

　株主資本等変動計算書は，各事業年度における貸借対照表の純資産の部の変
動を示す書類である（当該書類は，近年になって貸借対照表の純資産の部の変動要
因が増えたことなどから，純資産の部の変動を明らかにするため導入されたもので
ある）。この計算書には，事業年度の資本金，資本剰余金・利益剰余金（準備金・
その他の剰余金），自己株式，評価・換算差額等の変動の明細を表示する（会社

株主資本等変動計算書

| | 株主資本 | | | | | | | | | | 評価・換算差額等 | | | 新株予約権 | 純資産合計 |
| | 資本金 | 資本剰余金 | | | 利益剰余金 | | | | 自己株式 | 株主資本合計 | その他有価証券評価差額金 | 繰延ヘッジ損益 | 評価・換算差額等合計 | | |
		資本準備金	その他資本剰余金	資本剰余金合計	利益準備金	その他利益剰余金 ××積立金	その他利益剰余金 繰越利益剰余金	利益剰余金合計							
前期末残高	×××	×××	×××	×××	×××	×××	×××	×××	△×××	×××	×××	×××	×××	×××	×××
当期変動額															
新株の発行	×××	×××		×××						×××					×××
剰余金の配当					×××		△××××	△××××		△××××					△××××
当期純利益							×××	×××		×××					×××
自己株式の処分									×××	×××					×××
×××××															
株主資本以外の項目の当期変動額（純額）											×××	×××	×××	×××	×××
当期変動額合計	×××	×××	—	×××	×××	—	×××	×××	×××	×××	×××	×××	×××	×××	×××
当期末残高	×××	×××	×××	×××	×××	×××	×××	×××	△×××	×××	×××	×××	×××	×××	×××

計算96条)。

2 個別注記表

個別注記表は，これまでに述べた計算書類によって会社の財産・損益の状態を正確に判断するために必要な注記事項をまとめて表示するものである。計算書類の注記のほか，継続企業の前提に関する注記（会社の事業継続に疑義があるかどうか），重要な会計方針が記載される（会社計算97条以下）。

3 事 業 報 告

事業報告は，事業年度中の会社の状況を文章で表した報告書である。会社の主要な事業内容等の状況，会社役員等に関する事項，買収防衛策の内容，内部統制システムの概要と運営状況等が記載される（会社則117条〜126条）。

4 附 属 明 細 書

附属明細書は，計算書類・事業報告の内容を補足する事項を表示する書類である（会社則128条，会社計算117条）。有価証券，固定資産，引当金の明細が記載される。

4 ∴ 資本金と準備金

I 資本金等の意義

貸借対照表上の純資産の部の株主資本は，資本金，資本剰余金（資本準備金・その他の資本剰余金），利益剰余金（利益準備金，その他の利益剰余金）などに分類される（会社計算76条2項）。このうち，資本準備金と利益準備金とを併せて法定準備金という。

株主有限責任の原則のもと，株主は会社債権者に対して責任を負う必要がないことから，債権者にとっては会社財産だけが頼りである。しかし，会社はその財産を株主に分配できることから，仮にこれが自由に分配できるとなると，債権者の利益が害されることにもなりかねない。こうしたことから，会社に対しては，ある程度の財産の確保を要求している。この財産を具体的な金額に表したのが資本金や準備金である（準備金は資本金のクッションとしての役割を果

たしているといえる）。したがって，資本金や準備金は，会社債権者の保護を目的に設けられているといえる。なお，会社は資本金の額を登記することが要求されている（911条3項5号）。

II　資本金や準備金の額

　株式会社における資本金の額は，原則として，設立または株式の発行に際して株主となる者が会社に対して払込みまたは給付をした財産の額とされる（445条1項）。株主から払込み・給付がなされた財産につき，その2分の1は資本金に組み入れなくてはならないが（445条2項），残りを資本準備金として計上することができる（445条3項）。

　会社が剰余金を配当する場合，準備金の合計額が資本金の額の4分の1に達するまで，その配当により減少する剰余金の額の10分の1を資本準備金または利益準備金として積み立てておく必要がある（445条4項，会社計算22条）。

　このほか，会社が合併や分割などの企業再編を行った際にも，一定の額が資本金や準備金として計上されることがある（445条5項，会社計算35条以下）。

III　資本金・準備金の減少の手続き

1　「減資」とは何か

　会社は，資本の減少，すなわち資本金の額を減少させることができる。これを「減資」と呼ぶ。会社が減資を行うのは，資本として拘束されていた財産を株主に還元する場合や会社に欠損がある場合（資本金の額を減少させることで会社財産の分配を可能とする操作を行う）などとされる。しかし，こうした減資は，株主への影響が大きいこと（会社の基礎的変更を伴うため）や会社債権者を害するおそれがあることなどから，以下のような手続きが必要とされる。

2　株主総会等における手続きの内容

　資本金の額の減少は，株主総会の特別決議によって行われるが（447条1項・309条2項9号），準備金の額の減少については，株主総会の普通決議で足りる（448条1項）。減少する資本金や準備金の額に制限はないが，その額につき，資本金

の額の減少の効力発生日における資本金・準備金の額を超えることは認められない（447条2項・448条2項）。

　会社が株式の発行と同時に資本金の額を減少させると決めつつも，資本金の額が前の額を下回らないようであれば，取締役の決定（取締役会設置会社では取締役会の決議）で足りる（447条3項。準備金にも同様の規定がある［448条3項］）。

3　債権者保護手続

　会社が資本金や準備金の額を減少する場合（減少する準備金の額の全部を資本金とする場合を除く），その債権者は，原則として異議を述べることができる（449条1項）。ただし，準備金のみを減少させる場合につき，それを定時株主総会で決議し，かつ減少額が定時株主総会（計算書類を取締役会で決定する場合は取締役会の承認の日）の日における欠損額を超えない場合，異議を述べることができない（449条1項ただし書）。

　債権者が異議を述べることのできる場合，会社は，官報に「減少の内容や異議を述べられる期間（1ヵ月以上）」などを公告し，かつ「知れている債権者」には各別に催告しなくてはならない（449条2項）。ただし，その公告を官報ではなく日刊新聞紙または電子公告するときは，催告は不要とされる（449条3項）。債権者が異議を述べなかった場合は，承認したものとみなされる（449条4項）。

　債権者から異議があった場合，会社はその債権者に弁済するか，相当の担保を提供するか，信託会社等に相当の財産を信託しなければならないが，債権者を害するおそれがない場合は，こうした手続きを行わなくてもよい（449条5項）。

　なお，資本金等の額の減少の効力発生日は，原則として，株主総会において定められた日であるが，債権者保護手続が終了していないときは，この限りでない（449条6項）。また，会社は資本金等の額の減少の効力発生日前であればいつでも，その発生日を変更することができる（449条7項）。

4　無効の訴え

　資本金の額の減少の手続きなどに瑕疵がある場合，株主や取締役，会社債権者等は，資本金の額の減少無効の訴えを提起し，手続きを無効とすることができる（828条1項5号・2項5号）。提訴期間は，効力発生日から6ヵ月以内である

（828条1項5号）。無効判決は対世効であるが（838条），遡及効は制限される（839条）。訴えの管轄・移送，担保提供命令，弁論等の必要的併合および原告が敗訴した場合の損害賠償責任については，他の「会社の組織に関する訴え」の場合と同様とされる（835〜837条・846条）。

Ⅳ　資本金・準備金の増加の手続き

会社は，株主総会の普通決議により，剰余金を減少してそれを資本金や準備金に組み入れることができる。その場合，株主総会において剰余金の減少額，資本金・準備金の額の増加の効力発生日を定める（450条以下）。減少額は，効力発生日の剰余金の額を超えてはならない（450条3項・451条3項）。

また，会社は，株主総会の普通決議により，損失の処理，任意積立金（社債償還積立金や設備拡準備金など）の積み立てやその他の剰余金の処分（資本金・準備金の額の増加，剰余金の配当などを除く）が行える（452条）。

5　利益の分配

Ⅰ　規制の趣旨

会社は事業活動によりその成果である利益を得る。この利益について，会社は株主に配当することができる。こうした株主への分配を剰余金の分配といい（453条を参照），社内に留保するための決定とあわせて，剰余金の処分という。剰余金の処分により，社内に留保される場合には会社の責任財産が増加するが，剰余金の配当に充てられる場合には，会社財産が社外に流出することから債権者を害するおそれがある。そこで，会社法では剰余金の配当に対する規制を設けている。すなわち，事前的には分配可能額を規制し，事後的には取締役等の期末欠損補填に関わる責任である。こうした規制により，債権者保護を確保し，債権者による異議手続を要することなく会社財産の社外流出を認めている（剰余金の配当のほか，自己株式の取得も株主に対する会社財産の分配といえる。詳細は，第4章6Ⅰ2「自己株式取得の弊害」参照）。つまり，株主と債権者との利益の

調整がなされるというわけである。

II　剰余金の配当の手続き

1　会社の機関における手続き

（1）株主総会による決議　　剰余金の配当は，原則として，株主総会の普通決議により決定する。剰余金を配当するにあたり，会社は，配当財産の種類および帳簿価額の総額，株主に対する配当財産の割当てに関する事項，効力発生日を定める（454条1項）。種類株式を発行している場合には，その内容に応じて定められるが（454条2項），その株主間では株式数に応じたものである必要がある（454条3項）。なお，自己株式には配当が認められていない（453条かっこ書）。

　会社は，金銭以外の現物配当を行うこともできるが，これについては特別の規則がある。すなわち，株主総会の決議により，配当財産の代わりに金銭を交付することを会社に請求する権利（金銭分配請求権）を株主に与えなくてはならない（454条4項）。こうした権利を株主に与えず，現物配当のみの場合には，株主総会の特別決議が必要となる（309条2項10号）。現物配当は，企業グループ内の組織再編，たとえば，親会社（持株会社など）が子会社から孫会社株式を現物配当により受け取り，親会社の直下に置くような場合に用いられることが実務上多いとされる。

　（2）取締役会決議による場合　　取締役会設置会社については，1事業年度の途中で1回に限り，取締役会の決議によって剰余金の配当（金銭配当に限られるが）ができる旨を定款で定めることが可能である（454条5項）。実務上，こうした「中間配当」に関する定めを置き，年2回配当を実施する会社が多い。

　また，会計監査人設置会社のうち，取締役の任期が1年以下である監査役設置会社，監査等委員以外の取締役の任期が1年以下の監査等委員会設置会社，指名委員会等設置会社については，定款により，①剰余金の配当（金銭分配請求権を株主に与えない現物出資を除く），②特定者からの場合を除く自己株式の有償取得，③欠損補填のための準備金の減少，④財産の社外流出を伴わない剰余金の処分につき，取締役会の権限とすることができる（459条1項4号）。こう

した定款を置く場合，当該会社は，剰余金の配当について株主総会決議によらない旨を定款で定めることができる（460条）。

2　剰余金の配当に対する規制

(1)　財源規制等　　剰余金の配当は会社財産の社外流出になるため，会社は無制限に配当をなすことが制限されている。すなわち，①分配可能額の範囲内で剰余金の配当をしなければならないこと（461条1項），②配当の際には，一定の準備金の積立てをすること（445条4項），③会社の純資産額が300万円以上であること（461条2項6号，会社計算158条6号）などである。

(2)　分配可能額　　分配可能額の算定は複雑なため，ここではその大まかな内容のみ説明する。分配可能額は，以下の手順により算定される。すなわち，①事業年度末日（決算日）における剰余金の額を算定し，②分配時点までの剰余金の増減を反映させ，分配時点における剰余金の額を算定，③分配時点における剰余金の額から自己株式の帳簿価額などを差し引いて分配可能額を算定する（461条2項，会社計算156条等を参照）。①～③の額の具体的な算定方法は，下記の表のとおりである。

【剰余金の額の算定方法】

(a)　事業年度末日（決算日）における剰余金の額＝①資産の額＋②自己株式の帳簿価額の合計額－③負債の額－④資本金と準備金の合計額－⑤法務省令で定める各勘定科目に計上した額

(b)　分配時点における剰余金の額＝①事業年度末日における剰余金の額＋②最終事業年度末日後の自己株式処分損益＋③最終事業年度末日後の減資差益＋④最終事業年度末日後の準備金減少差益－⑤最終事業年度末日後の自己株式消却額－⑥最終事業年度末日後の剰余金の配当額－⑦法務省令で定める各勘定科目に計上した額

(c)　分配可能額の算定＝①分配時点における剰余金の額－②分配時点の自己株式の帳簿価額－③事業年度末日後に自己株式を処分した場合の処分対価－④その他法務省令で定める額

---

(3) 剰余金配当の支払い時期等　剰余金の配当は，上記の法定の手続きを経れば，原則として，いつでも可能である（453条）。剰余金配当の効力発生により配当支払請求権が発生し，譲渡，差押えなどの対象となる。配当の支払いは，会社の費用により，株主の株主名簿上の住所または株主が会社に通知した場所に支払うこととなる（457条）。

Ⅲ　違 法 配 当

1　違法配当に関わる役員等の責任

　分配規制に反して，十分な分配可能額がないにも関わらずになされた配当は違法とされる。いわゆる「蛸配当」（蛸は空腹のときに自分の足を食べるといわれることから）である。剰余金の分配規制に反して配当がなされた場合，①金銭等の交付を受けた株主，②当該行為に関する職務を行った業務執行者（業務執行取締役［指名委員会等設置会社における執行役］，その他の関与者），③株主総会や取締役会に違法配当議案を提出した取締役は，連帯して，会社に対し違法配当した金銭等の帳簿価額に相当する金銭を支払う義務を負う（462条1項）。

　上記の責任を負う者のうち，株主以外の取締役等は，その職務を行うことについて注意を怠らなかったことを証明したときは，責任を免れることができる（462条2項）。しかし，違法配当に関わる規制は債権者保護を目的としていることから，こうした取締役等の義務につき，分配可能額を超える部分については，総株主の同意があっても免除されない（462条3項）。反対に，分配可能額を超えない部分については，総株主の同意があれば免除される。会社法462条1項などにより，粉飾決算・不正会計事件を引き起こした会社の取締役等に対し多額の支払責任が認められた事例も存する（東京高判令1・5・16資料版商事法務425・31）。

　取締役等が違法配当額を弁済したときは，違法配当であることについて株主が悪意であれば求償できるが，善意であれば求償できない（463条1項）。

　会社の債権者は，金銭等の交付を受けた株主に対し，直接に違法配当額に相当する金銭を支払うよう請求できる（463条2項）。この場合，債権者保護を重

視する立場から，株主の善意・悪意は問われないと解されている。なお，返還
請求できる額は，その債権者の会社に対する債権額の範囲内に限定される。

　違法配当がなされた場合，会計参与，監査役，会計監査人も任務懈怠責任と
して，会社に対し損害賠償責任を負う（423条1項）。また，違法配当の決定に
関与した取締役，会計参与，監査役，執行役には刑事責任が課される（963条5
項2号）。

2　自己株式の違法な取得

　一定の株式買取請求権行使に応じて株式を取得した際に，株主に対する金銭
の額の支払いが分配可能額を超えていた場合には，その職務を行った業務執行
者は会社に対して連帯してその超過額を支払う義務を負う（464条1項本文）。た
だし，その職務を行うことについて注意を怠らなかったことを証明したときは，
責任を免れる（464条1項ただし書）。この責任は，総株主の同意がなければ免除
されない（464条2項）。

3　期末欠損填補責任

　期末に欠損が生じた場合，業務執行者は，会社に対し連帯してその欠損の額
を支払う義務を負う（465条1項本文）。この責任は，剰余金の分配可能額に関す
る規制を遵守している場合にも発生する。支払額は分配額が上限となる。ただ
し，業務執行者がその職務を行うことについて注意を怠らなかったことを証明
したときは，責任を免れる（465条1項ただし書）。この責任は，総株主の同意が
なければ免除されない（465条2項）。

6 ❖ 計算書類の開示・公告

I　情報開示の必要性

　会社は，その情報について株主や会社債権者などの利害関係者に開示するこ
とが法律により強制されている。情報開示の機能としては，①必要な情報を関
係者に提供する，②権利行使の機会を知らせるだけでなく，合理的な判断に基
づく行使ができるようにする，③情報の格差を解消し，当事者（会社と株主・

債権者等）の地位を対等に近づける，④不正を抑制するといったことがあげられる。

　開示の方法としては，①関係者に直接情報を提供する方法（直接開示）と，②一定の場所で情報を提供する方法（間接開示）がある。①については，公告（官報や日刊新聞紙等）や株主等に書類を直接送付するなどの方法があり，②については，登記や会社の本店・支店に書類を備え置くなどの方法がある。近時は，インターネットなどの情報通信手段の発達により，電子化された商業登記（インターネットにより登記の閲覧ができる）や公告（電子公告を選択すれば，会社は自己の情報をウェブサイト上で開示できる）により，かつてのような紙媒体に限られていたときに比べ，株主や債権者等による会社の情報収集が容易になっている。

II　開示制度の内容

1　計算書類等の公告

　会社の計算書類の開示について，会社法は，会社は定時株主総会の終了後遅滞なく，貸借対照表（大会社については損益計算書も）を公告しなくてはならないと定めている（440条1項）。定款により公告の方法が官報または日刊新聞紙である会社は，貸借対照表の要旨を公告すればよいが，電子公告をしている会社については，要旨の公告が認められていない（440条2項）。なお，電子公告を選択した会社は，定時株主総会が終結した日の後5年間を経過する日まで継続して計算書類を開示する必要がある（940条1項2号）。また，公告の方法を官報または日刊新聞紙としている会社についても，株主総会終結後5年を経過する日まで，電磁的方法により計算書類を不特定多数の者がその提供を受けることができる状態に置く措置をとることができる（440条3項）。

　金融商品取引法上の有価証券報告書提出会社（主に上場会社）については，会社法上の公告が免除される（440条4項）。

　そのほか，先述のように，会社の計算書類や事業報告などについては，定時株主総会の招集通知の際に株主に提供され，また会社の本店などに備え置かれ

る。

2　上場会社等に対する開示規制

　会社法上の情報開示制度は，商業登記や公告（計算書類の開示）などを通じて，株主や債権者等の会社の利害関係者の意思決定や権利行使のための基本情報を提供することを目的としているが，金融商品取引法（金商法）上の情報開示制度は，株主だけでなく潜在的な投資家も含め，国民全体が対象となる。つまり，証券市場に株式等を発行する会社（上場会社等）は，投資家に対して，自社の財務状態や経営成績を正確に公開しなくてはならないのである。こうしたことから，金商法では会社法以上に詳細な情報開示を会社に要求している。

　金商法上の情報開示には，①株式等の発行者が証券発行時に要求される開示（発行開示），②発行者が定期的に要求される開示（継続開示）がある。①の開示は，有価証券届出書の公衆縦覧（金商5条・25条）と，投資家への目論見書の交付（金商13条・15条）によってなされる。また，②の開示は，有価証券報告書（金商24条1項）によってなされる。なお，有価証券報告書の作成が求められるのは，①有価証券の募集・売出しにあたり有価証券届出書を内閣総理大臣に提出した会社，②金融商品取引所に有価証券を発行する会社（上場会社），③資本金5億円以上かつ株主数1000名以上の会社であり，これらの会社（有価証券報告書提出会社）は事業年度ごとに当該報告書を内閣総理大臣に提出しなくてはならない。このほか，上場会社等は，6カ月間の財務状況等を記載した半期報告書や臨時報告書等について内閣総理大臣への提出が求められる（金商24条以下を参照）。こうした書類は，公衆縦覧に供される（金商25条）。

　上記の金商法上の開示書類には，貸借対照表や損益計算書等の計算書類が含まれるが，こうした書類（金商法では「財務諸表」と呼ばれる）は，財務諸表規則・連結財務諸表規則に従って作成（金商法では会社法上の計算書類のほか，会社の手許現金の流れを示す書類＝「キャッシュ・フロー計算書」などの作成も求めている）され，利害関係のない公認会計士・監査法人の監査証明を受ける必要がある（金商193条・193条の2）。また，財務諸表の信頼性確保のため，金商法では，上場会社等に対し，有価証券報告書と共に内部統制報告書の作成を義務づけるととも

に（金商24条の4の4第1項），会社の代表者に内部統制の有効性を確認すること
を要求している（金商24条の4の2）。

　なお，上場会社等が開示すべき書類については，投資者に対する直接交付や
公衆縦覧のほか，金融庁が運営する電子開示制度＝EDINET（Electronic
Disclosure for Investors' NETwork）を通じて開示がされている。また，上場会
社等に対しては，証券取引所が情報開示を迅速かつ適時になすことを求めてい
る。

7 ▶ 株主の情報収集権

I　会計帳簿閲覧請求権

1　請求の要件

　会社は公告により貸借対照表などについて一般に公開するため，その会社に
関わる全株主は当該書類を確認することができる。しかし，計算書類を作成す
るもとになった会計帳簿については，以下の要件を満たす株主にのみその閲覧
が認められている。すなわち，総株主の議決権の100分の3（定款で緩和可）以
上の議決権を有する株主または発行済株式の100分の3（定款で緩和可）以上の
数の株式を有する株主は，会社の営業時間内であればいつでも，会計帳簿やこ
れに付随する資料の閲覧・謄写を請求できる（433条1項前段）。この場合，株主は，
請求の理由を明らかにする必要がある（433条1項後段）。請求の理由については，
具体的な記載が求められるが（最判平2・11・8金判863・20），請求者がその理由
を基礎づける事実が客観的に存在することを立証する必要はないと解されてい
る（最判平16・7・1判時1870・128）。

　親会社の社員についても，その権利行使のため必要があるときは，裁判所の
許可を得て子会社の会計帳簿等の閲覧・謄写を請求することができる（433条3
項）。

　このほか，裁判所は，申立てまたは職権により，訴訟の当事者に対し会計帳
簿の全部または一部の提出を命ずることができる（434条）。

2　閲覧の対象となる会計帳簿等

閲覧の対象となるのは，会社の会計帳簿と資料である。ここにいう会計帳簿とは，日記帳，元帳，仕訳帳などを指し，その資料とは，会計帳簿作成の直接の資料となった資料，その他の会計帳簿を実質的に補充する資料であり，会計の伝票，受領書などが該当するが，契約書等は原則として含まれないとした裁判例が存する（横浜地判平3・4・19判時1397・114。限定説）。これに対しては，会社の会計に関する限り，一切の帳簿・資料が会計帳簿閲覧権の対象に含まれるべきとする見解もある（非限定説）。

3　閲覧請求の拒絶

会計帳簿の閲覧により，会社の秘密情報などが外部に流出するおそれがある。その結果，会社の利益が失われ，これにより他の株主の利益を害することも考えられる。そこで，会社法では，会社が次のいずれかの拒絶事由に該当する場合，株主からの帳簿閲覧請求を拒むことができる（433条2項）。その拒否事由とは，①請求する株主（請求者）が権利の確保または行使に関する調査以外の目的で請求を行ったとき，②請求者が会社の業務の遂行を妨げ，株主の共同の利益を害する目的で請求を行ったとき，③請求者がその会社の業務と実質的に競争関係にある事業を営みまたはこれに従事する者であるとき，④請求者が会計帳簿またはこれに関する資料の閲覧・謄写によって知り得た事実につき，利益を得て第三者に通報するため請求したとき，⑤請求者が過去2年以内において，会計帳簿またはこれに関する資料の閲覧・謄写によって知り得た事実につき，利益を得て第三者に通報したことがあるときである（433条2項1号～5号を参照）。親会社の社員による子会社の帳簿閲覧請求についても，①～⑤の拒絶事由があれば，裁判所は閲覧を許可しない（433条4項）。

なお，会社は，株主の閲覧請求目的が上記の拒否事由に該当することを証明すれば，その請求を拒絶できるが，③の競業について，判例は，会社の会計帳簿等の閲覧謄写請求をした株主が，会社法433条2項3号に規定する拒絶事由に該当するというためには，当該株主が会社と競業をなす者であるなどの客観的事実が認められれば足り，当該株主に会計帳簿等の閲覧謄写によって知り得

る情報を自己の競業に利用するなどの主観的意図があることを要しないとする（最決平21・1・15民集63・1・1）。この点，学説の中には，主観的意図を要するとする見解も存する。

このほか，③の競業については，請求する株主が近い将来競業をなす蓋然性が高い場合にも，会社法433条2項3号のいう「競争関係」に含まれるとした裁判例もある（東京地判平19・9・20判時1985・140）。

Ⅱ　検査役による調査

1　制度の趣旨

株主は，会社の経営を監督・是正する権利（取締役や指名委員会等設置会社における執行役の違法行為差止請求権［360条］，責任追及等の訴え［847条］などの権利）を有している。こうした権利を適切に行使するには，会社の業務や財産の状況に関する正確かつ詳細な情報を得ておく必要があるだろう。株主には，先述のような会計帳簿閲覧請求権が認められているが，この権利では会計の範囲でしか調査できない。

しかし，株主としては，会計帳簿だけでは確認できない会社の業務や財産の状況を調査したいということもあるだろう。こうした株主の調査のために設けられている制度が業務執行検査役の選任申立権である。この権利は，強力であるだけでなく濫用の危険も大きいことから，その要件や効果につき厳格な規制がなされている。

2　申立ての要件等

総株主の議決権の100分の3（定款で緩和可）以上の議決権を有する株主または発行済株式の100分の3（定款で緩和可）以上の数の株式を有する株主は，会社の業務執行に関し，不正の行為または法令・定款に違反する重大な事実を疑うに足りる事由があるときには，会社の業務・財産の状況を調査するため，裁判所に対し検査役の選任を申し立てることができる（358条1項～3項）。なお，検査役には，会社と特別な利害関係のない弁護士が選任される場合が多いとされ，その補助者として公認会計士や不動産鑑定士が選任されることもあるとい

う。

　検査役は，会社の業務・財産状況について必要な調査を行い，その結果を記
載・記録などした書面（調査報告書）または電磁的記録を裁判所に提供し報告
しなければならない（358条 5 項）。裁判所は，調査報告の内容を明瞭にしまた
はその根拠を確認するため必要があると認めるときには，検査役に対してさら
に報告を求めることができる（358条 6 項）。

　また，検査役は，会社および検査役選任の申立てをなした株主に対しても裁
判所に提供した書面の写しを交付し，または電磁的記録に記録された事項を会
社法施行規則229条 5 号に定める方法（会社則222条を参照）により提供しなくて
はならない（358条 7 項）。

　なお，検査役はその職務を遂行するにあたり，必要であれば，子会社の業務・
財産の状況を調査することもできる（358条 4 項）。

　検査役の報告を受けて，裁判所は，必要があると認めるときは，取締役（代
表取締役など）に対し，株主総会の招集または検査役による調査の結果を株主
に通知することの両方またはいずれか一方を命じなくてはならない（359条）。

　検査役の選任に関わる裁判例としては，①代表取締役による会社資金の不正
支出や多額の役員報酬の授受が問題とされた事案につき，検査役選任の請求が
認められたもの（大阪高決昭55・ 6 ・ 9 判タ427・178），②法令違反の内容として取
締役の善管注意義務違反が主張された事案につき，経営判断の原則を適用して
株主からの申立てが却下されたもの（東京高決平10・ 8 ・31金判1059・39），③申立
ての持株要件を満たしていた株主が検査役選任の申立てをしたところ，会社が
新株を発行したため，当該株主の持株要件が基準未満になってしまった事案に
つき，会社側が株主権行使を妨害する目的で新株を発行したなどの特段の事情
がない限り，株主の申請は適格を欠き不適法却下されるとしたもの（最決平18・
9 ・28民集60・ 7 ・2634）などがある。

会社法の下でも「最低資本金制度」は維持されている？

　平成18年の会社法施行前までは，会社財産を確保して会社債権者を保護するため，次のような資本制度に関わる原則が存在した。すなわち，①資本の額に相当する財産が現実に会社に拠出され，それが維持されなければならないとする「資本充実・維持の原則」，②会社が自由に資本を減少することを許さないとする「資本不変の原則」，③予定された資本の額に相当する財産の拠出者が得られない限り，会社の設立または増資の効力が否定される「資本確定の原則」である。こうした原則との関係上，平成17年の改正前商法の下では最低資本金制度が設けられ，株式会社の資本金の額は1000万円以上（会社法施行前に存した有限会社については300万円以上）であることが要求されていた。

　しかし，事業が開始されると，会社が保有する財産は必ずしも資本の示す金額と一致しなくなり，実際に資本金の額が大きい会社であっても経営危機により倒産し，債権者が会社から自己の債権を取り立てることができないケースもあるなど，資本金制度が必ずしも債権者保護の機能を果たしているというわけではなかったのである。

　最低資本金について，諸外国，たとえば，アメリカでは，多くの州（同国を拠点とする株式公開会社の半数以上が設立準拠地としているデラウェア州など）がこれを採用しておらず，ヨーロッパでは，国により一定の基準を満たす会社（イギリスにおける公開会社など）に規制を課すところもあるが，そうでない会社には規制を課していないところもあり，資本金制度を重視しない傾向にあった。

　以上のような資本金制度の実態や海外の状況，さらには，IT等の新技術を利用したベンチャー起業の促進（起業したい者にとって1000万円の壁は厚かったといえる）などを考慮し，わが国においても会社法制定を機に最低資本金制度が廃止されたのである。したがって，現在では「1円」でも株式会社が設立できる。

　とはいえ，会社法では，債権者保護との関係上，剰余金配当に関わる財源規制をなしている（純資産の額が300万円以上ないと剰余金を配当することができない）ことから，現在でも財源規制を通して，間接的に最低資本金制度が維持されているといえよう。

第8章
組織再編

1 企業買収

I 意 義

「企業買収」は法律用語ではない。論者によりその意味が異なりうるが，一般的には，株式の取得により会社の支配権を取得することとされる。より具体的は，買収者がターゲット会社（対象会社）の支配権を取得する行為であり，これは，①買収者による市場の内外で対象会社の株式を取得，②対象会社による買収者に対する募集株式などの発行（第三者割当増資），③合併・株式交換などの組織再編行為，④全部取得条項付種類株式の取得などの手段により行われる。支配権を取得された会社は買収会社の子会社になるが，その後，大多数の株式を取得された後に，少数株主を排除して，完全子会社化や吸収合併されることもある。

合併と企業買収をまとめて，M&A（Mergers and Acquisitions）とよばれている。

II 業務提携・資本提携

企業買収までは至らないが，会社同士が提携関係を結ぶことを業務提携や資本提携という。業務提携では，会社同士がお互いの技術・人材・顧客などの経営資源を持ち寄って協力関係を築き，収益増を図ることが多い。業務提携には，技術提携・販売提携・生産提携などがある。資本提携とは，業務提携より踏み込んだ関係を築く。すなわち，会社が他の会社の株式を取得することで資金の出資関係を結び，共同事業を行うことがある。

業務提携であれ，資本提携であれ，あくまで，独立の企業同士が対等な立場で協力し合う関係である。

Ⅲ　敵対的買収（同意なき買収）

企業買収のうち，買収者と買収対象会社（対象会社）の取締役が事前交渉を行い，両者間で合意を形成してから株式の取得を行う通常の買収を友好的買収という。他方で，事前交渉が決裂したり，事前交渉なしで対象会社の株式の取得を開始する場合があり，買収開始時点で，対象会社の経営陣の同意を得ていない買収を敵対的買収という（なお，「敵対的買収」という用語を「同意なき買収」という用語に置き換えることが既定路線になっている。中立的な表現にするためとのことであるが，はたして妥当なのであろうか…）。

敵対的買収は，買収者が対象会社の支配権を取得し，現経営陣を交代させれば，企業の業績が上がり株主の利益になると考えて行われることが多い。敵対的買収に直面した取締役は，買収成功後に解任され，在任中の責任を追及されることもありうる。他方で，株主としては時価（現在の市場価格）を上回る価格で株式を購入してもらえるオファーが受けられ，買収者が支配権を取得することで経営改善が図られるのであれば，企業価値が高まることが期待できるため，敵対的買収に対するアレルギー反応は必ずしも強いものではない。

ただ，敵対的買収が現実化した場合，取締役と会社との利益が衝突する利益相反関係が生じる。すなわち，敵対的買収が成功すると，通常，買収者が送り込む新たな経営者が経営を行うことになるため，対象会社の経営者はその地位を失うことになる。そのため，自己の保身のために買収防衛策を発動するおそれもある。株主の利益よりも，自己の個人的利益を優先する経営判断・行動のリスクがあり，株主利益と取締役の個人的利益の対立といった利益相反状況が敵対的買収にはある。それゆえ，敵対的買収のターゲットとなった対象会社においては，手続き上の公正性を確保する必要がある。

友好的買収の場合，親会社から対象会社の株式を譲り受ける方法や，対象会社の経営者の同意を得た上で株式公開買付（TOB：Take Over Bid）を行う方法

のいずれも可能であるが，敵対的買収の場合は，TOBの方法しかない（敵対的TOB）。このとき，対象会社の経営者から買収を妨害する防衛策が発動されることがある。

Ⅳ　買 収 防 衛 策

　敵対的買収のターゲットとなった対象会社がとりうる買収防衛策は，①友好的な第三者に対する募集株式などの発行（により買収者の支配権取得をブロック），②友好的な第三者との合併（により企業規模をスケールアップし買収コストを高めることで買収阻止），③買収者以外の株主に対する新株予約権の無償割当て（により買収者の持分割合を低下），④買収者が狙っている対象会社の有望資産（事業）等の売却（により買収意欲を削ぐ）など，様々である。買収防衛策としてメジャーなのは③であり，ポイズンピル（poison pill）と呼ばれるモノである。通常，株主総会決議でポイズンピルを導入した場合には適法であるとされる傾向が事実上強かったが，令和4（2022）年7月，大阪高裁は東証スタンダード上場企業の（電線などを製造販売する）三ッ星が株主総会決議を経て導入したポイズンピルの差止めを認めた（大阪高決令4・7・21資料版商事法務461・153）。この大阪高裁の判断は，買収防衛の実務に対するインパクトの大きさやその意外性ゆえに注目に値する司法判断である（最決令4・7・28資料版商事法務461・147がこれを是認）。

◢◥ *Column* ◣◢◥◣◢◥◣◢◥◣◢◥◣◢◥◣◢◥◣◢◥◣◢◥◣

買収への対応方針？

　令和5（2023）年，経済産業省の「公正な買収の在り方に関する研究会」において「敵対的買収」は「同意なき買収」に言い換えられ，「買収防衛策」は「買収への対応方針」に言い換えられた。前者は直感的にその意味内容を理解できる余地がかろうじて残されているが，後者はどうであろう。「対応方針」には切迫感なし，緊張感もなし，どこかノンビリした感じがある。「買収防衛策」は「買収防衛策」であろう。「買収への対応方針」では防衛せずして，白旗をあげるのも一方針に含まれるのであろう。防衛にはどうしても，現経営陣の保

身の有無チェックが欠かせない。「防衛」という言葉に含意されている「買収防衛策」というネーミングから「買収への対応方針」といったどこかノンビリ・モードに改称するメリットはデメリットを超えていると考えることに「同意」しなければならないのであろうか。

2 合　　併

I　意　　義

1　意　　義

　会社の合併は，複数の会社を合体させ，組織を拡大する。事業の譲受けにより会社規模は拡大するが，事業譲渡は財産のみに関わる取引法上の行為である。合併とは，複数の会社が合体して法的に1つの会社になる行為である。合併には，吸収合併と新設合併がある。吸収合併では，存続会社が合併により消滅する会社（消滅会社）の財産・権利義務を承継するので（2条27号），存続会社の法人格は同一性を維持する。新設合併では，2以上の消滅会社の財産・権利義務を新たに設立する会社（設立会社）が承継取得するが（同28号），免許事業については設立会社が改めて免許を再取得する申請手続が必要となる。そのため，新設合併はほとんど利用されていない。

　会社が合併を行う目的としては，①企業規模の拡大，②各企業が得意とする分野を取り込み，相乗効果（シナジー）を発生させることによる企業価値の向上，③経営危機にある会社の救済など様々である。

　合併は株主も取り込む組織法上の行為である。事業譲渡では債務の譲渡は債権者の承諾を得た債務引受けとなるが，合併では消滅会社の債務は当然に移転するため債権者保護手続が必要となる。

2　適　格　性

　合併はいかなる会社であれば可能であるのか（合併当事会社の適格性）。株式会社は持分会社と合併することができ，持分会社が存続会社・設立会社となる

こともできる（748条）。ただ，持分会社が存続会社・設立会社になり，株主に持分会社の持分が割り当てられると，持分の譲渡が制限されるため，消滅会社である株式会社において総株主の同意が必要である（783条2項）。

　日本の会社が外国の会社と合併するときの手続規定は会社法にはない。外国の会社が日本の会社を合併するときは，日本に子会社を設立し，日本の子会社を買収対象の会社と合併させることが多い。もっとも，会社法が制定されたことで，交付金合併（キャッシュアウト・マージャー：cash-out merger）や三角合併が可能になったので，外国の会社と日本の会社の合併ニーズは概ね満たされている。

II 効　　果

　合併により消滅する会社は解散するが，合併により全財産は包括的に存続会社に継承されるため，精算手続は不要である。消滅会社の株主の移籍先について，吸収合併では，合併対価の柔軟化により，存続会社の株式が交付されるとは限らないため，当然に存続会社の株主になれるわけではない。新設合併では，消滅会社の株主は必ず新設会社の株式が交付される。

　消滅会社は合併契約書に定める効力発生日に解散し，同時に消滅する。消滅会社の全財産は合併契約に定める効力発生日に存続会社に承継されるが，合併による解散は，合併登記後でなければ第三者に対抗することはできない（750条2項）。存続会社は消滅会社の株主に対してその持株数に応じて存続会社の株式（や金銭などの財産）を交付する。対価が存続会社の株式である場合，消滅会社の株主は存続会社に収容される。その際，消滅会社の株主には，株主が有していた価値と等しい価値の存続会社株式などが交付されなけれなならない。これは，合併比率（株式割当比率）の問題である。合併比率が著しく不公正な場合，消滅会社の株主は合併のシナジー効果（相乗効果）の恩恵に十分にあずかることができないことになる。シナジー効果とは，合併前の消滅会社株式の公正価値とは別の，合併により生じる企業価値の増加分をさす。

　合併比率に不満がある株主の救済手段として，反対株主の株式買取請求権の

規定が平成17（2005）年に改正された。改正前においては，株式の買取価格につき「決議ナカリセバ其ノ有スベカリシ公正ナル価格」であり，もし合併決議がなければ有していたであろう公正な価格であるとされていたが，改正後はシンプルに公正な価格とのみ規定された。これは買取価格にシナジー効果による増加分を含ませることが意図されている。

Ⅲ　三　角　合　併

　合併対価の柔軟化により，三角合併が可能となった。これは，消滅会社の株主に交付するものが，存続会社の親会社の株式である場合をいう。X社が直接Y社を吸収合併するのが難しい場合，たとえば，X社が外国会社である場合，X社がまず日本の子会社のX'社を設立し，X'社を存続会社，Y社を消滅会社とする合併を行う。その際，Y社株主に合併対価としてX社株式を交付すると，X社がY社を吸収した場合と同じ結果が得られる。X・X'・Yを線で結ぶと三角形になるので，こうした手法を三角合併（triangular merger）という。

～ *Column* ～

三　角　合　併

　三角合併により国境を越える（クロスボーダーな）買収が容易になった。存続会社となる子会社が対価として交付するために必要な親会社株式を有していない場合，親会社株式を取得しなければならない。一般的には，子会社による親会社株式の取得は禁止されているが，例外として，三角合併の対価として使用するために取得は認められ，三角合併の効力発生日まではその保有が認められる。

　三角合併が国境越えの買収を容易にしただけでなく，日本の会社が容易に海外企業に合併され易くなったとまで論が展開される場合がある。これは妥当ではない。合併の手続には，消滅会社でも株主総会の特別決議（3分の2以上の賛成）が必要である。この決議要件は非常に高いハードルであり，たとえば，日本の著名な大企業が外国企業に合併される可能性は現実的には低いとみるべきであろう。

　電子部品大手の村田製作所は平成29（2017）年，小型センサーなどの医療機器開発の米国のスタートアップ企業，ヴァイオス・メディカル社を買収した。

村田製作所は既にヴァイオス・メディカル社に対して 3 ％の出資をしていた。本件買収では村田製作所の米国にある子会社を使う三角合併的手法による100％完全子会社化であった。三角合併と言い切れないのは，合併対価にその事情がある。村田製作所の株式（時価85億円相当）と現金約30億円が合併対価であった。存続会社の親会社の株式のほかに合併交付金が合併対価に含まれていたためである。

　合併交付金のみを対価とする吸収合併が行われた場合，消滅会社の株主は存続会社の株主の地位を得ることはできず，金銭を受け取って退出を強制される（締出合併：cash-out merger）。締め出されること自体は致し方ないとしても，締出しを主導する多数派株主はできるだけ安価での締出しを目指すため，少数株主に支払われる対価が不十分であることは，構造的に想定内であるともいえる。こうした場合には，反対株主の株式買取請求権を行使することで問題解決が図られることになるが，買取価格について最終的に，反対株主と会社との協議が折り合わないときは，裁判所の判断を仰ぐ結果となる。

Ⅳ　手　　　続

1　合併契約の締結

合併は，まず，当事会社間で合併契約を締結しなければならない（748条・749条［吸収合併］・753条［新設合併］）。

2　事 前 開 示

合併契約の締結後は，合併契約を承認する株主総会の開催日の 2 週間前から合併登記の 6 ヵ月後までの間，当事会社は合併条件に関する書類を本店に備え置き，株主・債権者へ開示しなければならない（782条［消滅会社］・794条［存続会社］）。

3　株主総会の承認

合併契約は定められた効力発生日の前日までに，各当事会社における株主総会決議による承認を受けなければならない（783条［消滅会社］・795条［存続会社］）。株主総会参考書類には，合併契約の概要や合併理由などを記載しなければならない（会社則86条）。決議要件は特別決議である（309条 2 項12号）。

合併契約には法定事項ではない事項として存続会社の取締役に関する事項等を定めることが通常であるが，そうした法定ではない重要事項に関する決議は合併承認とは別の決議による。合併差損，すなわち，吸収合併において存続会社に損失が生じる場合であり，存続会社が承継する消滅会社の債務額が承継する資産額を超過する場合には，存続会社の取締役は株主総会で，その旨を説明する義務がある（795条2項・3項）。

合併当事会社の一方で株主総会決議が不要となるのが，簡易合併と略式合併である。

(1) 簡易合併　　存続会社にとり影響が軽微な場合，株主総会決議を不要としても不都合はない。たとえば，規模の小さな会社との合併は規模の大きな会社の株主にとり重要な意思決定事項にはあたらない。そこで，規模の大きい会社の株主総会決議を不要とするのが簡易合併である。

具体的には，消滅会社の株主に交付する株式に相当する純資産額が存続会社の純資産額の5分の1以下であること（796条2項各号）。ただ，①債務超過会社を消滅会社とする場合（795条2項各号），②譲渡制限株式を交付する場合（796条1項ただし書），は株主総会決議が求められる（同条2項ただし書）。③合併の通知（公告）の日から2週間以内に議決権の6分の1超または定款所定の数以上の株式を持つ株主が合併に反対する旨を会社に通知した場合には株主総会決議が必要となる。これらの場合，存続会社の株主の利害に大きな影響を与えるためである。

株主総会決議を不要とする代わりに，存続会社の株主には株式買取請求権が与えられていたが，規模の大きな会社の株主に大きな影響が及ぶことがないのであれば株式買取請求権は不要とされ，平成26（2014）年改正において株式買取請求権は排除された（797条1項ただし書）。

(2) 略式合併　　存続会社が消滅会社の議決権総数の圧倒的多数を有している場合，合併を実現しようとする限り，消滅会社の株主総会で承認が否決されることはないため，消滅会社の株主総会に合併を付議する必要はない（784条1項本文）。消滅会社が存続会社の議決権総数の圧倒的多数を有している場合，存

続会社の株主総会決議を省くことができる（796条1項本文）。圧倒的多数を握る会社を特別支配会社といい，総株主の議決権の10分の9以上がその要件である（468条1項）。10分の9以上保有されている会社（被特別支配会社）では，株主総会は開催されないが，合併に反対する株主には株式買取請求権が与えられる（785条2項2号・797条2項2号）。

　なお，組織再編行為を行わなくても，少数株主の締出しによる100％完全子会社化を可能とする特別支配株主（対象会社の総株主の議決権の90％以上を直接または間接的に有する株主）の株式売渡請求制度が平成26（2014）年改正で導入された（179条～179条の10）。

4　買取請求権

　組織再編に反対する株主には，原則，会社関係からの離脱を認める株式買取請求権が認められている。株式買取請求権は，組織再編のように会社組織の基礎に本質的な変更を加える行為を株主総会の多数決により可能とする反面，反対派の株主に会社から退出する機会を与えるにとどまらず，退出を選択した株主に，組織再編がされなかったとした場合と経済的に同等の状況を想定し，組織再編によりシナジーその他の企業価値の増加が生じる場合には，退出株主にも増加分と適切に配分することで，株主利益を一定程度保障することが予定されている（楽天対TBS株式買取価格決定申立事件：最決平23・4・19民集65・3・1311）。

5　債権者保護手続

　会社の基礎的変更に際して，異議を述べた債権者に弁済その他の措置をとらなければならず，合併はそうした場合にあたる。債務者である会社が合併などの組織再編行為を行うと，財務内容や収益力の変動が生じうる。消滅会社の債権者は債務者の交替により影響を受けうる。存続会社の債権者は，債務者の財務状態の変化により影響が生じうる。

　合併当事会社は，債権者が異議を述べることができる期間を1ヵ月以上設け，官報で公告し，知れた債権者に対して個別の催告が義務づけられる。公告・催告の内容は，①異議申述期間，②相手方当事会社の商号・住所，③別の公告手

段をとっているときはその明示，④貸借対照表を電子公告しているときはそのアドレスなどである（789条・799条・810条，会社則188条・199条・208条）。官報のほか，定款所定の公告紙あるいは電子公告を併用した場合には個別の催告は不要である（789条3項・799条3項・810条3項）。

　債権者が異議を述べた場合，会社は，弁済・相当の担保提供・相当の財産の信託のいずれかの対応が義務づけられる（789条5項・799条5項）。ただ，すでに相当の担保を受けている場合など，合併しても債権者を害するおそれがない場合，こうした対応は免除される（同条ただし書）。もっとも，会社の債権者の多くは継続的な債権であり，とりわけ，銀行のような大口で交渉力もある債権者は，合併それ自体の意思決定に事実上関与していることが多く，債権者異議手続の利用は想定されない。零細な中小企業などの取引先は，異議を申し立てれば，担保提供などを受けられることにはなるが，合併後は，取引の継続がなくなるおそれがあるため，事実上，債権者異議手続の利用に躊躇があろう。現実に，債権者が異議を申し立てるのはレアケースであり，会社法上の債権者異議手続の実務における意義の検証が必要かも知れない。

6　合　併　登　記

　吸収合併を行ったときは，効力発生日から2週間以内に，消滅会社の解散登記と存続会社の変更登記をする（921条）。吸収合併の効力は，合併契約に定めた効力発生日に生じる（750条1項）。ただ，効力発生日までに，株主総会の承認，株式・新株予約権の買取り，債権者保護手続などの全ての手続きが完了していることが前提である。未了のものがあると，その日が到来しただけでは効力は生じない。未了の場合，後日，全手続が完了した時点で効力が発生するということにはならず，効力未発生で終わる。こうした事態を避ける，すなわち，手続の遅滞がある場合であっても吸収合併を完遂させるには，効力発生日の変更が必要となる。変更は当事会社の合意により可能であるが，当初の効力発生日の前日までに公告しなければならない（790条）。これは合併契約の変更である。変更回数を制限する規定はない。

　新設合併の場合，設立会社の設立登記・消滅会社の解散登記をそれぞれする

（922条1項）。新設合併の効力は設立会社の設立登記により生じる（754条）。

V　違法な合併

1　差止め

　従来，合併も含めた組織再編行為に対し，株主による差止めの制度はなかった。合併の効力がいったん発生すると，法的安定性の要請から無効主張は制限されていた。合併が無効になると遡及効が否定されるとはいえ，複雑な事後処理が求められるため（843条），法律関係に大混乱が生じることは明らかであり，無効の訴えは事実上機能していなかった。そこで，違法な組織再編は事前に差し止められるのが望ましいとされ，会社法制定時（平成17［2005］年）に差止請求制度が略式組織再編に導入され，平成26（2014）年改正で合併も含めたそれ以外の組織再編行為に拡大した。

　差止事由は，①会社が法令・定款に違反し株主が不利益を受けるおそれがあるとき（784条の2［消滅会社］・796条の2［存続会社］・805条の2［新設合併］），②略式合併において合併対価が当事会社の財産状況などに照らして不当であり株主が不利益を受けるおそれがあるとき（784条の2第2号・796条の2第2号）。②については，略式合併の承認につき，仮に株主総会を開催していたとしても，特別利害関係人である特別支配会社の議決権行使により決議は成立するため，その条件が著しく不当であれば，株主は決議取消訴訟を提起可能であり（831条1項3号），決議に取消事由があることを合併無効の訴えの無効事由として主張しえたため，特別に差止請求権が認められた。

2　無効

　会社の合併を前提として会社の事業が行われ，数々の法律関係が形成されることから，既存の法律関係の保護（取引安全・法的安定性）のため，合併の無効は訴えによらなければ主張できない（828条1項7号・8号）。

　合併無効の訴えを提起できる者（提訴権者）は，当事会社の株主等（取締役・執行役・監査役・清算人），破産管財人，合併を承認しなかった債権者（異議を述べた債権者）に限られる（同条2項7号・8号）。提訴期間は合併の効力発生日

から6ヵ月である（同条1項7号・8号）。

　無効事由は法定されていないため解釈に委ねられており，重大な手続違反が無効事由にあたると解されている。①合併契約書の法定記載事項に不備がある場合，②合併承認決議に無効・不存在・取消事由がある場合，③債権者異議手続がとられなかった場合などであるが，無効事由は狭く解釈され，重大なものに限られている。合併比率の不公正が無効事由になるかどうかについては，反対株主に株式買取請求権があることを理由に否定されている（東京高判平2・1・31資料版商事法務77・193）が，肯定すべきとの説も有力である。

　合併が無効とする判決が確定した場合，法律関係の画一的確定のための対世効が与えられ（838条），取引安全のために遡及効は否定され（839条），消滅会社は復活し，新設会社は解散する。合併に際して交付された株式は無効となる。合併当事会社は合併前から有する財産はそれぞれに帰属し，合併後に取得した財産はいったん共有となり（843条2項），当事会社の協議により帰属先が決まる。債務も同様にいったん共有となり，その後に帰属先が決まる（同条1項）。合併前からの株主は元の会社の株主に戻り，合併後に株式を譲り受けた者の帰属先についての規定はなく，合併比率に応じて当事会社の株主に帰属していくと考えるほかない。

　ただ，合併を無効とする判決が関係者に与える混乱はあまりに大きく，合併無効の訴えが合併により利益を害された株主・債権者の救済として機能するかには疑問を呈さざるを得ない。

3 ≫ 会社分割と事業譲渡

I　会社分割の意義と特色

　会社分割とは，分割会社が事業に関して有する権利義務の全部または一部を，他の会社に承継させる方法をいう。会社分割には，2つの類型がある。

　第1に，吸収分割である。これは，株式会社または合同会社（分割会社）がその事業に関して有する権利義務の全部または一部を分割後，他の会社（承継

会社）に承継させるものである（2条29号）。

　第2に，新設分割である。これは，1または2以上の株式会社または合同会社（分割会社）がその事業に関して有する権利義務の全部または一部を分割により設立する会社（新設会社）に承継させるものである（2条30号）。

　会社分割は，事業の効率化のほか，企業グループの再編・関連部門の整理統合などを目的として行われる。その一方で，優良な事業部門の移転などは，利害関係者にとって大きな影響を及ぼす可能性があることから，公正な手続きが求められる。ちなみに，会社分割は，その対価となる株式などが分割会社に交付される場合を物的分割（分社型分割），分割会社の株主に交付される場合を人的分割（分割型分割）という分類もされる。

　会社分割の特色としては，①分割会社の種類が株式会社または合同会社に限定されていること，②一部承継が可能であること（事業譲渡との違いについてはⅢを参照），③消滅会社がないことなどが挙げられる。さらに，2以上の会社が共同して新設分割をすることもでき，これを共同新設分割という（762条2項）。共同新設分割は，持株会社は合弁会社の設立などで用いられている。

　他方で，会社分割においては，労働者の保護も重要になる。なぜなら，分割会社と労働者との間の雇用契約も，吸収分割契約・新設分割計画の定めにより，個々の労働者の同意なく承継会社・設立会社に移すことができるからである（758条2号等）。

　そこで，そのような事態への対応として「会社分割に伴う労働契約の承継等に関する法律」が制定されている。同法では，労働者の承継について，労働者の理解と協力を得る努力義務などが分割会社に課されている（労働承継7条等）。

　なお，経済産業省の研究会が策定している「グループ・ガバナンス・システムに関する実務指針」などのいわゆるソフトローでは，会社は企業価値の向上や持続的成長の観点から，自社の複数の事業につき，再編成を適宜検討する必要性を指摘している。そのような事業の再編成の手法として，会社分割を利用することが想定される。

II 会社分割の手続き

1 手 続 き

会社分割に係る事前・事後の情報開示，株主総会の決議に関するルールおよび株式買取請求権の手続きについては，合併と同様である。

会社分割において，当事会社は，吸収分割の場合は吸収分割契約の締結（757条），新設分割の場合は新設分割計画を作成（762条1項）しなければならない。原則として株主総会の承認を受けなければならない。吸収分割契約などには，当事会社の商号・住所のほか，対価の種類，資本金・準備金などが定められる（757条等）。

分割会社などは，分割契約等に従って承継会社・設立会社から分割の対価を受け取る。分割対価については，合併と同様に，吸収分割では制約がなく金銭などでよいが（758条4号・759条4項），新設分割では設立会社の発行する株式や社債等に限られる（763条6号～9号，764条4項・5項）。

会社分割の手続きにおいて，とりわけ問題となるのが，債権者保護である。すなわち，経営不振の会社が，不採算事業に関する権利義務だけ，あるいは，優良事業に関する権利義務だけを分割して設立会社に移転するなどにより，債権者の不利益に利用される危険が大きい。そのため，会社法は会社分割における債権者保護について一定の規制を設けている。

2 債権者保護手続

会社分割の場合，対価が適正であれば，分割会社の資産には変動がない。しかし，上述のような，債務を不当に免れることを目的とした会社分割の利用が懸念される。

そこで，一定の場合には会社分割の効力発生後に本来債務者ではない会社も一定の範囲で債務を履行する責任を負うべきことが定められている。会社分割において保護が必要で，その対象となる債権者は，①分割後に債務の履行を請求できない債権者，②分割対価の株式などを株主に分配する場合（全部取得条項付種類株式の取得・剰余金の配当として）の債権者，である（789条1項2号）。

　これら債権者に，債権者保護の手続きが求められるのは次の理由による。①の場合は，債権者の同意が必要な免責的債務引受けないし債務者の交代と同じような意味を持つからである。②の場合は，人的分割にあたるため，分割会社株主に対する承継会社・設立会社の株式の現物配当には，分配可能額による財源規制の対象となっておらず，会社財産が減少するからである（792条・812条）。

　他方，吸収分割における承継会社の債権者は，会社分割により会社の財産状況が変化し，その利益が害されるおそれがあることから異議を述べることができる（799条1項2号）。ただ，不法行為によって生じた分割会社の債務の知れている債権者には，各別に催告をしなければならない（789条3項かっこ書等）。

　この催告は，官報に加えて定款所定の日刊新聞紙による公告または電子公告によって省略することができる（789条3項・799条3項・810条3項）。ただし，分割会社の不法行為債権者が会社分割に異議を述べることができる場合，その者に対する各別の催告は省略することはできない（789条3項・810条3項）。なぜなら，不法行為債権者に公告のチェックなどを要求することは無理であり，契約債権者ならとりうる自衛策を講じることができないからである。

　また，異議を述べることができたのに，各別の催告を受けなかった分割会社の債権者は，吸収分割契約・新設分割契約にかかわらず，分割会社には効力発生日の財産の価額を（759条2項・764条2項），承継会社や設立会社には承継した財産の価額を限度として債務の履行を請求できる（759条3項・764条3項）。ここにいう債権者は知れている債権者に限定されていない。したがって，この趣旨は知れていない債権者を保護することにある。

3　手続の瑕疵・詐害的会社分割への対応

　違法な（瑕疵のある）会社分割に関する手続き（差止め・無効の訴え）については，合併と同様である（本章2V参照）。会社分割の無効判決が確定すると，会社分割により継承された権利義務は，それが現存する限り，分割会社に復帰する。分割対価として株式・新株予約権を交付していた場合，それらは無効となり，新設分割の設立会社は解散する（839条）。会社分割後，無効判決の確定前に承継会社・設立会社が負担した債務または取得した財産については，合併

の場合と同様の処理がなされる（本章2Ⅴ参照）。

　他方で，会社分割に関する法規制は，会社分割を容易にするために規制緩和が推し進められた。その結果，債務の免脱を図ることを目的とした債権者を害するような会社分割が生じてしまった。そのため，そのような債権者を害するような濫用的・詐害的な会社分割への対応も重要になる。

　そこで，会社法は，平成26年改正において，分割会社が承継されない債務の債権者（残余債権者）を害することを知って分割された場合，残余債権者は承継会社に対し，承継財産価額を限度として，直接債務の履行を請求することができることとした（759条4項以下等）。ただし，人的分割や善意の承継会社は除かれている。この責任は，詐害行為取消の場合（民426条）と同様に残余債権者が知った時から2年，効力発生日から10年で消滅し，分割会社等の破産などでも請求できなくなる（759条6項・7項）。

　なお，会社法の平成26年改正前の詐害的会社分割に関する対応として，判例では，詐害行為取消権（民424条）による会社分割の取消しが認められた（最判平24・10・12民集66・10・3311）。平成26年改正以降も，個別事情から信義則の適用により，債権者保護がされた事案（最決平29・12・19民集71・10・2592）がある。

Ⅲ　事 業 譲 渡

1　事業の全部の譲渡

　事業譲渡等には，①事業の全部の譲渡，②事業の重要な一部の譲渡（譲渡資産の帳簿価額が会社の総資産の5分の1［定款で引下げ可］を超えないものを除く），③子会社の株式などの譲渡，④他の会社（外国会社等を含む）の事業の全部の譲受け（自己株式が含まれるときは説明が必要），⑤事業全部の賃貸や経営の委任，損益の全部を共通にする契約その他これらに準ずる契約の締結・変更・解約，⑥事後設立が含まれる（467条1項各号・2項等）。

　①事業の全部の譲渡，②事業の重要な一部の譲渡（譲渡資産の帳簿価額が会社の総資産の5分の1［定款で引下げ可］を超えないものを除く）は，会社が取引行為として，他人に事業の全部または重要な一部を譲渡することである。株主の

利益に重大な影響を与えることに鑑み，原則として株主総会の特別決議の承認を受けるべきものとしている（467条 1 項 2 号等）。

　ここにいう事業の譲渡につき，判例は，「一定の営業目的のため組織化され，有機的一体として機能する財産（得意先関係等の経済的価値のある事実関係を含む）」を譲渡し，営業活動を譲受人に受け継がせ，譲渡会社が競業避止義務を負うものとしている（最大判昭40・9・22民集19・6・1600）。この判断基準は，ⓐ有機的一体性のある財産，ⓑ事業の承継，ⓒ競業避止義務，という 3 つの構成要素からなっている。これは，法律関係の明確性や安定性などを重視するものである。

　なお，同判例は，平成17年改正前商法の事案であり，同法においては「営業」譲渡と呼ばれていた。これに対して，会社法は「営業」を「事業」と改めたが，その意味に違いはないと考えられている。

　そもそも，会社分割と事業譲渡は，いずれも原則として株主総会の特別決議が要求され，反対株主に株式買取請求権が付与されているという点では共通している。しかし，その違いはいくつか挙げられるが，重要な違いとして，会社分割は組織法上の行為として包括承継であるのに対して，事業譲渡は取引法上の行為として特定承継となる。

　すなわち，会社分割の場合は，会社分割契約書または会社分割計画書の記載に従って債務や契約上の地位が移転し，債権者などの個別の同意を要しない。そのため，会社分割の場合は債権者異議手続が求められるほか，労働者との関係でも問題となる（債権者異議との関係については，前記Ⅱ参照。労働者との関係については，前記Ⅰ参照）。他方で，事業譲渡においては，譲渡会社の債務を相手方が引き受けるためには，民法の一般原則に従い債権者の同意を得る必要がある。

2　その他の類型

　③子会社の株式などの譲渡は，子会社の株式や持分の全部または一部の譲渡で，譲渡株式などの帳簿価額が，会社の総資産額の 5 分の 1 （定款で引下げ可）を超え，かつ，効力発生日にその子会社の議決権の総数の過半数の議決権を有

しないときである。子会社の株式などの譲渡は，重要な子会社の支配を手放すことは，会社が自ら行っている事業の全部または重要な一部を譲渡するのと同様の経済的効果を持つ。それゆえに，株主総会の特別決議を要することとされている（467条1項2号の2等）。

④他の会社（外国会社等を含む）の事業の全部の譲受け（自己株式が含まれるときは説明が必要）は，結果として簿外債務を含む譲渡会社の全債務を引き受ける可能性が高い。こうした関係は，吸収合併の存続会社に近い立場に立つことから，原則として株主総会の特別決議による承認を要求している（467条1項3号等）。

⑤事業全部の賃貸や経営の委任，損益の全部を共通にする契約その他これらに準ずる契約の締結・変更・解約は，事業の全部または重要な一部を譲渡するのと同様に，株主の利益に影響を与える。そのため，原則として，株主総会の特別決議による承認を要するものとされている（467条1項4号等）。

⑥事後設立とは，発起設立または募集設立により設立された会社が，その成立後2年以内に，成立前から存在する財産を事業上継続して使用するものとして取得する契約である（467条1項5号。純資産額の5分の1［定款で引下げ可］を超えない場合を除く）。設立時の財産引受規制の脱法を防ぐ趣旨から，後で取得する旨の契約についても株主総会の特別決議を求めている（第3章2Ⅱも参照）。

3　事業譲渡等の手続き

事業譲渡等をする場合には，上述のように，原則として，効力発生日の前日までに株主総会の特別決議による契約の承認が必要になる（467条・309条2項11号）。ただ，例外として株主総会決議を要しない場合がある（468条1項・2項）。

第1に，略式手続として，上記①〜⑤の事業譲渡等について，事業譲渡等の契約の相手方が特別支配会社（総株主の議決権を10分の9以上保有している会社。定款で引上げ可）の場合である。この場合，株主総会を開催する意義が乏しいためである。第2に，簡易手続として，④他の会社の事業の全部の譲受けでは，対価として交付する財産の帳簿価額の合計額が純資産額の5分の1（定款で引下げ可）を超えない場合である（一定数以上の株主の反対があれば省略不可［同条

258

3項])。この場合，事業資産の規模が小さいためである。これらの場合は株主総会決議を要しない。

　反対する株主（特別支配会社を除く）には，原則として株式買取請求権が認められているが（469条以下），合併などの組織再編とは異なり，会社債権者保護の規定はない。会社債権者保護の規定がないのは，こうした事業譲渡等に関する規制は，もっぱら株主の利益を保護するためのものであるからと説明される。ただ，これは事業譲渡等によって債権者が害されることがないというわけではない。そこで債権者が害されるような場合は，詐害行為取消（民424条）などによる対応が考えられる。

　必要な株主総会決議を経なかった事業譲渡・譲受けは，一般的に無効と解されている。ただし，取引の安全を確保するため，無効の主張が制限される場合もある（最判昭61・9・11判時1215・125）。

　経済的に見ると，事業譲渡等は手続きや効果に違いがあるものの，合併とも類似する側面がある。そこで，公正な競争秩序維持の要請から，合併と同様に，事業譲渡等にも独占禁止法上の規制が設けられている（独禁16条等）。

4　親子会社の形成（株式交換・株式移転・株式交付）

Ⅰ　意 義 と 特 色

　現代の経済社会においては，親子会社といったグループ企業を形成して，事業活動を展開することが多く見受けられ，その重要性は高まっている。そこで会社法は，親子会社の形成手法として，①株式交換，②株式移転，③株式交付という方法を認めている。

　①株式交換とは，株式会社（完全子会社）がその発行済株式の全部を他の株式会社または合同会社（完全親会社）に取得させることである（2条31号）。親会社と子会社の種類が限定されており，株式の全部（100％）を取得することが特色である。実際に，他社を完全に買収する手段（完全子会社化）として活用されている（企業買収については本章1Ⅲを参照）。完全子会社化すると，意

思決定などが迅速になるメリットがある。具体的には，株主総会の省略（300条・319条等），役員等の責任の免除（120条5項・424条等）などが機動的に実現できる（総株主の同意の成立）。

②株式移転は，1または2以上の株式会社（完全子会社）が，発行済株式の全部を新たに設立する株式会社（完全親会社）に取得させることである（2条32号）。ただし，株式移転は，株式会社同士に限定される。

株式交換は既存の会社が完全親会社となるのに対し，株式移転は新設の会社が完全親会社になる点に大きな違いがある。株式交換は，他社を完全子会社化とするための手段ほか，キャッシュ・アウトの手段として用いられることもある。それに対して，株式移転は，持株会社の形成に用いられる。株式移転・株式交換は，いずれも合併などと組み合わせて活用される例もある。

③株式交付とは，株式会社が，他の株式会社をその子会社（50％超の議決権を所有）とするために，当該他の株式会社の株式を譲り受け，当該株式の譲渡人に対して当該株式の対価として当該株式会社の株式を交付するものである（2条32号の2）。自社の株式を使って他の株式会社を子会社とする手法である。

株式交付は，令和元年会社法改正で導入され，親会社となる会社（以下，「株式交付親会社」という）の片面的組織再編行為として，株式交換のような組織法上の行為と同様の性質を有するという考え方が基礎とされている。ただ，株式交換とは異なり，他の株式会社を子会社にはするものの，完全子会社とはせずに，その後の買収を行いやすくするための柔軟な企業買収の手法になる。なお，国内の会社同士の買収として外国会社は含まれず，すでに子会社である会社の株式の買増しは対象外になる。

ちなみに，株式交換などで形成される持株会社には，法人格の独立性を維持したまま，多くの子会社を支配し，効率的なグループ経営を行うことができるというメリットがある。その一方で，シナジー（相乗）効果が発揮しづらいなどのデメリットもある。

II 手続き

1 株式交換・株式移転の手続き

　株式交換・株式移転・株式交付に係る事前・事後の情報開示，株主総会の決議に関するルールおよび株式買取請求権の手続きについては，合併と同様である。まず，株式交換においては，株式交換契約が作成され，原則として各当事会社の株主総会の承認を受ける（767条・768条）。契約上の効力発生日に効力が生じ，親会社による子会社株式の全部取得が行われ，その対価として金銭等が交付される（768条1項6号等）。親会社の株式を対価にしてもよい（800条）。

　次いで，株式移転においては，株式移転計画が作成され，原則として，株主総会の承認を受ける（772条・773条）。共同株式移転では2以上の会社が株式移転を行う。完全親会社の設立登記日に効力が生じ，親会社による子会社株式の全部取得が行われ，対価として株式や社債等が発行される（773条1項5号～8号，774条2項・3項）。

2 株式交付の手続き

　株式交付の場合は，株式交付親会社にのみ組織再編手続が要求される。株式交付を行うに際して，株式交付親会社は，株式交付計画を作成し，原則として株主総会の承認を受けなければならない（774条の2・3，816条の3）。交付の対価は同社の株式のほか，新株予約権，社債，現金なども可能であり，その混合対価でもよい。それに対して，株式交付子会社では組織再編手続を要しない。

　株式交付親会社は，子会社となる会社の株式（新株予約権等も含む）の譲渡を申し込もうとする株式交付子会社の株主には，株式交付計画の内容などを通知したうえで，申込者から氏名や株式の数等を記載した書面の交付を受けた後で，申込者のなかから譲渡人と割当株式数を定め，原則として効力発生日の前日までに通知する（774条の4・5）。ただし，総数の譲渡しの場合には不要である（774条の6）。

　効力発生日に株式などの譲渡は成立するが，譲り受けた株式数が下限に満たなかった場合等には，効力は発生しない（774条の10）。なお，効力発生日など

については，3ヵ月以内の範囲で変更できる（816条の9）。

株式交付親会社は，子会社となる会社の株主から株式を，自社の株式などを対価として個別に譲り受ける。譲渡の申込みの判断は個々の株主に委ねられるため，申込みなどには民法の心裡留保や虚偽表示による無効の規定は適用されず，1年の経過後やその株式の権利を行使した後は，錯誤や詐欺・強迫を理由とする取消しもできない（774条の8）。

こうした手続きから，株式交付における株式交付親会社には，株式交換と同様の性質を有するという考え方が基礎とされているため，株式交換の手続きに類似した部分があるといわれる。その一方で，株式交付親会社と株式交付子会社の株主との間での手続きについては，募集株式の発行などに類似した手続きともいわれる。さらに，株式交付については，主に上場会社を規制している金融商品取引法の規制との関係（目論見書の交付がある場合の特則や株式の公開買付規制の適用など）も重要になってくる。

3 債権者保護手続・手続きの瑕疵

株式交換・株式移転・株式交付では，原則として会社財産は変動せず，既存の会社の法人格も維持される。そのため，債権者保護手続は限定的である。

まず，株式交換の完全親会社で債権者の保護が必要となるのは，①対価として完全親会社の株式など以外のものが交付される場合，②完全子会社の新株予約権付社債を完全親会社が承継する場合，債権者は異議を述べることができる（799条1項3号等）。①は完全親会社の財産状態が変化するためであり，②は完全親会社の金銭債務が増えるためである。

②の場合，完全親会社が新株予約権付社債を免責的に引き受け，債務者が交代することになるため，新株予約権付社債の社債権者は，完全子会社に対して異議を述べることができる（789条1項3号）。同じく，株式移転において完全子会社の新株予約権付社債を完全親会社が承継する場合についても，完全子会社の社債権者は異議を述べることができる（810条1項3号）。

次いで，株式交付の場合，①と同様に，交付対価が株式交付親会社の株式など以外の場合，株式交付親会社の債権者は異議を述べることができる。その理

由としては，上記①の場合と同様に，対価が多額すぎると株式交付親会社の財政状態が悪化する可能性があるからである（816条の8）。

違法な（瑕疵のある）株式交換・株式移転・株式交付に関する手続き（差止め・無効の訴え）については，合併と同様である（本章2Ⅴ参照）。株式交換・株式移転・株式交付の無効判決が確定すると，対価として株式や新株予約権を発行していた場合，それらは無効になり，株式移転設立完全親会社は解散する（839条）。株式交換・株式移転の対価として完全親会社の株式が交付されていた場合，旧完全親会社は，判決確定時における旧完全親会社の株主に対して，旧完全子会社の株式を交付する（844条）。旧株式交付親会社は，無効判決確定時における当該旧株式交付親会社の株式に係る株主に対し，株式交付の際に給付を受けた株式交付子会社の株式を返還しなければならない（844条の2第1項）。

Ⅲ 親子会社の意義

前述のように，大規模な会社では，親子会社などのグループ企業が多く，会社法は，その重要性に鑑み，親子会社に関する規制を置いている。こうした規制は企業結合法制ともいわれる。親会社と子会社は，形式基準では総株主の議決権の過半数を有しているかどうかにより認定される（2条3号・4号）。実質基準については，施行規則3条で定められている。ちなみに，その会社に重要な影響を与える会社は，関連会社という分類もされる（会社計算2条4項・3項21号等）。

親子会社は，以下の特別な規制の対象になる。第1に，企業集団の情報開示が求められる。大会社で金融商品取引法上の有価証券報告書提出会社では，親子会社を一体化した連結計算書類の作成が義務づけられる（444条3項）。

第2に，役員などの規制がある。まず，監査役等は独立性の確保から，子会社の取締役等の兼任が禁止される（335条2項等）。ただ，親会社社員等は子会社に対する会計帳簿等の閲覧謄写を裁判所の許可を得て請求することができる（433条3項等）。次いで，社外取締役などは，子会社の使用人等になることができない（2条15号・16号）。

第3に，子会社は多重代表訴訟や内部統制の対象等になる（847条の3等）。多重代表訴訟制度（特定責任追及の訴え）は，平成26年の会社法改正で導入された。同制度は，子会社の役員等が子会社に対して任務懈怠責任等を負う場合に，親会社と子会社の人的関係から親会社が子会社の役員等の責任追及を怠るおそれがあることから，親株主を保護するために設けられた。

　このように，わが国においては，グループ経営のガバナンスの重要性が高まっていることから，大規模でグローバルな上場会社を対象として，経済産業省の研究会が「グループ・ガバナンス・システムに関する実務指針」を策定している。この実務指針は，近時重要性を増しているコーポレートガバナンス・コードを補完するものとして，重要なベストプラクティスを提示しており，今後グループ経営の経営ルールの在り方にも影響を及ぼしていくことが考えられる。

5 　組 織 変 更

　会社の組織変更とは，次の2つのことをいう。①株式会社が持分会社（合名会社，合資会社または合同会社）になること，または，②持分会社が株式会社になることである（2条26号）。法人格の同一性を維持しながら，別の類型の会社となる。

　組織変更が行われると，当該会社の株主などの社員にとっては大きな変化が生じるほか，会社債権者にも大きな影響を及ぼすこともある。そのため，合併などの組織再編と同様の手続きが定められている。なお，持分会社の間での変更は種類の変更にすぎず，組織変更ではない。

　組織変更をするには，まず，変更後の会社の概要を記載した組織変更計画を作成しなければならない。次いで，株主等の保護と会社債権者保護の手続きを行った後，組織変更計画で定めた効力発生日に効力を生じ，定款の変更をしたものとみなされる（743条〜747条）。

　そして，会社が組織変更をしたときは，効力発生日から2週間以内にその本店の所在地において変更前の会社の解散と変更後の会社の設立を登記し，権利

関係が引き継がれる（920条）。株式会社が持分会社に組織変更する場合には，組織変更計画その他の書面を本店に備え置き，株主・債権者の閲覧に供し，登録株式質権者・登録新株予約権質権者にも組織変更をする旨を通知または公告しなければならない（775条，776条2項・3項）。

　株式会社の組織変更には総株主の同意が必要である（776条1項）。ちなみに，新株予約権は，組織変更により消滅するが，買取請求が認められている（777条～778条）。持分会社の組織変更には，定款に別段の定めがある場合を除き，原則として総社員の同意を得ることが必要である（781条1項）。

　さらに，組織変更をする株式会社は，会社債権者保護手続を行わなければなければならない（779条・781条2項）。その手続内容は，組織再編の場合とほぼ同じである。

　組織変更の無効については，組織変更無効の訴えによる。この訴えによってのみ無効を主張することができるが，法的安定性の見地から，提訴期間の制限のほか，提訴権者も限定されている。無効の確定判決が確定すると，清算手続を要することなく，変更前の会社に復帰する（828条1項6号・2項6号，838条，839条）。

第 9 章

清　　算

　会社法には，会社に一定の事由が生じた場合に事業を終了させるものとして，解散や清算の規定が置かれているが，その一方で様々な倒産法制も整えられている。このような制度には，再建型と清算型の2種類に大別することができる。会社を清算して消滅させて債権者に弁済を行うことを目指す清算型の破産法・会社法の特別清算，会社の倒産を防止しつつ債権者に弁済をし，会社の存続・再建を目指す再建型の会社更生法・民事再生法がある。また，これらの制度とは異なり，裁判外で行われる私的整理もある。

1 ▶ 解　　散

I　解　散　事　由

　解散とは，会社の法人格の消滅を生じさせる原因となる法律上の事実をいう。株式会社の解散事由は471条において，定款で定めた存続期間の満了，定款で定めた解散事由の発生，株主総会の決議（309条2項11号により特別決議を要する），会社の合併（合併により当該株式会社が消滅する場合），破産手続開始の決定，解散命令（824条1項），解散判決（833条1項）を定める他，472条休眠会社のみなし解散を定めている。一方，持分会社の解散事由は641条において，定款で定めた存続期間の満了，定款で定めた解散事由の発生，総社員の同意，社員が欠けたこと，会社の合併（合併により当該持分会社が消滅する場合），破産手続開始の決定，解散命令（824条1項），解散判決（833条2項）を定めている。

1　解散命令と解散判決

　解散を命ずる裁判には，裁判所の解散命令（824条1項）と解散判決（833条）

とがある。解散命令は，公益を維持するため，会社の存立を許すことができないと認められるときに，法務大臣または株主・社員・債権者，その他の利害関係人の申立てにより，裁判所は解散を命ずることができるというものである。これに該当するケースとして以下の3つがある。会社の設立が不法な目的をもってなされた場合，会社が正当な事由なく設立の日から1年以内に事業を開始せず，または1年以上事業を休止した場合，業務執行取締役・執行役・会社の業務を執行する社員が，法令もしくは定款で定める会社の権限を逸脱もしくは濫用する行為または刑罰法令に触れる行為をし，法務大臣より書面による警告を受けたにもかかわらず，なおも継続または反覆した場合である。

　一方，解散判決は，やむを得ない事由があるときに，一定割合の株式を持つ少数株主が，一定の条件のもとで会社の解散の訴えを提起することを認めたものである。ここで言うやむを得ない事由とは，解散以外に株主の利益を保護する方法がないことである。また，少数株主とは，総株主（株主総会の決議事項の全部につき議決権を行使することができない株主を除く）の議決権の10分の1（定款でこれを下回ることは可能）以上を有する株主，または発行済株式（自己株式を除く）の10分の1（定款でこれを下回ることは可能）以上を有する株主である。一定の条件とは，株式会社の業務執行上，著しく困難な状況に至り，当該会社に回復できないほどの損害が生じ，または生ずるおそれがある場合（たとえば取締役間に対立が生じたため会社の業務が停滞した場合），あるいは，株式会社の財産の管理または処分が著しく失当で会社の存立を危うくする場合である。なお，持分会社の場合は，やむを得ない事由のあるときに会社の解散を裁判所に請求することができるとしている（833条2項）。

2　休眠会社のみなし解散

　株式会社の中には，既に事業を廃止し，実体のない登記簿上の名ばかりの会社で，解散登記をせずに放置したままのものが少なくない。このような会社を放置することは，登記への信頼性を損なうだけでなく，商号を決める際に障害となり，また犯罪のように不正に利用されるなどトラブルが生じる可能性が高い。これを解決する制度として，休眠会社のみなし解散制度が認められている。

472条に定められている休眠会社のみなし解散とは，その会社に関して12年間なにも登記がなされていない場合，法務大臣がこの会社に対して２ヵ月以内に本店所在地を管轄する登記所に事業を廃止していない旨の届出を出すように官報に公告し，その間にこの届出あるいは登記がなされなければ，２ヵ月の期間満了時に解散したものとみなすというものである。

　なお，銀行あるいは保険会社のように業種によっては，特別法に事業の免許の取消が会社の解散事由となることが定められている場合がある（銀行40条，保険業152条３項２号）。

II　解散の効果

　株式会社は，合併による解散および破産手続開始の決定による解散の場合を除いて清算に入ることになる（475条１号・持分会社は644条１号）。そのため，解散によってただちに会社が消滅するのではなく，清算の目的の範囲内に限って存続することとなり，営業行為など通常行っていた事業はできなくなる（476条）。そして清算手続の結了によって，ようやく株式会社の法人格は消滅することとなる。

　合併は２つ以上の会社が法的手続にしたがって１つの会社になることである。合併による解散によって消滅する会社の権利・義務は全て存続会社あるいは新設会社に継承されるため，清算手続は必要ないこととなる（750条・754条）。また，破産手続開始の決定による解散の場合，破産手続が終了していないときには，清算手続ではなく破産手続によって清算が行われることになる。その際，清算の目的の範囲内において，破産手続が終了するまで法人として存続することになる（475条１号，破35条）。

　定款で定めた存続期間の満了，定款で定めた解散事由の発生，株主総会の決議の事由により，株式会社が解散したときには，２週間以内に解散の登記をする必要がある。一方，持分会社の場合には，定款で定めた存続期間の満了，定款で定めた解散事由の発生，総社員の同意，社員が欠けたときには，株式会社と同様に解散の登記をしなくてはならないと定めている（926条）。

Ⅲ　解散後の会社の継続

　会社の継続とは，一度解散した会社が解散前の状態に復帰することである。会社が解散しても，解散原因が，定款で定めた存続期間の満了，定款で定めた解散事由の発生，株主総会の決議によって解散した場合には，清算が結了するまでの間に株主総会の特別決議があれば会社を継続することができることとなっている（473条・309条2項11号）。また，休眠会社とみなされて解散した場合であっても，解散したものとみなされた後3年以内に限って，株主総会の特別決議によって会社を継続することができる（473条）。

　しかし，合併，破産手続開始の決定，解散命令および解散判決によって解散した場合には，会社の継続を認めることは不適切であるため，473条の規定は適用されず，会社の継続はできない。なお，持分会社においては，定款で定めた存続期間の満了・解散事由の発生，総社員の同意によって解散した場合には，清算が結了するまでならば社員の全部または一部の同意により持分会社を継続することができる（642条1項）。

　会社が継続したときには，2週間以内に，その本店の所在地において，会社の継続の登記をしなくてはならない（927条）。

2 ▶ 清　　算

Ⅰ　清　算　の　意　義

　清算とは，合併や破産以外の原因で会社が解散する場合，法人格が消滅する前に，事業の終了，債権の取立てと債権者に対する債務の弁済，残余財産を株主に分配し，会社の法律関係の後始末をすることをいう。このような解散以外でも設立無効の訴えあるいは株式移転の無効の訴えについて，請求を認容する判決が確定した場合にも清算は行われる（475条）。清算には，法定清算と任意清算とがあり，法定清算には通常清算と特別清算とがある。通常清算は，会社に残っている財産によって債務の完済が可能な場合になされ，特別清算は，債

務超過あるいはその疑いがあると認められた場合におこなわれる。株式会社の場合には，法定清算のみが認められている。一方，合名会社と合資会社の場合には，法定清算の他に任意清算も認められている。ただし，任意清算を行うためには，定款または総社員の同意によってその旨を定め，かつ，定款で定めた存続期間の満了，定款で定めた解散事由の発生，総社員の同意による解散が生じた場合にできるとなっている（668条）。

II　通 常 清 算

　株式会社が清算に入ると，本来の業務を行うことができなくなり，清算の目的の範囲内でのみ存続することになる。したがって，取締役はその地位を失い，清算人が清算株式会社の清算業務を執行することになる（482条1項）。そして，この清算人が清算株式会社を代表することとなる（483条1項）。

1　清 算 人

　清算人は，定款で定める者または株主総会の決議によって選任された者がなるが，これらがいない場合には，清算開始時に取締役であった者が清算人となる（478条1項）。しかし，それでも清算人となる者がいない場合には，裁判所が利害関係人の請求によって清算人を選任することとなる（478条2項）。また，株式会社が解散を命ずる裁判によって解散した場合には，利害関係人もしくは法務大臣の請求または職権により裁判所が清算人を選任することとなる（478条3項）。清算株式会社には1人または2人以上の清算人を置かなくてはならない（477条1項）。

　清算人には任期の定めはなく，裁判所が選任した者を除き，株主総会の決議によって解任することができる（479条1項）。また，重要な事由がある場合には，少数株主の請求により，裁判所は解任することができる（479条2項）。この場合の少数株主とは，総株主の議決権の100分の3の議決権を6ヵ月前から持っている株主，あるいは発行済株式の100分の3以上の株式を6ヵ月前から持っている株主である。

　持分会社においては，業務を執行する社員，定款で定める者，社員（業務を

執行する社員を定款で定めた場合は，その社員）の過半数の同意によって定めた者が清算人となる（647条1項）。これらの者がいない場合，裁判所が利害関係人の申立てによって清算人を選任することとなる（478条2項・647条2項）。また，持分会社の解散事由である，社員が欠けたこと，および解散を命ずる裁判によって解散した場合には，利害関係人もしくは法務大臣の請求または職権により裁判所が清算人を選任することとなる（647条3項）。清算持分会社の清算人は，裁判所が選任したものを除き，定款に別段の定めがある場合をのぞいて，社員の過半数をもって解任することができる（648条1項・2項）。また，重要な事由があるときには，社員その他利害関係人の申立てにより，清算人を解任することができる（648条3項）。

2 清 算 事 務

清算事務の主なものは，現務の結了（解散時に未了となっている事務を完了すること）・債権の取立て・そして債務の弁済・残余財産の分配である（481条・649条）。これ以外にも清算人は，会社財産を調査して財産目録と貸借対照表の作成などの清算事務も行わなくてはならない（492条・658条）。清算株式会社は，一定の期間内（2ヵ月以上）に債権を申し出るように官報に公告し，かつ知れている債権者には各別にこれを催告しなくてはならない（499条）。

そして，この期間内に申し出た債権者と知れている債権者に弁済することとなるが，申し出なかった債権者は除斥される（503条1項）。除斥された債権者は，分配されていない残余財産に対してのみ弁済の請求ができることとなる（503条2項）。債務の弁済後，残余財産がある場合，株主に保有する株式の割合に応じて分配するが，種類の異なる株式ごとに異なる扱いをすることもできる（504条2項・3項）。一方，清算持分会社において，債権の公告（660条），債権者の除斥（665条1項），除斥された債権者の請求権（665条2項）には同様の規定があるものの，残余財産の分配割合については，定款に定めがなければ各社員の出資価額に応じて定めることとなっている（666条）。

清算株式会社における清算事務が終了したときには，清算人は，遅滞なく決算報告書を作り，これを株主総会に提出し，その承認を求めなくてはならない

（507条）。この承認を得ることによって清算が結了すれば会社は消滅し，清算結了の登記がなされる（929条）。また，会社の帳簿ならびにその営業および清算に関する重要資料は，清算結了の登記後10年間は保存され，保存者は利害関係人の請求によって裁判所がこれを選任する（508条）。一方，清算持分会社における清算事務の終了の場合には，遅滞なく，清算に関わる計算を行い，社員の承認を受けることになる（667条）。この承認を得ることによって清算が結了すれば会社は消滅し，清算結了の登記がなされる（929条）。また，会社の帳簿ならびにその営業および清算に関する重要書類は，清算結了の登記から10年間保存され，保存者は清算人あるいは定款または社員の過半数をもって定めることができ，また利害関係人の請求によって裁判所がこれを選任することもできる（672条）。

3 その他の機関

　清算株式会社は，477条7項の規定により，326条から328条の規定は適用されないため，取締役，取締役会，会計参与，会計監査人，監査等委員会，指名委員会などは置くことができないが，株主総会や監査役は継続することとなる（477条7項）。清算株式会社は，定款に定めることによって清算人会・監査役・監査役会を置くことができる（477条2項）。清算人会は，すべての清算人で組織され，株式会社における取締役会に相当する機関である（489条1項）。監査役会を置くことを定款に定めている清算株式会社の場合には，清算人会を置かなくてはならない（477条3項）。

　清算株式会社の監査役の職務は，清算人の職務執行を監査することである（491条・381条）。解散前から監査役をおいていた会社では，解散後も当該監査役が引き続きその職務をおこなうことになる（477条2項・5項・6項）また，清算開始時に公開会社または大会社であった場合には，監査役を置かなくてはならない（477条4項）。清算開始時に監査等委員会設置会社であった場合には，監査等委員である取締役が監査役となり，監査等委員である取締役以外の取締役が清算人となる（477条5項・478条5項）。清算開始時に指名委員会等設置会社の場合には，監査委員が監査役となり，監査委員以外の取締役が清算人となる（477

条6項・478条6項)。清算株式会社の監査役の任期は，336条の規定が適用され
ないため，清算の決了または終任事由の発生までとなる。

3 　倒　　　産

　会社が経済的に破綻してしまった場合，これをそのまま放置しておくと，自
己の債権を回収しようと我先に勝手な行動をとる債権者が多数現れ，債権者間
の公平を保つことができない。また，破綻したままの状態を続けることは，債
務者は再起を図る機会を失い，あるいは困難となってしまうこともある。さら
に，1社の倒産が他の会社の倒産を招くという連鎖倒産を引き起こしかねない。
こうなるともはや1社だけの問題ではなく，経済社会全体に悪影響を及ぼしか
ねない。そのため，経済的に破綻してしまった会社を速やかに処理し，これら
の影響を防止する必要性があることから倒産制度が整えられている。

　会社の経済活動が破綻した場合，その会社をどのように処理するのかが問題
となる。債権者の最大の関心事は，自己の有する債権の回収がどの程度得られ
るのかであり，会社が消滅しても債権の回収ができなければ何にもならない。
もし，再建の可能性があるならば，会社を消滅させるよりもむしろ会社の再建
を図り，自己の債権を少しでも多く回収した方が得策であり，また会社にとっ
ても当然都合がよい。

　私的整理（任意整理または内整理ともいわれる）とは，裁判所を利用しない手
続きであり，債務者が倒産した場合，裁判外で債権者と債務者が協議し，清算
または再建を目的として任意に処理することである。私的整理は，債権者と債
務者の話合いで進められるため，法的処理に比べて手続きの簡易性・柔軟性・
迅速性・経済性というメリットがあることから利用頻度は高い。しかし，その
一方で，勝手な行動をとる債権者を拘束できないこと，公の監督がないため不
正がされやすいこと，整理屋に介入されやすいなどのデメリットもある。

I　特 別 清 算

　特別清算とは，清算の遂行に著しい支障をきたす事情があると認められるとき，または債務超過の疑いがあるときに，裁判所は債権者・清算人・監査役もしくは株主の申立てにより，会社に対して特別な清算の開始を命じるものである (510条)。会社が解散する場合，業績不振で経済的に破綻に瀕していることが多い。そのような場合，特別清算は，破産手続よりも簡易であるため，費用と時間をかけずに済むというメリットがある。

　特別清算の中心となるのは，債権者集会において決定される協定である。清算の実行上必要があると認められる場合，清算人または総債権の10分の1以上に当たる債権者は，債権者集会を招集することができる (547条)。清算人が協定案を作成し，債権者集会において出席した議決権者の過半数の同意および議決権者の議決権の総額の3分の2以上の議決権を有する者の同意によって協定の可決・変更などがなされ，そして裁判所の認可が得られると，その協定に従って弁済がなされることとなる (567条・568条)。この協定は，認可の決定の確定により効力が生じ，清算株式会社および全ての協定債権者に効力が及ぶこととなる (570条・571条)。協定の見込みがないか，または協定は成立したものの実行の見込みがない場合，特別清算によることが債権者の一般の利益に反する場合には，破産手続に移行することとなる (574条)。また，特別清算の結了あるいは特別清算の必要がなくなったときには，裁判所は，終結決定をする。前者の場合には会社は消滅することとなり，後者の場合には通常の清算手続に入ることになる (573条)。

II　破　　　　　産

　破産手続は，債務者である自然人あるいは法人が経済的に破綻したときに，債務者の総財産を管理・換価して，総債権者に公平に弁済する倒産処理のための清算型の手続きである。

　破産法は，一般の破産原因として支払不能を定め，支払停止は支払不能を推

定するものとしている（破15条）。なお，法人の破産原因としては支払不能に加
え債務超過も規定している（破16条1項）。ただし，合名会社と合資会社の場合
には，その存立中は適用されない（破16条2項）。そして，この破産手続開始の
申立権者は，一般に債権者と債務者であるが，一般社団法人または一般財団法
人の場合には理事，株式会社または相互会社の場合は取締役，合名会社・合資
会社・合同会社の場合には業務を執行する社員，またはこれらの法人の清算人
などである（破18条・19条）。破産手続開始の申立ては，最高裁判所規則で定め
る事項を記載した書面によって行わなくてはならない。債権者以外の者がこの
申立てをするときには，債権者一覧表を裁判所に提出しなくてはならない（破
20条1項・2項）。

　また，申立人が債権者および法人の理事や取締役のように債務者に準ずる者
の場合，申立ての濫用を防止するため，債権の存在および破産原因を疎明しな
くてはならない（破18条2項・19条）。さらに破産宣告の前後には出費が予想され
るため，申立人には費用の予納が義務づけられている（破22条1項）。裁判所は
破産手続開始の申立てがあった場合，破産手続開始の原因があると認められ，
かつ，破産手続費用の予納がない場合および不当な目的での申立てや誠実にな
されたものでない場合を除いて破産手続開始の決定をすることとなる（破30条
1項）。そして，この決定と同時に裁判所は破産管財人の選任，破産債権の届
出をすべき期間，破産状況報告集会の期日，破産債権の調査をする期間あるい
は期日を定めなくてはならない（破31条1項）。裁判所は，申立てに対して任意
的口頭弁論で審査をし，必要であれば職権により調査することができる（破8条）。

　破産手続開始の効果として，財産の管理処分権は，裁判所が選任した破産管
財人に専属することになる（破78条）。したがって，破産手続開始決定以降は破
産会社の持っている財産は全て破産財団となり，破産会社は財産を自由に処分
することはできなくなる。破産債権は破産手続によらなければ，これを行使す
ることができない。ただし，別除権，つまり，破産財団に属する財産の上に担
保権を有する債権者は，破産手続によらずに担保権を実行して自己の債権の満
足を得ることができる（破65条）。また，倒産状態になる以前から債権者と債務

者間で債権・債務が相殺出来る状態にあったときは，破産手続によらずに相殺することができる（破67条）。

　簡易配当・同意配当または最後配当が終了した場合，破産管財人は，遅滞なく計算の報告書を裁判所に提出しなくてはならない。そして，破産管財人は任務終了による計算報告のための債権者集会の招集を申し立てるか，これに代えて書面による計算の報告をする旨を申し立てなくてはならない（破88条3項・89条1項）。そして，計算報告のための債権者集会が終了したとき，または文書による計算報告に対する異議申立期間が経過した時には，裁判所は破産手続終結決定をし，ただちにその主文および理由の要旨を公告し，これを破産者に通知しなくてはならない（破220条）。これにより破産手続は終了することになる。

　破産手続の終了には，前述の破産手続終結決定の他に破産手続廃止（同時廃止，異時廃止，同意廃止）がある。もともと破産手続は，債務者の財産を換価処分し，これによって得られた金銭を債権者に配当することを基本としている。そして，この換価処分と配当を行うために裁判所は破産手続開始決定と同時に破産管財人を選任することとなる。しかし，債務者が財産を持っているとは限らない。このような場合，財産の換価処分や配当ができないため，これを行う破産管財人を選ぶ必要がないことから，破産手続開始決定と同時に破産手続を終了させ，破産管財人を選任しないことがある。これを同時廃止あるいは同時破産廃止という（破216条1項）。

　また，同時廃止によって破産手続が終了しなかった場合であっても，破産管財人の調査の結果，多額の債務の存在が明らかになったり，財産価値の著しい下落など，破産財団をもって破産手続の費用を支弁するのに不足する事が分かった場合にも破産手続は廃止される。これを異時廃止という（破217条1項）。これらの破産手続廃止は時間の違いはあるものの，支弁する費用の不足という点では同じである。一方，同意廃止は，破産手続において債権届出期間内に届出をした破産債権者全員が同意しているとき，または，廃止に同意しない破産債権者がいる場合，この債権者に裁判所が相当と認める担保を供しているときに認められるものである（破218条1項）。

Ⅲ　更生手続

　会社更生手続は，アメリカの制度に倣って作られた制度であり，窮地にある
が再建の見込みがある株式会社について，債権者，株主その他の利害関係人の
利害を調整しつつ，その事業の維持更生を図ることを目的とする制度である（会
更1条）。この手続きの特徴としては，手続きの開始原因が緩やかになっている
こと，株主も手続きに参加して会社の損失を負担するものとされていること，
担保権者および租税債権者の権利行使が制限されていることなどがあげられる。

　更生手続の適用対象は株式会社であり，手続きの開始原因は，弁済期にある
債務を弁済すれば事業の継続に著しい支障をきたしてしまう場合，および会社
に破産の原因たる事実の生ずるおそれがある場合である。そして，この手続き
の申立権者は，前者の場合には当該会社であり，後者の場合は，当該会社もし
くは資本金の10分の1以上に当たる債権を有する債権者，または当該株式会社
の総株主の議決権の10分の1以上を有する株主である（会更17条）。

　申立てがなされると裁判所は審理することとなるが，更生計画の認可の見込
みがないなど，会社更生法41条1項の各号に該当する事実がない場合には，会
社更生手続が開始されることとなる。

　開始決定がなされると，これと同時に裁判所は，1人または数人の管財人を
選任し，かつ更生債権などの届出をすべき期間および調査をするための期間を
定めることとなる（会更42条1項）。また，開始決定後ただちに裁判所は，更生
手続開始の決定の主文，管財人の氏名または名称，更生債権などの届出期間お
よび調査期間，更生会社の財産所持者などに対して更生会社にその財産を交付
しまたは弁済してはならない旨などを公告し，管財人・更生会社および知れて
いる更生債権者・株主，更生会社の財産の所持者および更生会社に対して債務
を負担する者などに通知しなくてはならない（会更43条）。

　また，このような更生手続開始の決定があった場合には，破産手続開始・再
生手続開始・更生手続開始・特別清算開始の申立てなどはできなくなり，すで
に，破産手続・再生手続などを行っている場合には中止され，特別清算手続を

行っている場合には，その効力が失われることになる（会更50条1項）。なお，申立てから開始決定までの間に，会社の存続を図るために保全管理命令がなされることが多い（会更30条）。

　手続開始後，会社の事業の経営ならびに財産の管理および処分をする権利は，管財人に専属することになり，更生債権などの弁済は原則禁止となる（会更72条・47条1項）。更生手続に参加を希望する更生債権者および更生担保権者は，裁判所が定めた期間内に届け出なければならない（会更138条）。ただし，債権届出期間経過後の届出につき，更生債権者などがその責に帰することができない事由によって期間内に届出をすることができなかった場合に限り，その事由が消滅した後1ヵ月だけ届出ができるとしている（会更139条1項）。このように届出がなされた更生債権などは，調査を経て確定することととなる（会更145条・150条）。

　なお，連鎖倒産の防止を目的として，下請中小企業の債権につき，この企業が更生債権の弁済を受けられなければ，事業の継続に著しい支障をきたすおそれがあるときには，裁判所は更生計画を認可する前でも弁済を許可することがある（会更47条2項）。また，更生手続の円滑化を目的として，少額債権についても裁判所は更生計画認可の決定前でも弁済を許可することができる（会更47条5項）。しかし租税債権者の権利行使は制限されている（会更50条2項）。

　他方，管財人は，更生手続開始後遅滞なく，更生会社に属する一切の財産につき，手続開始時の時価によって評定し，貸借対照表および財産目録を作成して裁判所に提出しなくてはならない。また，更生計画認可の決定があったときは，管財人は，更生認可決定時における貸借対照表および財産目録を作成して裁判所に提出しなくてはならない（会更83条）。これによって積極的財産と消極的財産が明確となり，管財人はこれをもとに更生計画案を作成し，裁判所に提出することになる。なお，更生会社・届出をした更生債権者・株主も更生計画案を作成し裁判所に提出することが認められている（会更184条）。この更生計画案が提出されると裁判所は，原則として決議に付す決定を行い，更生債権者および株主の議決権行使の方法として，関係人集会を開催して決議するか，またはこれを開催せずに一定期間内に書面などの投票によって決議するかを決め

なくてはならないが，これら2つの方法を併用することもできる（会更189条2項）。更生計画案の可決の要件は，以下のように権利者の種類ごとに異なっている（会更196条5項）。①更生債権者については，更生債権者の議決権総額の2分の1を超えるものの同意が必要となる。更生担保権者は，更生計画案の内容によって3つに分けられている。②更生担保権の期限の猶予を定めたものは，議決権総額の3分の2以上の同意，③更生担保権の減免を定めるなど，期限の猶予以外の方法で更生担保権者の権利に影響を及ぼすことを定めたものは，議決権総額の4分の3以上の同意，④更生会社の事業全部の廃止を定めたものについては議決権総額の10分の9以上の同意が必要である。このように更生計画案は，決定多数の同意を得て可決された後，裁判所の認可を受けることとなる。

裁判所は，以下の要件をすべて満たす場合には認可の決定をしなくてはならない（会更199条2項）。①更生手続または更生計画が適法であること，②更生計画の内容が公正かつ衡平であること，③更生計画が遂行可能であること，④更生計画の決議が誠実かつ公正な方法でされたこと，⑤他の会社とともに，持分会社への組織変更または合併・会社分割・株式交換・株式移転もしくは株式交付を行うことを内容とする更生計画の場合には，認可決定時に当該他の会社がこれらの行為を行うことができること，⑥行政庁の許可・認可・免許・その他の処分を要する事項を定めた更生計画の場合，当該行政庁の意見と重要な点において反していないことである。

更生計画は認可のときから効力が生じ（会更201条），この効果は，更生会社，すべての更生債権者・株主・更生会社の事業の更生のために債務を負担し，または担保を提供する者などに及ぶ（会更203条1項）。その後，更生計画の内容に従って進め，その結果，①更生計画が遂行された場合，②金銭債権の総額の3分の2以上の額の弁済がされ，かつ更生計画に不履行が生じていない場合，③計画が遂行されていることが確実であると認めるに至った場合，裁判所は，管財人の申立てにより，または職権で，更生手続終結の決定をし，公告しなくてはならない（会更239条）。これによって，会社は裁判所の手を離れ，再建を果たしたこととなる。

Ⅳ 再 生 手 続

　民事再生法は，経済的に窮地にある債務者について，その債権者の多数の同意を得，かつ，裁判所の認可を受けた再生計画を定めることなどにより，当該債務者とその債権者との間の民事上の権利関係を適切に調整し，もって当該債務者の事業または経済生活の再生を図ることを目的とする法律である（民再1条）。そして，この民事再生手続の対象は，会社更生手続とは異なり，制限を設けていないため，法人はもとより自然人も利用することができる。

　民事再生手続の開始原因は，債務者に破産の原因たる事実の生じるおそれがある場合，および事業の継続に著しい支障をきたすことなく弁済期にある債務を弁済できない場合である。手続開始申立権者につき，債務者は前者と後者のどちらの場合でも申立権者となることができるが，債権者は前者の場合にのみ申立権者になることができる（民再21条）。

　裁判所は，再生手続開始の申立てがあった場合，必要があると認められるときには，利害関係人の申立てによりまたは職権で，再生手続開始の決定があるまでの間に，再生債務者についての破産手続，特別清算手続など，民事再生法26条1項の各号に該当する手続きについて中止を命じることができる。また，再生債権に基づく強制執行などの包括的禁止命令，仮差押え・仮処分その他の保全処分，担保権の実行としての競売手続の中止命令を発することができる（民再27条・30条・31条）。なお，裁判所は，再生手続開始の申立てがあると必要に応じて監督委員を選任することができるほか，手続開始の決定と同時にまたはそれ以後，管財人を選任することができる（民再54条・64条）。

　裁判所は手続開始原因を満たす再生手続開始の申立てがあった場合，民事再生法25条の各号に該当するような棄却事由がない限り，再生手続開始の決定をすることとなり，その効力は決定のときから生ずる（民再33条）。また，これと同時に，裁判所は，再生債権の届出期間および調査期間を定める（民再34条1項）。再生債務者は，再生手続が開始された後も，その業務を遂行し，またはその財産を管理し，もしくは処分する権利を有する（民再38条1項）。再生債権につい

ては，この法律に特別な定めがある場合を除いて，原則的に弁済が禁止される（民再85条1項）。再生手続に参加しようとする再生債権者は，再生債権の届出期間内に，その内容・原因・議決権の額・約定劣後再生債権の有無・その他最高裁判所規則で定める事項を裁判所に届け出なければならない（民再94条1項）。また，再生債務者の事業の継続に欠くことができない財産に担保権がある場合，再生債務者などは，財産時価に相当する金銭を裁判所に納付して，担保権を消滅させることができる（民再148条以下）。この制度は，再生する会社にとって欠くことのできない重要な財産が，担保権の実行によって失われてしまっては，再生が極めて困難となり，本法律の目的に支障が生じてしまうことから導入されたものである。

　再生債務者などは，債権届出期間の満了後，裁判所の定める期間内に再生計画案を作成して，裁判所に提出しなければならない（民再163条1項）。そして，裁判所は，一般調査期間が終了し，財産状況の調査・報告などが終了すれば，再生計画案を決議することができる。裁判所は，再生債権者の議決権行使の方法として，債権者集会を開催して決議するか，また，これを開催せずに一定期間内に書面などの投票によって決議するか決めなくてはならないが，これら2つを併用することもできる（民再169条1項・2項）。そして，再生債権者は，額に応じて議決権を行使することになり（民再170条・171条），再生計画案は法定要件を満たす賛成を得て可決された後（民再172条の3），裁判所の認可を受けることとなる。再生計画は認可の決定のときから効力が生じ，この効果は，再生債務者，すべての再生債権者・再生のために債務を負担し，または担保を提供する者などに及ぶ（民再176条・177条1項）。

　裁判所は，再生計画認可の決定が確定したときには，監督委員または管財人が選任されている場合を除き，再生手続終結の決定をすることとなる。監督委員が選任されている場合には，再生計画が遂行されたとき，または再生計画認可の決定が確定した後3年を経過したとき，監督委員の申立てまたは職権により裁判所は再生手続終結の決定をすることができる。また，管財人が選任されている場合には，再生計画が遂行されたとき，または再生計画が遂行されるこ

とが確実となったとき，管財人の申立てまたは職権により裁判所は再生手続終結の決定をする（民再188条）。

V　特　定　調　停

　特定調停は，「民事調停法」および「特定債務等の調整の促進のための特定調停に関する法律」（特定調停法）に定められている。特定調停は，債権者と債務者が話し合って問題解決を目指す点で私的整理と似ているが，裁判所を利用する点で大きく異なる。特定調停のメリットとしては，弁護士などの専門家に頼まず，自分で裁判所に申立てができるため安い費用で行えること，調停委員会という中立的な第三者が入ることなどがあげられる。一方，デメリットとしては，債権者の合意が得られなければ不調に終わってしまうことなどにある。

　特定調停とは，経済的に破綻するおそれのある債務者（特定債務者）の経済的再生に資するため，金銭債務に係わる利害関係の調整を行うことを目的とする手続きである。この手続きは，個人・法人の両方に適用される。なお，特定調停が利用できる法人は，金銭の支払義務を負っており，かつ①から③のいずれかに該当しなくてはならない。それは，①支払不能に陥るおそれのある場合，②事業の継続に必要な機械を処分しないと弁済できない場合など，事業の継続に支障を来すことなく弁済期にある債務を弁済することが困難な場合，③債務超過に陥るおそれがある場合である（特定調停2条）。

　特定調停の申立ては，債権者の所在地を管轄する簡易裁判所に行うこととなる。なお，同一の債務者に関係する複数の事件が同一の裁判所に係属するときには，これらの事件に係わる調停手続は可能な限り併合して行わねばならない（特定調停6条）。申立時の必要書類として，特定調停申立書，財産の状況を示すべき明細書，特定債務者であることを明らかにする資料，関係権利者一覧表を提出しなくてはならない（特定調停3条3項）。また，裁判所が特定調停による解決が望ましいと判断した場合，特定調停の成立を不能あるいは困難にするおそれがあるとき，または円滑な進行を妨げるおそれがあるときは，無担保でも民事執行の手続きの停止を命じることができるとしている（特定調停7条）。

　特定調停は，申立てがなされると，裁判官と民事調停委員とで構成される調停委員会の仲介により，債務者と債権者の間で話し合い，債務額の確定や返済方法を調整することとなるが，調整の結果，両当事者が合意に達した場合には調停成立となり手続きは終了することとなる。この場合，合意の内容にしたがって債務者は弁済していくことになる。このように当事者間に合意が成立し，これを調書に記載したときには，裁判上の和解と同一の効力が生じる。特定調停が成立する見込みがなくとも，裁判所は相当と認めるときには，特定調停に代わる決定を出して問題解決を図ることが認められている。これを17条決定という（民調17条）。この場合，裁判所は，当事者双方の衡平を考慮し，全ての事情を踏まえ，双方の申立ての趣旨に反しない点に留意して，この決定を出さなくてはならない。ただし，当事者および利害関係人が決定の告知を受けた日から2週間以内に異議を出すと17条の効力は失われる。なお，期間内に異議申立がない場合，この決定は特定調停の効力と同様に裁判上の和解と同じ効力を有することとなる（民調18条）。また，債権者から異議が出されることが明らかな場合には，17条決定をしないまま手続きを終了させることもある。調停委員会は，債権者と債務者の共同申立があるときには，事件の解決のために調停条項を定めることができる（特定調停17条）。調停委員会が提示するこの調停条項案は，特定債務者の経済的再生に資するとの観点から，公正かつ妥当で経済的合理性を有する内容のものでなくてはならない。

⌒⌒ Column ⌒⌒⌒⌒⌒⌒⌒⌒⌒⌒⌒⌒⌒⌒⌒⌒⌒⌒⌒⌒⌒⌒⌒⌒

企業の再建と民事再生法

　倒産による処理手続には，法的手続によるものと裁判外によるものとがあり，後者を私的整理という。この私的整理には，再建型のものと清算型のものとがある。一方，法的手続には再建型として更生手続・再生手続があり，清算型として破産と特別清算がある。更生手続は会社更生法に，再生手続は民事再生法に，破産は破産法に，特別清算は会社法によって定められている。これらの処理手続には，それぞれ特徴があり，経済的に破綻した会社の実情に合わせた選択が望まれる。

バブル経済の崩壊以降，リーマンショックやコロナ禍など，長く続く深刻な景気低迷による企業の倒産件数が，深刻な状況にある。近時では，中小企業の倒産のみならず，大企業の倒産も珍しくない。そのような社会情勢の中で倒産に関する法領域は，注目を集めるとともに需要が高まり，現状に応じた法整備が強く要請されている。このような要請に応じるため，和議法の不備を補い，現状の倒産に即した規定を盛り込んだ民事再生法が制定されたのである。たとえば，経営者としては，できるならば他の者と経営を代わることなく再建を図りたいと考える。再建型には再建型私的整理・更生手続・再生手続があるが，再建型私的整理は債権者と債務者との話合いで決められるため，必ず経営が代わらないとは言い切れず，また，更生手続では，経営権が移ることになっており，このような希望を叶えることはできない。したがって，かつて経営者は，和議手続を申し出る傾向があった。しかし，この手続きでは，開始原因が狭すぎるため，再建を図るには手遅れとなってしまうなどの欠点があり，こうした

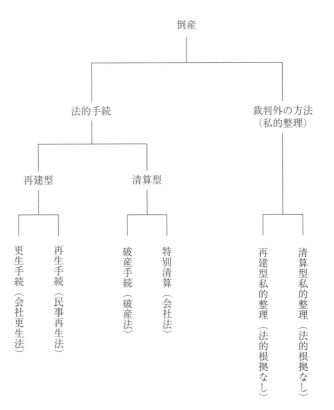

情勢を背景に民事再生法が制定されたのである。

　民事再生法は，手続きが開始しても経営者は当然に管理・処分権を失うものではなく，裁判所の監督を受けながら自ら再建を図るというDIP（Debtor In Possession）型の手法を導入しており，前述の経営者の要望に応じている。対象となるのは，株式会社のみならず，医療法人や学校法人など，あらゆる形態の法人と自然人を含んでいる。手続開始原因および再生計画の成立要件は，和議法に比べて緩和されており，早期に手続きを開始することができ，また，財産の保全として，担保権の実行としての競売手続の中止命令が規定されている他，事業の継続に必要な財産については，価額に相当する金銭を支払って強制的に担保権を消滅させる制度を導入し，会社の再建が円滑に進むように配慮している。なお，労働債権は，再生手続によらず弁済できるため，労働者に犠牲を強いることがないことも現実に即している点としてあげられる。

参 考 文 献

相澤哲編著『立案担当者による新・会社法の解説（別冊商事法務No.295）』商事法務，
　2006年

相澤哲・葉玉匡美・郡谷大輔編著『論点解説　新・会社法』商事法務，2006年

安達敏男・吉川樹士・須田啓介・安藤啓一郎『令和元年会社法改正ガイドブック』日
　本加除出版，2020年

石山卓磨『現代会社法講義〔第3版〕』成文堂，2016年

伊藤眞『会社更生法・特別清算法』有斐閣，2020年

伊藤眞『破産法・民事再生法〔第5版〕』有斐閣，2022年

伊藤靖史・大杉謙一・田中亘・松井秀征『会社法〔第5版〕(LEGAL QUEST)』有
　斐閣，2021年

岩原紳作・神田秀樹・野村修也編『平成26年会社法改正』有斐閣，2015年

江頭憲治郎『株式会社法〔第8版〕』有斐閣，2021年

江頭憲治郎ほか編『会社法コンメンタール　第1巻〜』商事法務，2008年〜

大隅健一郎・今井宏・小林量『新会社法概説〔第2版〕』有斐閣，2010年

太田洋・野澤大和編著『令和元年会社法改正と実務対応』商事法務，2021年

落合誠一『会社法要説〔第2版〕』有斐閣，2016年

尾崎哲夫『条文ガイド六法　会社法〔第2版〕』自由国民社，2007年

加藤哲夫『破産法〔第6版〕』弘文堂，2012年

川村正幸・仮屋広郷・酒井太郎『詳説　会社法』中央経済社，2016年

河本一郎・川口恭弘『新・日本の会社法〔第2版〕』商事法務，2020年

神田秀樹『会社法〔第25版〕(法律学講座双書)』弘文堂，2023年

神田秀樹編『論点詳解　平成26年改正会社法』商事法務，2015年

北村雅史・柴田和史・山田純子『現代会社法入門〔第4版〕』有斐閣，2015年

國友順市・西尾幸夫・田中裕明編著『新会社法』嵯峨野書院，2006年

國友順市編著『会社法』晃洋書房，2010年

國友順市編著『会社法概論』嵯峨野書院，2017年

近藤光男『最新株式会社法〔第9版〕』中央経済社，2020年

近藤光男・柴田和史・野田博『ポイントレクチャー会社法〔第2版〕』有斐閣，2015
　年

酒井太郎『会社法を学ぶ（法学教室ライブラリィ）』有斐閣，2016年

酒巻俊雄・龍田節編集代表『逐条解説 会社法 第2巻・第3巻　株式1・2』中央経済社，2009年

坂本三郎編著『一問一答 平成26年改正会社法〔第2版〕』商事法務，2015年

宍戸善一監修／岩倉正和・佐藤丈文編著『会社法実務解説』有斐閣，2011年

新谷勝『詳解改正会社法—平成26年改正の要点整理』税務経理協会，2014年

髙橋公忠・砂田太士・片木晴彦・久保寛展・藤林大地『プリメール会社法〔新版〕（αブックス）』法律文化社，2016年

髙橋美加・笠原武朗・久保大作・久保田安彦『会社法〔第3版〕』弘文堂，2020年

竹林俊憲編著『一問一答 令和元年改正会社法』商事法務，2020年

龍田節・前田雅弘『会社法大要〔第3版〕』有斐閣，2022年

田中亘『会社法〔第4版〕』東京大学出版会，2023年

田中亘ほか編著『Before/After 会社法改正』弘文堂，2021年

田邊光政監修『詳解新会社法の理論と実務』民事法研究会，2006年

戸嶋浩二『新・会社法実務問題シリーズ—2 株式・種類株式〔第2版〕』中央経済社，2015年

鳥山恭一・福原紀彦・甘利公人・山本爲三郎・布井千博『会社法〔第2次改訂版〕』学陽書房，2015年

中東正文・白井正和・北川徹・福島洋尚『会社法〔第2版〕（有斐閣ストゥディア）』有斐閣，2021年

野村修也・奥山健志編著『令和元年 改正会社法—改正の経緯とポイント』有斐閣，2021年

前田庸『会社法入門〔第13版〕』有斐閣，2018年

松岡啓祐『コーポレートガバナンス・コード講義—会社法と金融商品取引法との関連性』中央経済社，2022年

松岡啓祐『最新会社法講義〔第4版〕』中央経済社，2020年

松岡啓祐『商法総則・商行為法のポイント解説〔第2版〕』財経詳報社，2023年

松嶋隆弘編『会社法講義30講』中央経済社，2015年

松嶋隆弘・大久保拓也編『商事法講義1 会社法〔第2版〕』中央経済社，2023年

宮島司『新会社法エッセンス〔第4版補正版〕』弘文堂，2015年

宮島司『会社法〔第2版〕』弘文堂，2023年

弥永真生・岩倉正和・太田洋・佐藤丈文監修『新会社法実務相談』商事法務，2006年

弥永真生『会社法新判例50』有斐閣，2011年

山本克己編著／佐藤鉄男・長谷部由起子・畑瑞穂・山本弘『破産法・民事再生法概論』
　商事法務，2012年

山本爲三郎『会社法の考え方〔第12版〕』八千代出版，2022年

吉田直『重要論点 株式会社法』中央経済社，2016年

吉田正之『コンパクト 会社法（コンパクト法学ライブラリ９）』新世社，2012年

吉本健一『レクチャー会社法』中央経済社，2008年

判 例 索 引

高 等 裁 判 所

地 方 裁 判 所

事 項 索 引

通奏会社法　　　　　　　　　　　　　　　　《検印省略》

2024年3月24日　第1版第1刷発行

編著者　吉　行　幾　真

発行者　前　田　　　茂

発行所　嵯　峨　野　書　院

〒615-8045　京都市西京区牛ヶ瀬南ノ口町39　電話(075)391-7686　振替 01020-8-40694

© Yoshiyuki Ikuma, 2024　　　　　　　　　西濃印刷㈱・吉田三誠堂製本所

ISBN978-4-7823-0623-9

新 商法入門
―企業取引と法―

國友順市・西尾幸夫・
田中裕明　編著

商法を初めて学ぶ人のための教科書として分かりやすく作成。企業の現実の動きを念頭におきながら，通説をベースとして簡潔に解説する。

Ａ５・並製・218頁・定価（本体2350円＋税）

法学概論
―身近な暮らしと法―

國友順市・畑　雅弘　編著

私たちの日常生活にひそむ「法」を，身近な事例で平易に解説。
いざという時に必要となる「リーガル・マインド（法的ものの考え方）」が身につく入門書。これから法律を勉強しようとする学生だけでなく，教養として「法」を学びたい社会人にも！

Ａ５・並製・302頁・定価（本体2600円＋税）

嵯峨野書院